Georg Theunissen

Der Schule entwachsen – Wege zur Rehabilitation Geistigbehinderter im Erwachsenenalter

Mit Erfahrungen aus dem benachbarten Ausland und unter besonderer Berücksichtigung des Personenkreises der Schwerstgeistig- und Mehrfachbehinderten

Mit einem Vorwort von Irmgard Gaertner

R. G. Fischer Verlag

CIP-Kurztitelaufnahme der Deutschen Bibliothek

Theunissen, Georg:
Der Schule entwachsen – Wege zur Rehabilitation
Geistigbehinderter im Erwachsenenalter : mit Erfahrungen
aus d. benachbarten Ausland u. unter bes. Berücks.
d. Personenkreises d. Schwerstgeistig- u. Mehrfach-
behinderten / Georg Theunissen. Vorw.: Irmgard
Gaertner. – Frankfurt (Main) : R. G. Fischer, 1986.–
　ISBN 3-88323-628-4

© 1986 by R. G. Fischer Verlag,
Alt Fechenheim 73, D-6000 Frankfurt 61
Alle Rechte vorbehalten
Herstellung: Boscolo & Mohr, Karlsruhe
Printed in Germany
ISBN 3-88323-628-4

INHALT

0.	Vorwort	7
1.	Einleitung	9
2.	Impressionen aus Florenz - Betreuung geistigbehinderter Erwachsener in Italien................................	12
2.1.	Gesundheitsreform und Integrationsbewegung..............	12
2.2.	Von der Verwahrpsychiatrie zu dezentralisierten Formen der Betreuung behinderter Erwachsener.................	15
2.3.	Lebensbedingungen in "San Salvi".......................	20
2.3.1.	Tinaia - Ein Zentrum für künstlerische Aktivitäten......	21
2.4.	Zur Problematik der Integration in die Arbeitswelt	25
2.5.	Zusammenfassung und kritischer Ausblick................	26
3.	Wege zur Rehabilitation geistigbehinderter Erwachsener in Frankreich	27
3.1.	Von der psychiatrischen Anstalt zu gemeindeintegrierten Wohnformen..	28
3.2.	Zu den Arche-Wohngemeinschaften........................	31
3.3.	Zur Fondation Darty...................................	36
3.4.	Zu den Centren d'Aide par le Travail...................	38
3.5.	Zusammenfassung und Ausblick...........................	40
4.	Humanes Wohnen und pädagogisch-therapeutische Angebote für geistigbehinderte Erwachsene in Dänemark...........	42
4.1.	Zur Entwicklung der Reformen auf dem Gebiete der Rehabilitation..	42
4.2.	Zum Leben in den Zentralinstitutionen..................	45
4.2.1.	Physiotherapie..	49
4.2.2.	Tagesheime und Tageszentren............................	50
4.3.	Zum Leben in den Pensionaten...........................	51
4.4.	Zum Leben in der Gemeinde..............................	54
4.5.	Zu den Werkstätten für Behinderte......................	55
4.6.	Schlußbemerkung: Perspektiven für rehabilitative Maßnahmen in der Bundesrepublik Deutschland...............	56
5.	Entwicklung, Konzepte und Perspektiven auf dem Gebiet der Rehabilitation geistigbehinderter Erwachsener in Schweden...	60
5.1.	Vom Pflegeheim zu dezentralisierten Wohnformen.........	60
5.2.	Zu den Beschäftigungsmöglichkeiten.....................	64
5.3.	Zum schwedischen Dezentralisierungsmodell..............	67
5.4.	Beispiel für eine dezentralisierte Wohnstätte..........	68
5.5.	Zusammenfassung und kritischer Ausblick................	71
6.	Zukunft schwerstgeistig- und mehrfachbehinderter Erwachsener unter besonderer Berücksichtigung familienentlastender Einrichtungen............................	73
6.1.	Große Vollzeiteinrichtungen für schwerstgeistig- und mehrfachbehinderte Erwachsene?.........................	74
6.2.	Häusliche Betreuung und ambulante Hilfen für schwerstgeistigbehinderte Erwachsene...........................	79
6.3.	Werkstätten für Behinderte oder Tagesstätten? - Familienentlastende teilstationäre Angebote für schwerstgeistigbehinderte Erwachsene.....................	87

7.	Ästhetisches Spiel und Arbeit als Mittel zur Persönlichkeitsentwicklung - Perspektiven zur pädagogisch-therapeutischen Einzelarbeit mit schwerstgeistig- und mehrfachbehinderten Erwachsenen.................	95
7.1.	Zur Terminologie.......................................	95
7.2.	Exkurs: Zur Bedeutung des (ästhetischen) Spiels für Lernprozesse unter Berücksichtigung entwicklungspsychologischer Aspekte......................................	102
7.3.	Überlegungen zur Didaktik eines handlungsbezogenen Ansatzes bei hospitalisierten, schwerstgeistig- und mehrfachbehinderten Erwachsenen..........................	116
7.3.1.	Geschichte einer Förderung - 1. Beispiel..............	125
7.3.2.	Geschichte einer Förderung - 2. Beispiel..............	132
7.3.3.	Zur Beurteilung der pädagogisch-therapeutischen Einzelarbeit..	140
7.3.3.1.	Zur kommunikativen Vorgehensweise.....................	141
7.3.3.2.	Zur ganzheitlich-integrativen Vorgehensweise..........	145
7.3.3.3.	Zur entwicklungsgemäßen, subjektzentrierten Vorgehensweise..	147
8.	Wege zur Eingliederung - Möglichkeiten einer heiminternen Arbeit für hospitalisierte geistigbehinderte Erwachsene - am Beispiel des Rhein. Heilpädagogischen Heimes Langenfeld (von W. Fürth)......................	162
8.1.	Die Entwicklung der Arbeits- und Beschäftigungssituation der Bewohner und die Einrichtung der heimeigenen Arbeits- und Beschäftigungswerkstatt...........	163
9.	Soziales Lernen - zur pädagogisch-therapeutischen Arbeit mit verhaltensauffälligen, geistig- und/oder lernbehinderten Erwachsenen in Vollzeiteinrichtungen	169
9.1.	Verhaltensauffällige geistigbehinderte Erwachsene - Stiefkinder der Psychiatrie...........................	169
9.2.	Zum Begriff des "sozialen Lernens"....................	172
9.3.	Zur Rollentheorie als Bezugssystem für soziale Lernprozesse...	173
9.4.	Folgerungen für die pädagogische Arbeit...............	179
9.5.	Beispiele für beziehungsstiftende Arbeitsformen und gesellige Spiele (eine Auswahl).......................	186
10.	Literatur	193

Geleitwort

Die in diesem Buch zusammengestellten Arbeiten von Georg Theunissen sind das Ergebnis intensiver fachlicher Auseinandersetzungen mit der Frage der "richtigen" Förderung und Betreuung von Menschen mit schwersten Behinderungen. Für die Bundesrepublik Deutschland enthält diese Fragestellung - stärker als für andere vergleichbare Länder - neben fachlichen und sozialpolitischen Aspekten auch den der Auseinandersetzung mit der eigenen Vergangenheit: den Anstalten aus dem vorigen Jahrhundert, in denen auch heute noch viele psychisch und geistig behinderte Menschen leben; dem Tod in der Gaskammer, der Problemlösung der Nazis; den langen Jahren der Verdrängung des Problems nach 1945. Elterninitiativen und Selbsthilfegruppen leisten den wesentlichen Beitrag für den Beginn neuer Orientierungen. Dieser Prozeß ist in vollem Gang, wie die Beiträge dieses Buches, aber auch das 1985 vom gleichen Verfasser publizierte Buch "Abgeschoben, Isoliert, Vergessen" deutlich machen. Das Beispiel von Nachbarländern wie Dänemark und Schweden ist hilfreich, wenn es darum geht, neue Ansätze politisch durchzusetzen, die sich auf das Wohnen, die Arbeit, die Freizeitgestaltung Behinderter beziehen oder, allgemein gesagt, die Umsetzung der Forderung nach der Integration Behinderter in Alltagshandeln.

Die Großanstalt ist zwar theoretisch tot, praktisch aber sehr lebendig. Das Wohnen Behinderter "gemeindenah" in Wohnungen und Kleinstheimen - verbunden mit Betreuung, soweit dies notwendig ist - in der gleichen Straße, im gleichen Wohnblock, im gleichen Haus mit Nichtbehinderten, wird in der Diskussion für richtig und gut befunden, im Alltag aber noch häufig genug bekämpft, von Nachbarn wie von Institutionen, die um ihre wirtschaftliche Existenz fürchten. Die Werkstatt für Behinderte bietet Arbeit für Behinderte; das bedeutet Entwicklung von Selbstwertgefühl und Vermeidung von Isolation. Die WfB in ihrer derzeitigen Ausgestaltung läuft jedoch Gefahr, ihre starke ökonomische Orientierung nicht mehr ausbalancieren zu können mit ihrer sozialen Aufgabenstellung, mit der Konsequenz, daß Schwerstbehinderte auch in der Werkstatt für Behinderte keine Arbeit finden, daß sich eine Hierarchisierung innerhalb der Behinderten entwickelt, daß die Durchlässigkeit zum allgemeinen Arbeitsmarkt, die angesichts der Arbeitsmarktsituation ohnehin weitgehend illusorisch geworden ist, noch geringer wird.

Der Verfasser ist Mitarbeiter des Heilpädagogischen Heimes Langenfeld in der Trägerschaft des Landschaftsverbandes Rheinland. Der Landschaftsverband Rheinland, Träger von großen psychiatrischen Anstalten wie Düren, Langenfeld, Bedburg-Hau, beschloß Ende der 70er Jahre als seinen spezifischen Weg zur Vergangenheitsbewältigung die Herauslösung und Verselbständigung der Geistigbehindertenbereiche aus den psychiatrischen Kliniken. Verselbständigung heißt nicht nur Autonomie von der Landesklinik und eigene Rechtspersönlichkeit, sondern – und dies ist das Wesentliche – auch grundlegende Änderung des Konzepts: Abkehr von der Therapie als Heilbehandlung im medizinischen Sinne; pädagogische Umsetzung eines Therapiekonzepts, das "Aktivierung des Individuums und Initiierung sozialer, psychischer, kognitiver und motorischer Lernvorgänge" beinhaltet.
Nicht die Auffälligkeiten und Defizite des Behinderten, sondern seine (noch) vorhandenen und ausbaufähigen Kompetenzen stehen dabei im Vordergrund.

Die Entwicklung der Heilpädagogischen Heime des Landschaftsverbandes Rheinland, die positive Veränderung der Situation der hier noch lebenden Behinderten, bestätigen heute schon, daß die politische Grundsatzentscheidung für die Bildung der Heime richtig war. Für die weitere Arbeit bedarf es allerdings des langen Atems und einer anhaltenden Bereitschaft für eine offensive Behindertenpolitik.

Köln, im Februar 1986   Irmgard Gaertner

1. Einleitung - Wege zur Rehabilitation Geistigbehinderter im Erwachsenenalter unter besonderer Berücksichtigung des Personenkreises der Schwerstgeistig- und Mehrfachbehinderten

Die in dieser Arbeit vereinigten Beiträge knüpfen unmittelbar an meinem Buch "Abgeschoben, Isoliert, Vergessen" an und führen die Untersuchungen fort, mit denen ich zu Beginn der 80er Jahre begonnen habe und die in einer Reihe von Aufsätzen oder Buchartikeln veröffentlicht sowie auf Fachtagungen oder Lehrveranstaltungen vorgetragen wurden.

In erster Linie werden Fragen zur Förderung, zum Wohnen und Arbeiten Geistigbehinderter im Erwachsenenalter behandelt, wobei das besondere Interesse dem Personenkreis der hospitalisierten, schwerstgeistig- und mehrfachbehinderten Erwachsenen gilt, der bisher kaum in den Genuß der Reformen auf dem Gebiete der "Integration Behinderter" gekommen ist und in der einschlägigen Literatur noch wenig Beachtung findet.

Zahlreiche Anregungen von hohem Erfahrungswert und konstruktive Ansätze für eine rehabilitative Praxis Geistigbehinderter im Erwachsenenalter lassen sich aus Reformen in dem benachbarten Ausland entnehmen, welches auf dem Gebiete der Integration Behinderter der Bundesrepublik Deutschland zum Teil voraus ist.

Der erste Artikel, der in der Zeitschrift "Beschäftigungstherapie und Rehabilitation" (Heft 4, September 1984) veröffentlicht wurde, befaßt sich mit der Integration geistigbehinderter Erwachsener in Italien. Bekanntlich ist in den vergangenen Jahren wohl von keiner anderen Neuerungsbestrebung auf dem Gebiete der Betreuung Behinderter so viel erwartet worden, wie von der Gesundheitsreform in Italien. Im Mittelpunkt des Beitrages steht die Frage, wie die italienische Integrationsbewegung bei hospitalisierten Geistigbehinderten zum Tragen gekommen ist.

Im anschließenden Artikel, eine gekürzte Fassung dieses Beitrages ist in der Zeitschrift "Geistige Behinderung" (Heft 4, 1984) erschienen, geht es um die Betreuung geistigbehinderter Erwachsener in Frankreich. Im Unterschied zu Italien, Dänemark, Holland oder Schweden ist Frankreich bis heute kaum in den Blickpunkt des fachlichen Interesses gerückt. Dennoch sind auch hier Bemühungen um Integration Geistigbehinderter feststellbar, überdies gibt es gerade in Frankreich recht unterschiedliche, interessante Beispiele, die aufzeigen, daß Alternativen zur Institutionalisierung geistigbehinderter Erwachsener sinnvoll und möglich sind.

Für viele Fachleute, die sich mit Rehabilitation geistigbehinderter Erwachsener befassen, gilt Dänemark auf dem Gebiete der Betreuung dieser Menschen als vorbildlich. Deswegen werden in einem weiteren Beitrag verschiedene Wohnformen und therapeutische Angebote für Geistigbehinderte in Dänemark vorgestellt und diskutiert. Der Artikel zeigt auf, daß die Mehrheit schwerstgeistig- und mehrfachbehinderter Erwachsener nach wie vor in größeren Einrichtungen lebt. Vergleicht man die Entwicklung auf dem Gebiete der Rehabilitation geistigbehinderter Erwachsener in den europäischen Ländern, so fällt auf, daß Schweden die weitreichendsten Reformen realisiert hat und in bezug auf Integration Geistigbehinderter im Erwachsenenalter führend ist. So ist beispielsweise unserem Bericht über Schweden, der in einer gekürzten Fassung in der Zeitschrift "Geistige Behinderung" (Heft 4, 1983) erschienen ist, zu entnehmen, daß nicht nur die selbständigsten Behinderten, sondern auch Erwachsene mit schwerer geistiger und körperlicher Behinderung in kleinen, gemeindeintegrierten Wohngruppen leben können.

Bei der Auswahl der genannten Rehabilitationskonzepte, die ich durch Studienaufenthalte "vor Ort" kennengelernt habe, war ich bemüht, die wichtigsten und unterschiedlichsten Wege und Aspekte auf dem Gebiete der Rehabilitation Geistigbehinderter im Erwachsenenalter praxisrelevant herauszustellen. Ursprünglich sollten noch weitere europäische Staaten in die vergleichende Betrachtung einbezogen werden; um unnötige Wiederholungen oder Überschneidungen zu vermeiden, wurde aber hierauf verzichtet (z.B. kommen Länder wie Österreich, Norwegen, Holland oder England den Reformansätzen Frankreichs oder Dänemarks zum Teil recht nahe).

Die beiden nachfolgenden Beiträge unserer Arbeit beziehen sich ausschließlich auf rehabilitative Maßnahmen für schwerstgeistig- und mehrfachbehinderte Erwachsene. Zunächst geht es um Perspektiven einer zukünftigen, offensiven Behindertenpolitik. Möglichkeiten sinnvoller Alternativen zur Institutionalisierung Behinderter (familienentlastende Hilfen durch ambulante Dienste) und Fragen nach geeigneten Beschäftigungsmöglichkeiten (Werkstätten für Behinderte oder Tagesstätten?) stehen im Mittelpunkt dieser Erörterung.

Im anschließenden Artikel greife ich das an der erziehungswissenschaftlich-heilpädagogischen Fakultät der Universität zu Köln in Zusammenarbeit mit H.G.Richter und Mitarbeitern entwickelte Konzept der "therapeutisch-ästhetischen Erziehung" auf, welches ich für die Arbeit mit hospitalisierten, schwerstgeistig- und mehrfachbehinderten Erwachsenen didaktisch aufbereitet habe (vgl. auch die entsprechenden Ausführungen in "Abgeschoben, Isoliert, Vergessen"). Unter ästhetischer Erziehung verstehen wir den Versuch, mit einem Behinderten in eine Ich-Du-Beziehung (Buber) zu treten, und ihn mittels ästhetischer Materialien und Prozesse zur Selbstverwirklichung in sozialer Bezogenheit zu befähigen. Der Begriffsanteil des "Therapeutischen" meint keine von der Organmedizin her abgeleitete Heilbehandlung, sondern vielmehr eine Aktivierung des Individuums durch Initiierung und Strukturierung von Lernprozessen, die Aspekte einer Nach- oder Umerziehung sowie den Abbau drohender oder bestehender Isolation beinhaltet. In diesem Zusammenhang können wir die Grenzen zwischen Pädagogik und Therapie als fließend ansehen (deswegen die Formulierung "pädagogisch-therapeutische Maßnahmen"). Zum ersten Mal werden die Grundzüge unseres Ansatzes anhand von zwei Beispielen aus unserer Einzelarbeit mit schwerstgeistigbehinderten Erwachsenen ausführlich dargestellt und unter dem Blickwinkel des "ästhetischen Spiels" und der "Arbeit als Mittel zur Persönlichkeitsentwicklung" plastisch beleuchtet.

Zwei weitere Beiträge unseres Buches gelten der rehabilitativen Arbeit mit hospitalisierten, verhaltensauffälligen, geistigbehinderten Erwachsenen. Zuerst stellt W. Fürth, der ich an dieser Stelle für ihre Bereitschaft der Mitarbeit danken möchte, am Beispiel des Rhein. Heilpädagogischen Heimes Langenfeld die Entwicklung, Konzeption und Perspektiven einer heiminternen Arbeit für hospitalisierte geistigbehinderte Erwachsene mit Verhaltensauffälligkeiten dar.

Im zweiten Beitrag, eine stark gekürzte Fassung wurde in der Zeitschrift "Geistige Behinderung" (1/1983) veröffentlicht, werden Grundzüge einer Sozialerziehung für hospitalisierte Erwachsene mit geistiger Behinderung vorgestellt. Theoretisches Kernstück ist der Ansatz des symbolischen Interaktionismus. Methoden des Rollenspiels in Verbindung mit beziehungsstiftenden Arbeitsformen aus dem ästhetischen Bereich werden für die pädagogisch-therapeutische Arbeit mit hospitalisierten, verhaltensauffälligen Geistigbehinderten favorisiert.

Mein Dank gilt dem Interesse und den Anregungen vieler Gesprächspartner, vor allem Herrn Ministerialrat T. Wallner, Herrn Direktor F. Wilhelmsen, Herr Dr. L. Roser und allen Mitarbeitern im Heilpädagogischen Heim.

Ferner bedanke ich mich insbesondere für das Geleitwort, die konstruktive und verständnisvolle Kritik und Zusammenarbeit von Frau Landesrätin I. Gaertner.

Georg Theunissen

2. Impressionen aus Florenz - Betreuung geistigbehinderter Erwachsener in Italien

Wohl von keiner anderen Neuerungsbestrebung auf dem Gebiete der Betreuung psychisch Kranker oder behinderter Menschen ist in den vergangenen Jahren so viel erwartet worden wie von der Gesundheitsreform in Italien. Geradezu spektakuläres Aufsehen erregte der Ruf zahlreicher italienischer Alternativ-Psychiater (Basaglia), die bestehenden psychiatrischen Anstalten aufzulösen, um möglichst vielen Menschen, die zuvor abgeschoben, isoliert und vergessen waren, in ihrer Gemeinde ein menschenwürdiges Leben zu verschaffen.

Im folgenden Beitrag wollen wir nun weniger das Für und Wider dieses Konzeptes diskutieren (denn dies wurde in der Vergangenheit schon sehr oft geleistet), als vielmehr der Frage nachgehen, wie sich die Lebensbedingungen hospitalisierter Menschen mit geistiger Behinderung in Italien durch die Gesundheitsreform verändert haben und welche Wege zur Rehabilitation beschritten werden. Um mich "vor Ort" über die Formen der Betreuung geistigbehinderter Erwachsener in Italien zu informieren, nahm ich vor kurzem an einer Studienfahrt nach Florenz teil. Wichtige Gesprächspartner waren u.a. A. Milani-Comparetti und L. Rosner, die durch einige Publikationen und Gastvorträge als Repräsentanten der sog. italienischen Integrationsbewegung auch in Deutschland bekannt geworden sind.

2.1. Gesundheitsreform und Integrationsbewegung

Am 23.12.1978 wurde in Italien in Anlehnung an den Artikel 32 der italienischen Verfassung vom 27.12.1947, welcher "den Schutz der Gesundheit als grundlegendes Recht des Individuums und als Interesse der Gemeinschaft" postuliert, das Gesetz 833 zur Einrichtung eines nationalen Gesundheitsdienstes (Servizio Sanitario Nazionale) verabschiedet. Im wesentlichen geht es bei diesem Rahmengesetz um die Schaffung von Regionen als selbständige Gebietskörperschaften, um die Dezentralisierung der Kompetenzen an örtliche Gesundheitseinheiten (Unita Sanitaria Locale) (U.S.L.), um die Auflösung des Krankenkassenwesens sowie des Subsidiaritätsprinzips, um die unentgeltliche Absicherung einer ambulanten oder stationären Betreuung der gesamten Bevölkerung (dies in Verbindung mit dem Psychiatriegesetz Nr. 180) sowie um Maßnahmen zur "Vorbeugung von Krankheiten und Unfällen in jedem Lebens- und Arbeitsumfeld" (Art. 2, Abs. 1). Bemerkenswert ist, daß das Gesetz auf das gesundheitliche Wohlbefinden verschiedener Problem- oder Randgruppen (beispielsweise von Industriearbeitern, Kleinkindern, alten Menschen, Behinderten) besonderen Wert legt. Dies hängt nicht zuletzt damit zusammen, daß bereits vor zwanzig Jahren in Italien Initiativen und Aktivitäten zur Verbesserung des gesamten Gesundheitswesens sowie zur Integration Behinderter entstanden.

Ohne Engagement der Gewerkschaften sowie der sozialistischen und kommunistischen Partei wären die o.g. Reformen jedoch kaum durchführbar gewesen. Vor allem verstärkte sich der politische Kampf um die Gesundheit gegen Ende der 60er Jahre. Persönlichkeiten wie Basaglia (1973; 1974); Milani oder Milani-Comparetti (1981) sagten der bisherigen Auffassung von Gesundheit oder Normalität den Kampf an und leisteten durch eine völlig neue Sicht von "Krankheit" oder "Behinderung" einer tiefgreifenden Umstrukturierung im fachlichen Selbstverständnis Vorschub. Im Mittelpunkt dieses Umdenkens stand die Erkenntnis, daß psychische Leiden oder Behinderungen immer in ihrer lebensgeschichtlichen, situativen und sozialen Bedeutung zu betrachten seien. Zweifellos hatte man dabei auch die Überwindung bzw. Bekämpfung von Gesundheitsrisiken am Arbeitsplatz oder krankmachender Faktoren in sonstigen Situationen (z.B. Anstalten) im Auge, um zu einer Förderung von Gesundheit zu gelangen, die den Empfehlungen der WHO voll entsprechen sollte. Auf dem Hintergrund dieser Entwicklung kam es am 4.8.1977 zur Verabschiedung des Gesetzes 516, welches den Abbau von Sonderschulen und die Eingliederung behinderter Kinder in allgemeine Schulen vorsah. Das kurze Zeit später verabschiedete Gesetz Nr. 517 sollte dann jedem Behinderten das Recht auf Teilnahme am Unterricht in allgemeinen Schulen zusichern. Bezüglich der Vorschulerziehung ist zu ergänzen, daß hier bereits seit Mitte der 70er Jahre eine gemeinsame Erziehung Behinderter und Nicht-Behinderter in vielen Städten Italiens angestrebt oder bereits mit Erfolg praktiziert wird.

Der in Italien benutzte Begriff der Integration Behinderter wird interessanterweise nicht als ein Ziel oder als Ergebnis von rehabilitativen Maßnahmen aufgefaßt, "sondern als Voraussetzung für alle weitere pädagogische Arbeit. Behinderte sollen dementsprechend nicht auf ihre Integration vorbereitet werden, sondern von vornherein im gesellschaftlichen Leben integriert aufwachsen; Integration wird als wesentliches Mittel aufgefaßt, um Aussonderung zu verhindern" (Italien ... 1983, S. 49). Diese Auffassung setzt zweifelsohne die bereits genannte Regionalisierung von Gesundheits- und Sozialdiensten voraus. Zuständig für Prävention, Förderung oder Therapie sind die Einrichtungen der U.S.L.

Gleichermaßen wie die Integration, so soll auch die Therapie ein völlig neues Umdenken signalisieren (Milani-Comparetti 1981; Roser 1983). So richtet sich die Kritik in erster Linie gegen jene Heilpädagogik oder Rehabilitation, die bislang durch eine scharfe Grenzziehung zwischen "Abweichung" und "Normalität" der Aussonderung von Behinderten in klinisch kontrollierte Reviere entgegenkam und darüber hinaus auch dem Reparaturbedürfnis und dem Korrekturwillen vieler Erwachsener Vorschub leistete. Eine derartige therapeutische Praxis führt - so Milani-Comparetti(1981, S. 5)- fast immer zur Negation der Persönlichkeit von Behinderten, ihrer mitmenschlichen Beziehungen und ihrer Zukunft. Behinderte seien im seltensten Falle bislang in ihren realen Möglichkeiten gesehen worden, vielmehr habe man sich nur mit den Defekten, Fehlverhaltensweisen, Leistungsrückständen oder psychischen Auffälligkeiten befaßt, die es insgesamt zu "therapieren" gilt. So sei auch die "Zwangsvorstellung aufgekommen, daß für den Behinderten alles besonders sein 'müßte'... Alles wurde 'besonders' - von der Schule zum Spielzeug, von der Behandlung zur pädagogischen Förderung, vom Schonraum zum Personal... Infolge des Mißbrauchs der Medizin und der Pädagogik durfte also (der Behinderte, G.T.) nicht mehr am täglichen Leben teilhaben, wie es sich durch das Spiel, durch die Gemeinschaft der Gleichaltrigen, durch Musik, Bewegung, durch Schwimmen usw. ergibt. Denn all dies wurde verwandelt in Beschäftigungstherapie, in Spieltherapie, in Heilgymnastik... Jede dieser Aktionen wurde aus dem natürlichen Lebensraum herausgelöst und einem Fachmann anvertraut" (ebenda, S. 5). Was bei dieser "Besonderung" pädagogischer Tätigkeiten völlig verkannt wird, ist die Tatsache, daß sich sämtliche der z.g. Behandlungsformen auf fundamentale menschliche Seinsbereiche beziehen, deren Erschließung ein "normaler" Vorgang in der Erziehung der Nicht-Behinderten ist. Auch in der Arbeit mit Behinderten - so Milani-Comparetti - komme es darauf an, an den Erfahrungen im täglichen Leben anzuknüpfen und von Bedürfnissen auszugehen. Dabei sei es wichtig, "die Einmaligkeit des Individuums" (Roser) zu akzeptieren. Milani-Comparetti (1981, S. 13) betont aber auch, daß es ein Mißverständnis sei, zu glauben, "daß es genüge, einfach mit dem Kinde (Behinderten, G.T.) zu spielen. ... Es handelt sich vielmehr darum, in der normalen Tätigkeit des Kindes die therapeutischen Qualitäten zu erspüren und sie so zu leiten, daß sie zu Gewohnheiten werden... Diese Einstellung verlangt ein weitaus größeres Fachwissen als die Kenntnis der einen oder anderen Methodik vorschreibt, weil sie die propädeutische Fähigkeit des Beraters erfordert".

2.2. Von der Verwahrpsychiatrie zu dezentralisierten Formen der Betreuung behinderter Erwachsener

In den vergangenen Jahren haben zahlreiche italienische Psychiater versucht, Basaglias Ruf nach Auflösung psychiatrischer Anstalten in mehreren Städten Italiens, z.B. in Triest, Arezzo, Parma oder Bologna, konsequent zu folgen. Auch in Florenz ist man bemüht, den Anspruch zu erfüllen, Menschen, die bislang ausgeschlossen wurden, in den gesellschaftlichen Lebensbereich so schnell wie möglich einzugliedern und darüber hinaus niemanden mehr hinter Mauern psychiatrischer Ghettos oder von Pflegeheimen auszusondern. So waren beispielsweise vor der Gesundheitsreform noch ca. 3500 Menschen aus Florenz und Umgebung (Einzugsgebiet ca. 1,5 Mill. Einwohner) in "San Salvi", der großen psychiatrischen Klinik in Florenz, untergebracht. Inzwischen leben nur noch 900 bis 1000 Menschen in dieser Klinik, wobei man hofft, auch einige dieser Personen in absehbarer Zeit in ihre Gemeinde einzugliedern. Auch in den meisten anderen psychiatrischen Anstalten Italiens ist eine sog. "Restgruppe" an Bewohnern übrig geblieben (vgl. hierzu Schmid 1981, S. 16, 1o6). Zumeist handelt es sich hierbei um ältere Menschen mit seelischer oder geistiger Behinderung, um Geistigbehinderte mit Verhaltensauffälligkeiten oder um milieugeschädigte und behinderte Erwachsene, die keine Angehörigen mehr haben und aufgrund einer langen Hospitalisierung schwer zu resozialisieren sind. Auf diesen institutionellen "harten Kern" werden wir an späterer Stelle unserer Ausführungen noch eingehen.

Was die entlassenen Bewohner betrifft, so ist man hier gleichermassen wie bei heranwachsenden Behinderten bemüht, geeignete <u>Wohnformen innerhalb ihres Wohnbezirks</u> zu finden. So lebt ein Teil der Betroffenen wieder in den Familien, was nach Auffassung unserer italienischen Gesprächspartner nur auf dem Hintergrund einer intensiven Aufklärungsarbeit im Rahmen breit angelegter Diskussionen über die Gesundheitsreform denkbar gewesen sei. Diejenigen, die nicht bei ihren eigenen Familien oder in Pflegefamilien wohnen können, werden in zumeist kleinen, beschützten Wohnungen betreut, die sich zumeist in der Trägerschaft der U.S.L. befinden. Einige dieser Wohngruppen gehen im wesentlichen auf Initiativen von engagierten Eltern bzw. Behindertenvereinen zurück - so beispielsweise auch die 1972 gegründete <u>Wohngruppe "Isolotto"</u>. In dieser in einer Neubausiedlung im Westen von Florenz gelegenen Wohnung leben vier männliche Behinderte im Alter zwischen 30 und 50 Jahren. Ein Bewohner ist Rollstuhlfahrer, ein anderer ist stark körperbehindert, fast vollständig gelähmt,

die beiden anderen sind ehemalige Patienten von "San Salvi", einer
ist lernbehindert und der andere leichtgradig geistigbehindert. Einer
der Bewohner geht täglich regelmäßig in einer Werkstattkooperative
für Behinderte arbeiten, wo er monatlich ca. 1oo,-- DM zu der staatl-
Mindestpension von ca. 24o,-- DM, die jeder Bewohner erhält, verdient.
Da diese Gelder insgesamt bei weitem nicht ausreichen, die laufenden
Kosten zu decken, erhält die Wohngruppe vom Träger noch zusätzliche
finanzielle Mittel. Dennoch verfügt fast keiner der Bewohner über
persönliches Taschengeld, so wie wir es zum Beispiel von Bewohnern,
die bei uns in der BRD in Heimen leben, her kennen. Jeder der Behinderten hat ein eigenes Zimmer, welches er recht individuell und geschmackvoll eingerichtet hat. Ferner gibt es eine große Gemeinschafts-
wohnküche sowie ein Bad. Insgesamt gesehen ist die Wohnung recht
klein, allerdings zweckmäßig eingerichtet, obwohl für die Körperbehinderten keine speziellen Vorrichtungen vorhanden sind. Ähnliche
Beobachtungen haben wir übrigens mehrfach - auch außerhalb von Wohngruppen - machen können. Für die Italiener bedeutet dies offenbar
kein allzu großes Problem. So kann ich mich z.B. an die Worte Ro-
sers erinnern, der einmal in einem anderen Zusammenhang gesagt hat,
daß es für die Aufnahme körperbehinderter Kinder in eine Normalschule
überhaupt nicht so wichtig sei, wenn diese noch nicht rollstuhlgerecht
ausgerichtet sei. Vielmehr komme es darauf an, daß die Körperbehinderten von ihren Klassenkameraden angenommen werden. Wenn man Körperbehinderte wirklich haben will, so werde sich hierfür immer ein
Weg finden. Dieser Auffassung sind wir auch in den Gesprächen mit
Bewohnern aus Wohngruppen begegnet.

Was die Betreuung betrifft, so werden die vier Behinderten von drei
Zivildienstleistenden betreut. Der Zivildienst in Italien beträgt
20 Monate und darf erst nach einer abgeschlossenen Ausbildung ange-
treten werden. Die Dienstzeit der ZDLer ist so geregelt, daß rund
um die Uhr mindestens ein Betreuer zusammen mit den Behinderten in
ihrer Wohngruppe lebt. Überträgt man dieses Beispiel auf deutsche
Verhältnisse, so stellt sich für uns immer die Frage nach der Verantwortung. Für unsere italienischen Gesprächspartner schien dies offenbar kein Problem zu sein. Sie vertraten die Auffassung, daß jeder,
sei er noch so gut oder schlecht qualifiziert, ein gewisses Maß an
Verantwortung zu tragen habe - und schließlich könne man sich ja an
die U.S.L. wenden, wenn man in einer Wohngruppe spezielle Probleme
(z.B. bei der pflegerischen oder medizinischen Betreuung, bei Anfäl-
len...) habe. Insgesamt äußerten sich die Zivildienstleistenden sehr

zufrieden über ihre Arbeit, gleichermaßen zufrieden waren auch die
Bewohner; vor allem jene beiden Behinderten, die aus "San Salvi"
stammten, schienen besonders glücklich darüber zu sein, endlich in
einer neuen Umgebung zu leben. Auf unsere Frage, ob es denn auch
Kontakte zur Nachbarschaft gebe, berichteten uns die Bewohner, daß
sie keine Angehörigen mehr haben und daß gute Beziehungen zu den
Hausbewohnern bestehen. Zu den Nachbarn im Wohnviertel dagegen
gebe es nur wenig Berührungspunkte. Ihr Interesse für behinderte Menschen sei noch viel zu gering.

Ein anderes Beispiel, das wir im folgenden kurz darstellen möchten,
bezieht sich auf die Wohngruppe "Sesto Fiorentino", welche aus drei
Frauen mittleren Alters, ebenfalls ehemaligen Patienten aus der Psychiatrie, besteht. In unserem Gespräch mit den Bewohnerinnen fiel uns
auf, daß eine der Frauen, eine Rollstuhlfahrerin, wohl die treibende
Kraft der gesamten Gruppe war. Sie schien sämtliche Planungen, Führungs- oder Organisationsaufgaben der gesamten Gruppe zu übernehmen,
während die beiden anderen Frauen, welche lern- und geistigbehindert
waren, mehr die Hausarbeiten oder sonstige praktische Tätigkeiten
verrichteten. Insgesamt schienen darüber alle drei Frauen recht
glücklich zu sein, so vertraten sie die Auffassung, daß das Prinzip der gegenseitigen Hilfeleistung und Ergänzung untereinander
in ihrer Lebensgemeinschaft sehr wichtig sei. Schließlich gebe es in
ihrer Gruppe ja auch keinen Betreuer, vielmehr würden sie sich in
ihrer Wohngruppe völlig selbständig versorgen. Nur in der Anfangsphase gab es unterstützende Hilfen vom örtlichen Sozialdienst wie
auch vom zuständigen Gemeindepfarrer, der zunächst auch der Wohngruppe finanziell ausgeholfen hatte. Die Betreuung des Sozialdienstes bezog sich im wesentlichen auf Einkäufe, Anschaffung der Wohnungseinrichtung wie auch auf alltägliche Hausarbeiten, deren Bewältigung
die Bewohnerinnen in der psychiatrischen Anstalt nie gelernt hatten.
Dadurch, daß die Rollstuhlfahrerin tagsüber in einer Näherei arbeitete und dort eine leitende Funktion inne hatte, war inzwischen die
Wohngruppe finanziell abgesichert. Wie im vorausgegangenen Beispiel,so
hatte auch diese Lebensgemeinschaft Schwierigkeiten, Kontakte zu
den Nachbarn zu finden - was von den Frauen zutiefst bedauert wurde.
Überhaupt würden sich ihre Freizeitbeschäftigungen vornehmlich auf
Handarbeiten oder Fernsehen beschränken, weil die unmittelbare Umgebung zum Rollstuhlfahren recht ungeeignet sei (vernachlässigte
Pflastersteinstraßen, ungeeignete Bürgersteige). Trotzdem äußerten

die Frauen ihre tiefste Zufriedenheit mit der gegenwärtigen Lebenssituation.

Die einzelnen Wohngruppen unterstehen, wie bereits eingangs erwähnt, in der Regel der U.S.L., die für die Betreuung psychisch kranker und behinderter Menschen eines Stadtbezirks zuständig ist. Einen herausragenden Stellenwert in der Konzeption der U.S.L. hat zweifellos das sog. <u>Ambulatorium</u>, in welchem ein interdisziplinäres Team von Psychiatern, Therapeuten, Sonderpädagogen und Pflegern Beratungsgespräche, therapeutische oder sonstige Hilfen im sozialen Bereich anbietet, um der Gefahr einer drohenden Krise vorzubeugen oder um bei akuten Problemen rasch intervenieren zu können. "Als Prävention wird aber auch die soziale Betreuung alter Leute durch Sozialarbeiter und Nachbarn verstanden: Hausbesuche, Hilfe beim Haushalten und die Lösung finanzieller Probleme. Psychische Krisen sind, das haben die Quartierspsychiater ungezählte Male erlebt, sehr oft die Folge von Vereinsamung, finanzieller Misere, sozialen Mißständen - zum Beispiel in der Wohnsituation" (Schmid 1981, S. 93). Darüber hinaus gehört selbstverständlich auch die Arbeit mit Eltern behinderter Kinder zum Aufgabenbereich der Ambulatorien. Sie konzentriert sich im wesentlichen auf einen Dialog zwischen Berater, Familie und Behinderte, wobei das eingangs genannte Therapieverständnis den fühlbaren Hintergrund der Elternarbeit bildet.

Der Vollständigkeit halber muß spätestens an dieser Stelle gesagt werden, daß die regionale Versorgung psychisch kranker oder behinderter Menschen durch die U.S.L. teilweise noch in blassen Anfängen steckt. So ist es zum Beispiel nach den Reformen kaum gelungen, schwerstgeistigbehinderte Menschen in den Genuß dezentralisierter Wohnformen einzubeziehen. Vielmehr wurde - was leider allzu oft in Darstellungen über die Psychiatriereform in Italien ausgespart bleibt - auch in Italien wieder eine <u>neue "Restgruppe"</u> von Menschen produziert, was dem Gedanken der Integration völlig im Wege steht. Diesem Problem einer Restgruppe sind wir in Florenz in aller Deutlichkeit begegnet, als unsere italienischen Gesprächspartner bei mehrfachem Nachfragen bereit waren, Schwierigkeiten und Grenzen bei der Integration Schwerstgeistigbehinderter (Erwachsener) einzuräumen. So erfuhren wir nach mehreren Gesprächen, daß nach der "Auflösung" der Anstalten Patienten, die weiterhin "geschlossen" untergebracht werden mußten - und das betraf u.a. schwerstgeistigbehinderte Menschen - in kleineren, zumeist privaten Institutionen (casa di

cura), betreut wurden. Nach Auffassung von Roser handelte es sich
hierbei aber bloß um eine Übergangslösung - nicht zuletzt aus finanziellen Gründen sei es zur Zeit kaum denkbar, auch diese Personen in dezentralisierten Wohnungen zu betreuen. Andererseits wurde aber auch in Gesprächen betont, daß es sich hierbei zumeist um
"bloße Pflegefälle" handele, für die entsprechende Pflegeeinrichtungen erforderlich seien. Gerade dieser Gedanke ist - auch im Rahmen unserer bundesdeutschen Fachdiskussion - heftig umstritten (vgl.
hierzu Theunissen 1985a; Sozialpsychiatrische Informationen 1983;
mit Geistigbehinderten leben - aus der Anstalt in die Gemeinde 1983).
Da wir Gelegenheit hatten, einige dieser Pflegeheime zu besuchen,
konnten wir "vor Ort" die Lebenssituation der dort betreuten schwerst-
geistig- und mehrfachbehinderten Kinder, Jugendlichen und Erwachsenen
kennenlernen. Unsere Erfahrungen waren recht unterschiedlich; so
gab es zum Beispiel einige Pflegeeinrichtungen, vor allem unter privater Trägerschaft, die den Charakter von Verwahrhäusern hatten
und weit unterhalb des Standards vergleichbarer deutscher Heime lagen. Es gab aber auch Einrichtungen wie z.B. das am Stadtrand von
Florenz gelegene Instituto P.P., in welchem der zuständige Arzt und
das Pflegepersonal bemüht waren, sich intensiv um jeden einzelnen
Behinderten zu kümmern. Allerdings räumte der Arzt diesbezüglich
Schwierigkeiten ein, die sich vor allem darauf bezogen, daß bis zum
Zeitpunkt der Gesundheitsreform noch therapeutische Fachkräfte wie
Physiotherapeuten oder Krankengymnastinnen in diesem Heim tätig gewesen seien. Inzwischen aber habe sich das Arbeitsfeld der Therapeuten im wesentlichsten in die einzelnen Quartiere verlagert, so daß
sich insgesamt gesehen das therapeutische Angebot für die institutionalisierten Behinderten verschlechtert habe. Hinzu komme, daß
tagsüber die meisten der schulpflichtigen Kinder im Heim seien, weil
sie aufgrund der Schwere ihrer geistigen oder körperlichen Behinderung von den Lehrern abgelehnt würden. Auf die Fragen, ob dies denn
ein Einzelfall sei, wurde uns gesagt, daß entsprechende Schwierigkeiten noch relativ weit verbreitet und in absehbarer Zeit wohl kaum
zu lösen seien. Dennoch sei es ein Mißverständnis zu glauben, daß
aufgrund dieser Probleme die italienische Gesundheitsreform gescheitert sei, denn schließlich habe man ja bereits eine sehr hohe Zahl
an ehemaligen Psychiatrie-Patienten wieder eingliedern können, außerdem gebe es für psychisch Kranke oder behinderte Menschen kaum noch
Neuaufnahmen in Anstalten oder Pflegeheimen (vgl. auch Schmid 1981,
S. 1o7; Roser 1981 S. 3).

"Beste Garantie dafür, daß keine Rückfälle mit Einlieferung ins Irrenhaus passieren könnten, ist" - so Toresini (1983, S. 33) - "die Tatsache, daß es das Irrenhaus (uns selbst) als solches nicht mehr gibt". Gerade derartige Aussagen haben in der Vergangenheit immer wieder zu Mißverständnissen geführt, in dem man fälschlicherweise annahm, daß es in Italien überhaupt gar keine Anstalten mehr gebe. In Wirklichkeit geht es den italienischen Sozialpsychiatern aber darum, deutlich zu machen, daß "die Logik der Anstalten" (Basaglia) geschlossen werden müsse: "Ob die Mauern stehen bleiben, kümmert uns nicht. Aber indem wir die Kultur inner- und außerhalb der Mauern verändern, durchbrechen wir die Logik der Institution" (Basaglia). Wie sich die Lebensbedingungen nach der Reform innerhalb der Anstalten für den bereits erwähnten "harten Kern" an älteren, psychisch Kranken und/oder geistigbehinderten Menschen verändert haben, wollen wir in dem nun folgenden Abschnitt mit der gebotenen Kürze ansprechen.

2.3. Lebensbedingungen in "San Salvi"

Heutzutage leben in der Florenzer psychiatrischen Anstalt "San Salvi" noch ca. 960 Menschen, die von Ärzten oder anderen Umkreispersonen als schwer integrierbar beschrieben und bezeichnet werden. Fast sämtliche dieser Personen leben auf "offenen" Stationen, die verschiedenen Quartieri unterstellt sind und von der jeweils zuständigen U.S.L. autonom verwaltet werden. Dies hat zur Folge, daß es nicht mehr eine Klinikleitung oder zentrale Verwaltung gibt, vielmehr werden fast sämtliche Dienstleistungen (mit Ausnahme der Essens-und Wäscheversorgung) dezentral geregelt. Dieses Prinzip hat zur Folge, daß sich die Anstaltspraxis auf den jeweils zusammengefaßten Stationen völlig unterschiedlich darstellt. Aus Gesprächen erfuhren wir, daß größtenteils diejenigen Psychiater, welche der Reform skeptisch und kritisch gegenüberstanden, in der Anstalt geblieben seien und in den einzelnen Abteilungen die leitende Funktion inne haben. Dort würde es nun an engagierten Mitarbeitern fehlen, weswegen auf diesen Stationen kaum der Prozeß der Integration weiterverfolgt werde mit dem Ziel, noch weitere Bewohner auf das Leben in der Gemeinde vorzubereiten. Ähnlich gelagerte Schwierigkeiten werden auch von Slavich (1983, S. 34) deutlich herausgestellt: "...aber wenn es in diesen Orten, wie in Italien, keine Neuaufnahmen mehr gibt, so bedeutet das nicht, daß die Anstalt 'weicher' wird im Sinne des 'harten Kerns'. Im Gegenteil, die Schwierigkeiten werden noch größer: Ein gewisser Teil der Patienten ist aus finanziellen Gründen untergebracht. Die alten Insassen erfahren eine stärkere Vernachlässigung. Weiterhin verlassen z.B. sämtliche demokratischen Mitarbeiter die Anstalt, um in den Territorien zu arbeiten, so daß es zu einer Selbstselektion der Pfleger oder Ärzte führt und die konservativen Kräfte in der Anstalt bleiben. Oft liegt gar keine Gefährlichkeit im Verhalten von Menschen vor, sondern es sind andere Gründe, wie z.B. Vernachlässigung oder Mangel an Motivation, die eine Gruppe von Menschen als 'harten Kern' konstituieren. Dies betrifft nicht nur die Motivation der Patienten selbst, sondern auch die der Anstalt als solcher, sich zu verändern."

Die Unterschiedlichkeit der Arbeitsweise auf einzelnen Stationen konnten wir auch bei unserem Besuch in "San Salvi" deutlich spüren. So gab es zum Beispiel einige Stationen, die renoviert wurden, andere dagegen waren vollständig verkommen und erinnerten uns an manche schockierenden Berichte über die unmenschlichen Zustände in der Psychiatrie (vgl. hierzu Blatt 1974, S. 21; Theunissen 1985 a, S. 1o2 f.). Trotz dieser bedauerlichen Entwicklung haben wir bei unserem Besuch in dieser Anstalt aber auch höchst interessante Erfahrungen machen können, die konstruktiv und ermutigend waren. Besonders beeindruckt hat uns ein innerhalb der Anstalt gelegenes Zentrum für künstlerische Aktivitäten, welches beweist, daß man auch für den "harten Kern" einen "Ort zum Leben" schaffen kann.

2.3.1. Tinaia - Ein Zentrum für künstlerische Aktivitäten

Geistigbehinderte, psychisch Kranke oder alte Menschen in (psychiatrischen) Anstalten brauchen, wie jeder andere Mensch auch, einen Ort zum Leben, an dem sie sich wohlfühlen, ihre Bedürfnisse befriedigen sowie ihre Fähigkeiten entfalten und ausformen können.

Dies war der Leitgedanke einer Initiative im Jahre 1875, als engagierte Sozialpsychiater und Krankenpfleger einer Abteilung zusammen mit freischaffenden Künstlern in "San Salvi" ein alternatives Zentrum für künstlerische Aktivitäten aufbauten. Dieses Zentraum - genannt Tinaia - soll eine Alternative zur traditionellen italienischen Anstaltspsychiatrie sein. Es soll mithelfen, die Mauern der psychiatrischen Ghettos, hinter denen subjektives Leiden verwaltet wird, niederzureißen, sozialpsychiatrische Experimente zu wagen, die Wege frei zu setzen zur Öffentlichkeit, zur Eingliederung in die Gesellschaft (Arbeitswelt).

Eingerichtet wurde dieses Zentrum in einem alten, nahezu verfallenen einstöckigen Bauernhaus, welches inmitten der psychiatrischen Anstalt liegt. In den unteren beiden Räumen befinden sich Materialvorräte und bereits fertig hergestellte Gebrauchsgegenstände und Kunstwerke, die dem Verkauf oder Ausstellungszwecken dienen. Wir hatten den Eindruck, daß Materialien wie Farben oder Ton im Überfluß vorhanden waren, was unsere Gesprächspartner damit begründeten, daß dies wohl an der Mentalität der Italiener läge, die für künstlerische Zwecke viel Geld bereitstellen würden.

In drei Räumen auf der 1. Etage werden sämtliche Aktivitäten durchgeführt. Ein Raum stellt die sog. Töpferei dar, hier werden Tonvasen, Geschirr, Figuren u.a. hergestellt. In den anderen beiden Räumen wird vorwiegend bildnerisch gestaltet, z.B. werden Stoffe bemalt, Bilder gemalt oder Zeichnungen angefertigt. Die Betreuung wird von drei Mitarbeitern geleistet, einer von ihnen hat eine künstlerische Ausbildung, ein anderer eine krankenpflegerische und ein dritter ist Therapeut. Darüber hinaus gibt es noch freiwillige Helfer, deren gemeinsames Interesse die Psychologie, Kunst und das Theater sind. Das Zentrum für künstlerische Aktivitäten ist für jeden Bewohner der Psychiatrie wie aber auch für bereits entlassene Patienten an Wochentagen von morgens 8.00 Uhr bis 17.00 Uhr offen. Während dieser Zeit hat jeder die Möglichkeit, sich an Gemeinschaftsaktivitäten zu beteiligen oder aber auch alleine kreativ zu sein. In der Regel gibt es - so wurde uns berichtet - einen harten Kern von etwa 17 Personen aus "San Salvi", die regelmäßig zum Zentrum kommen und diese Stätte der Begegnung nicht mehr in ihrem Alltagsleben vermissen wollen - so zum Beispiel Guido, der noch vor Jahren an seinen psychischen Problemen in starkem Maße zu leiden hatte, statt therapeutischer Hilfen zur Daseinsbewältigung wurde er mit starken Beruhigungsmitteln zur Unauffälligkeit sediert, so daß er keinen Lebenssinn in der Arbeitswelt fand und hinter Gittern auf einer überfüllten Station dahinvegetierte.
Die meisten Bewohner, die das Aktivitätszentrum regelmäßig besuchen, entscheiden sich zumeist für das plastische oder bildnerische Gestalten.
Durch das <u>plastische Gestalten</u>, insbesondere durch das Bearbeiten von Ton, sollen spezifische Fähigkeiten und Fertigkeiten herausgebildet werden, wie zum Beispiel ein plastisches Empfinden, ein körperliches Sehen, ein künstlerisches und handwerkliches Können.

Darüber hinaus soll das plastische Gestalten zur psychischen Kompensation, zu einem geistig-seelischen Wohlbefinden, zur Steigerung des Selbstwertgefühls sowie zum Abbau von Minderwertigkeiten, zur Kommunikation, Konzentration und Leistungssteigerung beitragen, um eventuell auch soziale Eingliederung in die Arbeitswelt zu erreichen (vgl. hierzu Mensi u.a. 1981). Ferner ist es ein Ziel, daß die hospitalisierten Geistigbehinderten oder Anstaltspatienten durch das Modellieren lernen, ihre Umwelt bewußt wahrzunehmen und kreativ nachzugestalten. Denn schließlich muß sich der einzelne beim Modellieren mit bestimmten Gegenständen seinen Vorstellungen entsprechend auseinandersetzen, um zu einer Darstellung zu gelangen. Zum plastischen Gestalten eignen sich verschiedenartigste Materialien. Im Tinaia wird vor allem das Arbeiten mit Ton bevorzugt, weil dieses Material auch schwerstbehinderte Personen recht gut bearbeiten können (bekanntlich läßt sich Ton leicht formen). Es bleibt den Behinderten oder Patienten jeweils überlassen, ob sie lieber Gebrauchsgegenstände wie Vasen, Aschenbecher, Schüsseln, Teller, Tassen u.a. oder äußerst individuelle Produkte wie Figuren oder Reliefs modellieren möchten. Gelegentlich wird auch mit Gips gearbeitet. Bekanntlich kann Gips zersägt, geschnitten, geschabt, mit Schmirgelpapier bearbeitet oder flüssig aufgetragen werden, weswegen er ein interessantes Material für die Gestaltung von Plastiken darstellt. Ferner wird er benutzt, um von Vasen oder anderen Gebrauchsgegenständen, die aus Ton gearbeitet sind, Formen abzugießen, um zu einer Serienproduktion von Gegenständen zu gelangen.

Ziel des __bildnerischen Gestaltens__ ist es, daß sich jeder einzelne Behinderte oder Patient mit seiner Umwelt und mit seinem eigenen Verhalten und Erleben auseinandersetzt. Bekanntlich ermöglicht das Malen Gefühle, Träume oder Probleme auszudrücken, über die man sich ansonsten verbal kaum äußert. Vor allem bietet das bildnerische Gestalten jenen Behinderten, die sich überhaupt nicht sprachlich verständigen, Gelegenheit, mit anderen zu kommunizieren. Das Bild als eine wichtige Form symbolischer Mitteilung offenbart sowohl Beziehungen der Menschen untereinander als auch das Verhältnis zur Dingwelt. Die Visualisierung psychosozialer Probleme kann zweifellos zu einem Nachlassen der Affektbesetzung sowie zu einer Befreiung von Bedrückendem führen. Ebenso kann die bildhaft-künstlerische Darstellung von Phantasien oder Träumen zu einem Ich-Findungsprozeß so-

wie zur Daseinsbewältigung beitragen. Je mehr der Gestalter im Dialog mit seinem Betreuer die symbolische Mitteilung verstehen lernt, desto eher wird er imstande sein, am Leben in der Gesellschaft teilzunehmen (vgl. hierzu auch Oliva, 1982).
Bei unserem Besuch in Tinaia wurden wir sehr herzlich empfangen. Ohne vorherige Absprache waren die Betreuer spontan bereit, uns die gesamte Einrichtung zu zeigen. Während dieses Rundganges fiel uns die liebevolle, freundliche Atmosphäre auf, die überall in den Werkräumen herrschte. Besonders beeindruckend war, daß die Behinderten trotz der überraschenden Situation sehr offen auf uns zukamen. Stolz und freudig zeigten sie uns ihre Arbeiten und ließen uns einen kleinen Einblick in ihre Praxis gewinnen. Nachdem wir uns eingehend die verschiedenartigsten geschmackvollen Dinge angeschaut hatten, setzten wir uns mit einigen Behinderten und Mitarbeitern zu einem gemeinsamen Gespräch zusammen. Wir erfuhren, daß es zunächst, in der Anfangsphase, Schwierigkeiten gab, weil viele der Behinderten kaum mit den künstlerischen Techniken vertraut waren. Zum Beispiel hatten sie erhebliche Probleme, überhaupt Pinsel zu benutzen oder Stoffe zu färben. Ferner konnten die Geistigbehinderten mit Ton oder Gips fast gar nichts darstellen. Ebenso hätte man in der Anfangsphase spezifische Versagungsängste oder Minderwertigkeitsgefühle bei einigen psychisch kranken Patienten abbauen müssen. So ging es zunächst im wesentlichen um die Aktivierung spontaner, selbst initiierter Gestaltungsprozesse, was im Zuge eines freien Malens oder Gestaltens am ehesten erreicht werden konnte. Oftmals stand die Freude am Umgang mit bildnerischen Mitteln und Verfahren im Mittelpunkt der künstlerischen Arbeit. Erst allmählich wurde auch Wert darauf gelegt, daß einzelne Anstaltsbewohner zu selbstgeschaffenen Produkten gelangen konnten. Ganz behutsam versuchte man, sogenannte subjektzentrierte Verfahren mit produkt-orientierten Arbeitsformen zu verknüpfen und den einzelnen zu einem selbstbewußten, künstlerischen Gestalten hinzuführen. Häufig wurde das freie Arbeiten durch Gemeinschaftsaktivitäten begleitet, wie zum Beispiel durch Besuche von Ausstellungen bzw. Museen oder durch das Zeigen von fertigen Modellen bzw. dem Erklären von Zeichnungen, damit einzelne Patienten auf Dauer zu einem Bildverständnis gelangen konnten.
Inzwischen läßt sich sagen, daß jeder einzelne im Tinaia auf seine Weise seinen Vorstellungen, Bedürfnissen und Fähigkeiten entsprechend recht unterschiedlich arbeitet. Je nach subjektiver Befindlichkeit

wurden von den psychisch kranken Patienten häufig fertige Modelle
kopiert oder Zeichnungen angefertigt, die die Situation der Anstalt widerspiegeln sollten, außerdem wurden Malereien produziert,
die die eigene Aggressivität oder Problematik zum Ausdruck brach-
ten; ferner gab es Arbeiten aus Ton, die Ausdruck von Sehnsüch-
ten oder Wünschen sein sollten. Insgesamt - so wurde von den Betreuern besonders betont - seien inzwischen viele lebendige Freundschaften und Beziehungen zwischen allen hier arbeitenden Personen
entstanden. Weil es jetzt eine "Gemeinschaft" gebe, könne man nun
auch gemeinsam Absprachen treffen, so zum Beispiel über die Art
der Produktion, wenn es um spezifische Gebrauchsgegenstände für den
Verkauf ginge. Der Gewinn, welcher durch Ausstellungen oder durch
Basare erwirtschaftet wird, dient in der Regel der Aufbesserung
der Taschengelder einzelner Bewohner, außerdem werden von dem Geld
neue Materialien angeschafft.

Faßt man unseren Besuch im Tinaia zusammen, so läßt sich sagen, daß
hier offenbar eine andere Psychiatrie innerhalb eines Ghettos mit
großem Erfolg praktiziert wird. Dies ist u.E. ein Beweis dafür,
daß auch unter ungünstigen Voraussetzungen noch eine veränderte
Praxis möglich sein kann - und vor allem für jene Behinderten, die
auch in Italien scheinbar schwer zu integrieren sind.

Im abschließenden Kapitel unseres Beitrages wollen wir nun mit knappen Worten noch die Arbeitssituation skizzieren, um das Bild der Betreuung geistig behinderter Erwachsener in Italien zu vervollstän-
digen.

2.4. Zur Problematik der Integration in die Arbeitswelt
Seit 1978 gibt es in Italien eine gesetzliche Grundlage, daß 30 %
der Arbeitsplätze für behinderte Menschen zur Verfügung gestellt
werden müssen. Im Unterschied zur Bundesrepublik Deutschland können sich die italienischen Arbeitgeber nicht durch eine "Aus-
gleichsabgabe" freikaufen. Allerdings zeichnet sich die Tendenz ab,
daß in erster Linie nur Personen, deren Behinderung kaum Auswirkungen auf ihre Arbeitsleistung hat, eingestellt werden. Ferner sind
beispielsweise in Florenz die bisher vorhandenen "beschützenden
Werkstätten" fast vollständig aufgelöst worden. Die drei übrig ge-
bliebenen Einrichtungen, in denen 10 bis 15 Behinderte jeweils arbeiten, müssen sich vollständig selbst finanzieren. Deswegen
stehen auch hier produktionsorientierte Arbeitsweisen und ökonomische Gesichtspunkte im Mittelpunkt, was zur Folge hat, daß gei-

stigbehinderte Menschen nahezu auf der Strecke bleiben, indem Körper- oder Lernbehinderte bevorzugt beschäftigt werden. Schließlich sollte noch erwähnt werden, daß es beispielsweise in Florenz für (Körper-)Behinderte keine gesonderten Transportmöglichkeiten gibt, so daß alle Behinderten auf die vorhandenen öffentlichen Verkehrsmittel zurückgreifen müssen. Da die architektonischen Gegebenheiten der Stadt Florenz aufgrund der engen, kopfsteinbepflasterten Straßen und Bürgersteige für Rollstuhlfahrer äußerst ungünstig sind, ist diese Situation zumindest für diese Behindertengruppe geradezu unzumutbar. Zu hoffen bleibt, daß es eines Tages bessere Transportmöglichkeiten für Behinderte gibt. Diesbezüglich bedarf es jedoch noch großer Anstrengungen - vor allem kommt es darauf an, daß sich die breite Bevölkerung zusammentut und die erforderlichen politischen Anstrengungen unternimmt.

2.5. Zusammenfassung und kritischer Ausblick

Unsere Ausführungen zeigen auf, wie notwendig es ist, endlich zu einer realoptimistischen Einschätzung der Integration geistigbehinderter Erwachsener in Italien zu gelangen. Leider gibt es bis zum gegenwärtigen Zeitpunkt viele Berichte oder Beiträge, die die Wirklichkeit aufgrund einseitiger Recherchen (vgl. hierzu Schwediauer 1983) verschleiern. Was den Personenkreis der geistigbehinderten Erwachsenen betrifft, so wurde hier der Anspruch der Integration noch in keiner Weise zufriedenstellend gelöst. Vielmehr wurde eine neue "Restgruppe" von schwerstgeistigbehinderten Personen produziert - ein Problem, welches zur Kenntnis genommen werden muß, vor allem dann, wenn Vergleiche zwischen der Integration in Italien und in der Bundesrepublik Deutschland gezogen werden. Dennoch muß der Vollständigkeit halber gesagt werden, daß auf dem Gebiete der Betreuung psychisch Kranker recht viel erreicht wurde, ebenso gibt es auf dem Gebiete der Betreuung körper- oder leichtgradig behinderter Erwachsener Erfolge und interessante Ansätze, die sowohl extramurale als auch intramurale Maßnahmen betreffen. Gerade diese Beispiele beweisen, daß Alternativen zur traditionellen Psychiatrie durchweg möglich und sinnvoll sind. Diese Initiativen sollten trotz aller Kritik voll unterstützt werden, zumal wir von ihnen auch für unsere Arbeit lernen können.

3. Wege zur Rehabilitation geistigbehinderter Erwachsener in Frankreich

Der vorliegende Beitrag basiert auf einer kürzlich unternommenen Studienfahrt nach Paris. Im Unterschied zum benachbarten Ausland (Schweden, Italien, Dänemark) ist die Betreuung geistigbehinderter Erwachsener in Frankreich bis heute kaum in den Blickpunkt eines fachlichen Interesses gerückt. Dies hängt im wesentlichen damit zusammen, daß es dort offenbar in den letzten Jahren keine Integrationsbewegung gegeben hat, die so viel spektakuläres Aufsehen erregt hat wie in den oben genannten Ländern. Vielmehr scheinen sich die Bemühungen um Integration geistig Behinderter in Frankreich in aller Stille zu vollziehen. Dies hat zur Folge, daß es bis zum gegenwärtigen Zeitpunkt ein sehr komplexes und vielfältiges Betreuungssystem gibt, welches selbst für die Franzosen kaum zu überschauen ist. So unterstehen z.B. die französischen Sondereinrichtungen nicht grundsätzlich ein und demselben Ministerium, vielmehr können mehrere bzw. verschiedene Ministerien (das Erziehungs-, Sozial-, Gesundheits- oder Justizministerium) für die Betreuung zuständig sein. Ferner drängt sich bei Gesprächen mit zuständigen Fachleuten der Eindruck auf, daß man in Frankreich erhebliche Schwierigkeiten hat, den Personenkreis geistig Behinderter genauer zu fassen und ihn von psychisch kranken Menschen klar abzugrenzen. Immer wieder sind wir bei vielen unserer Gesprächspartner auf dieses Definitionsproblem gestoßen, weswegen wir leider auch keine Angaben über die Anzahl geistig Behinderter in Frankreich geben können. Dementsprechend schreibt auch Stürmer (1985, S. 126): "Für den Personenkreis, der in der Bundesrepublik Deutschland unter dem Begriff 'geistigbehindert' erfaßt wird, gibt es in Frankreich keinen vergleichbar übersetzbaren Namen. Während bei uns für diese Gruppe im Laufe der letzten Jahre eine bewußte Absetzung vom medizinischen Schwachsinnsbegriff erfolgte, verharrt die französische Terminologie noch in diesen medizinischen Bezeichnungen". Und weiter heißt es: "In Frankreich besteht... für die Gruppe der 'Geistigbehinderten' kein zentraler Begriff wie in Deutschland" (S. 127).

Um dem Leser ein möglichst vielseitiges und plastisches Bild über die Betreuung geistigbehinderter Erwachsener in Frankreich zu vermitteln, haben wir versucht, recht unterschiedliche, interessante Beispiele herauszugreifen und zu beschreiben. Der Verfasser hofft, daß trotz der eingangs genannten Schwierigkeiten Einblicke in die theoretische und praktische Arbeit gewonnen sowie wichtige Grundzüge der Betreuung geistigbehinderter Erwachsener in Frankreich sichtbar werden können.

3.1. Von der psychiatrischen Anstalt zu gemeindeintegrierten Wohnformen

Seit einigen Jahren ist man in Frankreich gleichermaßen wie im benachbarten Ausland bestrebt, Menschen mit geistiger Behinderung aus den psychiatrischen Anstalten herauszuholen und in kleineren Wohneinrichtungen zu betreuen. Dennoch leben bis heute noch viele geistig Behinderte - vor allem schwerstgeistig- und mehrfachbehinderte Erwachsene oder ältere Menschen - in psychiatrischen Anstalten und werden in absehbarer Zeit wohl kaum in den Genuß der Integration kommen (verlorene Generation). Dies hängt zum einen damit zusammen, daß es bis heute in Frankreich keine einheitliche gesetzliche Regelung gibt (wie z.B. in Schweden, vgl. Kap. 4.1.), weswegen es vielfach von dem Interesse oder dem Engagement einzelner Psychiater abhängt, ob die Mauern psychiatrischer Ghettos niedergerissen und Reformen verwirklicht werden. Zum anderen wird teilweise in Frankreich nicht zwischen geistig Behinderten, psychisch Kranken, hospitalisierten Menschen, Milieugeschädigten oder Lernbehinderten unterschieden, so daß ein Teil geistig behinderter Menschen - zumindest die Schwerstbehinderten und Autisten - im sog. "harten Kern" der Psychiatrie untergeht, welcher offenbar nur schwer zu integrieren ist (vgl. hierzu Sozialpsychiatrische Informationen 1983). Ein bemerkenswertes Beispiel, wie die Lebenssituation hospitalisierter Menschen (psychisch Kranke und auch geistigbehinderte Erwachsene) erheblich verbessert werden kann, stellen Adamo und Mitarbeiter (1983) vor, deren Konzept im nächsten Abschnitt näher erläutert werden soll.

Adamo ist psychiatrische Leiterin einer Abteilung(des 6. Arrondissement) der psychiatrischen Anstalt St. Anne, welche im Süden von Paris liegt. Die Anstalt ist in mehrere Abteilungen aufgeteilt, die einzelnen Arrondissements (Stadtsektoren mit ca. 67 000 Einwohnern) entsprechen. Adamo ist für das 6. Arrondissement zuständig. Die einzelnen Abteilungen arbeiten völlig unabhängig voneinander und unterstehen jeweils einer anderen Leitung. Insgesamt werden in St. Anne etwa 960 Patienten betreut. Während die meisten Sektoren in St. Anne noch an der klassischen Verwahrpsychiatrie festhalten, wurde in Adamos Abteilung ein Pilot-Projekt durchgeführt, so daß hier

von ehemals 100 Patienten heutzutage nur noch 40 Menschen wohnen.
Bei dieser "Restgruppe" an Patienten - so konnten wir es feststellen - handelt es sich neben einigen älteren geistigbehinderten Bewohnern hauptsächlich um jahrelang hospitalisierte psychisch kranke Menschen, für die es nach Aussagen unserer Gesprächspartner sehr schwierig sei, außerhalb der Anstalt zu wohnen. Darüber hinaus würden diese Menschen kaum das Verlangen zeigen, die Klinik überhaupt zu verlassen. Geradezu bezeichnend sei, daß sie trotz der offenen Türen nicht in die Stadt gingen. Dadurch, daß die Abteilung jetzt nicht mehr mit hospitalisierten Patienten überfüllt sei, könne sich nun das Personal in St. Anne auch intensiv um diesen Personenkreis kümmern. Beispielsweise gibt es in dieser Abteilung ein multidisziplinäres Team an Heilgymnasten, Psychotherapeuten, Psychiatern und Beschäftigungstherapeuten, die zum Teil auf Honorarbasis gezielte Aktivierungs- und Freizeitmaßnahmen anbieten. So konnten wir z.B. die Beschäftigungstherapie kennenlernen, in der Seidenmalerei, Töpferei und Korbflechten im Mittelpunkt stehen. Neben den intramuralen Angeboten ist man auch bemüht, Aktivitäten (z.B. Schwimmen) nach außen zu verlegen. Ansonsten scheint sich die Betreuung dieses Personenkreises nicht von der Versorgung in vergleichbaren deutschen Einrichtungen zu unterscheiden; (so hatten wir z.B. bei unserem Besuch auch den Eindruck, daß die Patienten innerhalb der psychiatrischen Anstalt recht hoch medikalisiert waren; dies wurde uns von unseren Gesprächspartnern bestätigt, die darüber hinaus sogar die Anwendung von Elektroschocks als ein notwendiges Mittel der Behandlung von dem zum "harten Kern" zählenden Menschen hielten).

Interessanter dagegen dürften die Bemühungen Adamos außerhalb der Klinik im 6. Arrondissement sein. In Anlehnung an die italienische Gesundheitsreform (vgl. hierzu Kap. 2.1.) ist man hier bestrebt, für psychisch kranke oder behinderte Menschen eine vielseitige, gemeindenahe Bezirkspsychiatrie zu verwirklichen. So leben z.B. einige der entlassenen Klinikpatienten inzwischen wieder in ihren eigenen Familien oder in Pflegefamilien. Dort, wo die häusliche Betreuung Grenzen erreicht oder wo sie kaum möglich zu sein scheint (z.B. bei vielen Schwerstbehinderten), gibt es als Alternative entweder sog. beschützte Wohnungen mit jeweils drei Bewohnern und einer Krankenpflegekraft oder Wohngemeinschaften für sieben Personen und einem kleinen Betreuerteam. Solche Wohnmöglichkeiten werden auch für die "im Alter psychisch erkrankten Menschen" angestrebt.

So schreibt beispielsweise Adamo (1983, S. 76): "Die Einrichtung von eng zusammenliegenden Kleinstwohnungen in der gewohnten Umgebung mit einem ständigen Behandlungsdienst scheint uns eine interessante Lösung zu sein. Ein Beispiel existiert in Paris im 15. Arrondissement. Zwei dieser Wohnungen werden von Bettlägerigen bewohnt. Es ist der Wille der Mehrzahl der Menschen, in ihrem Viertel zu bleiben und dort zu sterben, jedoch auch nicht allein".
Neben diesen dezentralisierten Formen der Betreuung bietet ein seit drei Jahren existierendes Aufnahmezentrum ausgezeichnete Möglichkeiten, im Lebensraum der psychisch kranken oder behinderten Menschen prophylaktisch zu arbeiten und/oder bei akuten Problemen oder kritischen Situationen therapeutisch einzugreifen, um eine eventuelle Einweisung oder drohende Hospitalisierung zu vermeiden. Im Aufnahmezentrum, in welchem ca. 30 Psychiater, Psychologen oder Sozialarbeiter sowie 52 Pflegekräfte tätig sind, können jederzeit stationäre Behandlungen bis zu 15 Tage oder Teilzeitbehandlungen im Laufe eines Tages durchgeführt werden. Nach Adamo (1983, S.88) wird das Aufnahmezentrum als ein therapeutischer Ort verstanden, an den sich alle Patienten oder Behinderte des Sektors wenden können, wenn sie spezifische Hilfen im sozialen Bereich benötigen. Dies gilt vor allem auch für die aus der Klinik entlassenen Personen, die zwar in einer eigenen Wohnung oder Wohngruppe leben, jedoch noch nicht die Ablösung von der Klinik vollständig vollzogen haben.
"Im Aufnahmezentrum finden sie Gesprächspartner, nehmen an gemeinsamen Essen mit den Mitarbeitern teil, bekommen ihre Medikamente usw." (Berger 1983, S. 30). Ein weiterer Schwerpunkt dieses Zentrums konzentriert sich selbstverständlich auch auf die Gemeindearbeit, so z.B. auf umfassende Informationen "bei den allgemeinen Krankenhäusern, die das Arrondissement versorgen, den praktischen Ärzten, den Sozialdiensten und den Polizeikommissariaten" (Adamo 1983, S.87). Darüber hinaus finden zahlreiche Hausbesuche statt, um ggfs. rechtzeitig in Krisensituationen intervenieren zu können. Hören wir hierzu Adamo (1983, S. 75): "Unsere Möglichkeiten von Hausbesuchen, unsere Verbindung im Sektor mit anderen Gesundheitsarbeitern, mit Sozialfürsorgerinnen und der Nachbarschaft ermöglichen es, gebrechliche alte Menschen in ihrer Wohnung lassen zu können. Diese Hausbehandlungen, angebunden an Resozialisierungsanstrengungen, begrenzen die Isolierung und können gewisse Ursachen des Deliriums oder der Desorientierung abschwächen. Wir ersparen für eine gewisse Zeit die stärkere, selten umkehrbare Herabwürdigung, die ein brutales Herausreißen aus den gewohnen Orten, selbst wenn sie gleichbedeutend

sind mit Einsamkeit , hervorruft."
Abschließend sollte nicht unerwähnt bleiben, daß es im 6. Arrondissement auch eine Tagesklinik gibt, die weniger von Klinikpatienten als vielmehr von psychisch kranken oder behinderten Menschen besucht wird, die noch in ihren Familien oder in den Kleinstwohngruppen leben.
Das Angebot der Tagesklinik reicht von der üblichen Beschäftigungstherapie über Theater und Sportaktivitäten bis hin zu Ausflügen oder Freizeitveranstaltungen.

3.2. Zu den Arche-Wohngemeinschaften

Vermutlich hat so mancher Leser, der mit der Betreuung geistig Behinderter im Ausland vertraut ist, schon einmal von den Arche-Wohngemeinschaften in Paris oder Brüssel gehört. Im Jahre 1964 gründete der Kanadier Jean Vanier zusammen mit zwei befreundeten Psychiatern nicht zuletzt aus christlicher Nächstenliebe heraus die erste Arche-Wohngemeinschaft in Trosly-Breuil, um geistigbehinderten Personen ein menschenwürdiges Leben zu ermöglichen. Vaniers Idee, zusammen mit geistig Behinderten eine Lebensgemeinschaft aufzubauen und zu entfalten, fand sowohl bei der katholischen Kirche als auch in der Öffentlichkeit großes Interesse, so daß bereits nach wenigen Jahren noch weitere Arche-Wohngemeinschaften in Frankreich entstanden. Heute gibt es dort bereits 10 solcher Einrichtungen, darüber hinaus findet man in verschiedensten Ländern der Erde, so z.B. in Belgien, Kanada, Großbritannien, USA oder Indien, Arche-Wohngemeinschaften (insgesamt gibt es 65 Archen). Der Begriff der Arche ist aus dem Biblischen entlehnt, er soll zum einen an Noah's Bootsbau erinnern, zum anderen an den Gesichtspunkt, daß mit Hilfe der Arche Menschen und Tiere gerettet werden konnten. Ferner gibt es drei zentrale Bezugspunkte der Arche-Bewegung:

1. Das Spirituelle; damit ist gemeint, daß viele geistig Behinderte aufgrund ihrer Naivität im Unterschied zu den "normalen" Menschen den Glauben an Gott nicht in Frage stellen, so daß über Vorbilder wie Jesus, Maria und Josef enge "emotionale" Erlebnisse und eine humanitäre Gesinnung pädagogisch vermittelt werden können.
2. Das Zusammenleben; es wird davon ausgegangen, daß die Menschenwürde nicht ausschließlich an kognitiven Fähigkeiten, an Leistungsaspekten gemessen werden sollte; vielmehr sollte der wahre Wert des Menschen in seiner Fähigkeit, Beziehungen einzugehen und zu lieben, gesehen werden.

3. Die Zusammenarbeit mit Fachleuten; um das Zusammenleben fruchtbar werden zu lassen sowie die Persönlichkeit geistig Behinderter sich allseitig entfalten zu lassen, ist es wichtig, daß auch Ärzte, Heilpädagogen oder Therapeuten in die Arbeit der Wohngemeinschaften einbezogen werden.

Diese drei in engem Zusammenhang stehenden Prinzipien werden von einem ganz bestimmten Menschenbild, welches im folgenden auszugsweise zitiert wird, fühlbar durchdrungen:

"Wir glauben, daß jeder Mensch, behindert oder nicht, einen einzigartigen und geheimnisvollen Wert hat. Da der behinderte Mensch eine ganz und gar menschliche Person ist, besitzt er die Rechte aller Menschen: Recht auf Leben, auf Versorgung, auf Erziehung, auf Arbeit.

Ebenfalls glauben wir, daß der behinderte Mensch in seinen Fähigkeiten und in seiner Seele Möglichkeiten zur Liebe hat, die der Geist Gottes ins Leben rufen kann, und wir glauben, daß Gott den behinderten Menschen in ganz besonderer Weise liebt.

Der geistigbehinderte Mensch kann aufgrund seiner Behinderung und aufgrund des Zurückgestoßenseins, das er erlitten hat, Verletzungen haben, aber er kann ebenfalls besondere Fähigkeiten haben, wie Einfachheit, Empfänglichkeit, Freude und Frieden, die auf andere ausstrahlen können, wenn er sich sicher und geborgen fühlt und in einer Umgebung lebt, in der die Entwicklung seiner Fähigkeiten unterstützt wird" (übersetzt aus der "Charte des Communautes de L'Arche).

Im nächsten Abschnitt soll nun am Beispiel der Arche "St. Remy Les Chevreuse" ein Bild über die Lebensmöglichkeiten geistig Behinderter in einer Arche-Wohngemeinschaft vermittelt werden.

Bei der Arche "St. Remy Les Chevreuse" handelt es sich um einen mitten im Grünen gelegenen Bauernhof, in welchem seit 1981 24 geistigbehinderte junge Erwachsene (Durchschnittsalter 20 - 25) wohnen und arbeiten. Im Unterschied zu einigen anderen Arche-Einrichtungen sind die Bewohner in St. Remy weder körperlich behindert noch psychisch krank, obwohl die meisten von ihnen aus psychiatrischen Anstalten stammen und eine lange - zum Teil 15jährige - Hospitalisierung hinter sich haben. In der Arche-Wohngemeinschaft sollen sie lernen, selbständiger zu werden, Kontakte mit der Außenwelt zu knüpfen und in einer familienähnlichen Gemeinschaft zu leben. Wichtigstes Ziel - so der Leiter der Arche - sei es, daß sie glücklich werden und sich selbst entfalten können. Um spezifische Hospitalisierungssymptome (mangelnde Eigeninitiative, aggressives Verhalten) oder sonstige Auffälligkeiten (psychomotorische Beeinträchtigungen) abzubauen, gibt es im Rahmen einer sog. Nacherziehung für einige Bewohner gezielte Angebote: Ergotherapie, Maltherapie, Reittherapie, Unterwassermassage, Rollenspiel, Einzel- oder Gruppentherapie.

Die 24 Bewohner leben in sog. Foyers, jeweils zu 8 Personen mit 5 Betreuern, die nur zum Teil eine Erzieherausbildung haben. Wichtiger sei - so der Leiter der Arche - ein Betreuer mit "gutem Herz" als eine fachlich ausgebildete Kraft, die bloß "professionelles" Handeln kenne. In diesen Foyers sollen Formen des Zusammenlebens so familienähnlich wie möglich stattfinden. Jede Wohngruppe hat ihren eigenen Namen und ihren eigenen Etat, mit welchem sie sich selbst versorgen muß. Dies bedeutet, daß Hausarbeiten oder Tätigkeiten wie Einkaufen, Kochen, Waschen, Putzen oder Blumengießen von der Gruppe selbst geleistet werden müssen. Gerade dieses Selbstversorgungskonzept eröffnet nach Auffassung der Betreuer in St. Remy jedem einzelnen Bewohner die Möglichkeit, seine eigenen Lebensumstände in einer Gemeinschaft eigenständig, planvoll und selbstbewußt zu bewältigen. Dadurch, daß der einzelne am Alltagsgeschehen aktiv teilnehmen kann, erfährt er sich selbst als ein nützliches Glied (Subjekt) der Gemeinschaft und nicht - wie bisher in der Psychiatrie - als bloßes Objekt einer zentralen Versorgung und bürokratischen Regelung menschlicher Bedürfnisse. Zweifellos setzt das Prinzip der Foyers voraus, daß die Betreuer ihrerseits bereit sind, auf Bereiche der zentralen Versorgung zu verzichten, mit den Bewohnern eine echte Gemeinschaft aufzubauen, mit ihnen zusammenzuleben und sie auf dem Hintergrund zwischenmenschlicher Begegnung in die Alltagsprozesse einzubeziehen. Auch sollen die Betreuer nach Möglichkeit mit den Behinderten in der Gruppe wohnen. Wir erfuhren, daß nur wenige Erzieher mit ihrer Familie außerhalb der Arche leben. Außerdem sei der Etat der einzelnen Wohngruppen recht knapp bemessen, so daß häufig die Erzieher mit ihrem eigenen Verdienst die Wohngruppe finanziell unterstützen müßten. Auch dies gehöre, wie das Zusammenwohnen, zur Lebensphilosophie der Arche-Bewegung. Überhaupt sei sehr viel Idealismus erforderlich, um als Erzieher in einer Arche zu leben und zu arbeiten. Zu bemerken ist, daß beispielsweise alle Betreuer nur einen freien Tag in der Woche haben. Trotzdem gibt es in St. Remy keine nennenswerte Fluktuation. Eher im Gegenteil, wie hatten den Ein-

druck, daß die Mitarbeiter dort sehr gerne tätig und von der Richtigkeit der Arche-Konzeption voll überzeugt sind.
Als äußerst angenehm und freundlich ist von uns die Atmosphäre in den drei Wohngruppen erlebt worden. Sowohl zwischen den Behinderten untereinander als auch zwischen Betreuer und Bewohner wie auch uns gegenüber herrschte ein liebevolles, kommunikations- und beziehungsreiches Klima.
Ebenso beeindruckend waren auch die sehr geschmackvoll und gemütlich eingerichteten Wohnungen. Zum Beispiel gab es in jedem Wohnzimmer einen offenen Kamin, und an den Wänden der Eßzimmer oder Gemeinschaftsräume hingen viele selbstgemalte Bilder, auf welche die Bewohner sehr stolz waren. Darüber hinaus hat jeder von ihnen die Möglichkeit, seinen Schlafraum (2 oder 3-Bettzimmer) in Absprache mit seinen Mitbewohnern individuell, nach seinen Vorstellungen, zu gestalten. Zugleich sind sie selbst verantwortlich für ihre Zimmer, indem sie beispielsweise ihre Betten selbständig beziehen sowie die Räume eigenständig sauberhalten müssen. In diesem Zusammenhang fiel uns angenehm auf, daß bezüglich der Bewohnerzimmer auf Ordnung und Sauberkeit offenbar weniger Wert gelegt wurde, als auf Formen der Selbstgestaltung, Selbständigkeit sowie des gemeinsamen Tuns, um dem Prinzip der familiären Lebensgemeinschaft voll Rechnung tragen zu können. Allerdings spricht die geschlechtsspezifische Trennung der drei Wohneinheiten (es gab zwei Männergruppen, eine Frauengruppe) gegen das familiäre Prinzip. Diese wird damit begründet, daß man sich in St. Remy noch in einer Anfangsphase befinde und noch nicht richtig wisse, ob ein gemischtgeschlechtliches, gemeinsames Zusammenleben der Behinderten möglich sei. Darüber hinaus werden aber auch aus religiösen Gründen keine sexuellen Kontakte geduldet. Allerdings gebe es in anderen Archen auch Pärchen. Schließlich seien die Mitarbeiter den Bewohnern gegenüber wie Bruder und Schwester, wodurch die geschlechtliche Trennung der Wohngruppen kompensiert werden könne.
Der Tagesablauf der einzelnen Wohngruppe scheint in St. Remy recht einheitlich zu sein, so wird in der Regel gegen 7.30 Uhr morgens gefrühstückt, anschließend werden noch kleine Hausarbeiten erledigt, von 8.30 Uhr bis 12.00 Uhr ist Arbeitszeit (zwei Betreuer gehen dann mit in die Werkstätten, die übrigen beiden erledigen Hausarbeiten in der Gruppe), anschließend wird Mittag gegessen, von 13.00 Uhr bis 17.00 Uhr ist ebenfalls Arbeitszeit; danach ziehen sich die Bewohner auf ihre Gruppen zurück, um 18.00 Uhr ist regelmäßig Gottes-

dienst, an dem alle Bewohner St. Remys freiwillig teilnehmen können.
Überhaupt sei - so wurde uns berichtet -das Religiöse keineswegs
so einengend, wie vielfach behauptet würde.
Was den Arbeitsbereich betrifft (hier arbeiten noch zusätzlich 11
Geistigbehinderte von außen), so ist man auch in St. Remy wie in
den meisten anderen Behinderteneinrichtungen Frankreichs bemüht,
den Geistigbehinderten anstelle der monotonen Werkstattarbeiten
mehr sinnvolle, sog. ergebnisorientierte Tätigkeiten (vgl. hierzu
Kap. 8) zu bieten, welche für die Persönlichkeitsentwicklung der
einzelnen einen hohen Stellenwert haben. Ein dreimonatiges arbeitstherapeutisches Praktikum soll dazu beitragen, daß jeder einzelne
Behinderte eine seinen Fähigkeiten, Voraussetzungen und Interessen
entsprechende Tätigkeit in St. Remy finden kann. Zwar gibt es in
St. Remy zwei Verpackungswerkstätten, in denen Scheinwerfer und
Kontakte verpackt sowie Kartons beschriftet und etikettiert werden; allerdings sind diese Werkstätten im Unterschied zu unseren
deutschen WfB's wesentlich kleiner, überschaubarer und freundlicher
eingerichtet. Bemerkenswert ist, daß hier maximal nur 10 Behinderte
arbeiten dürfen - und dies nicht unter einem Akkord- oder Leistungs-
prinzip. So gibt es während der Arbeitszeit mehrere Erholungsphasen,
außerdem haben die Behinderten z.B. die Möglichkeit, ihre Tätigkeiten tagsüber zu wechseln. In einer anderen Werkstatt können sie
künstlerisch und kreativ arbeiten: z.B. werden hier sehr verschiedenartige, geschmackvolle Dinge (Stoffpuppen, Clowns, Bronzefi-
guren, Schals, Webarbeiten, Vasen, Teller, Lampenschirme, Geschenk-
gläser mit Kräutern, Gräsern oder Tee) hergestellt. Breiten Raum
nimmt in St. Remy selbstverständlich auch die Garten- und Feldar-
beit ein; so gibt es eine Gruppe von 5 Behinderten, welche Gemüse
anbaut, 5 andere Behinderte sind zuständig für die Pflege der an
den Bauernhof angrenzenden Grünflächen und des Waldes. Schließlich
gibt es auch eine Gruppe, die für Reparaturarbeiten zuständig ist,
außerdem ist man in St. Remy gerade bemüht, eine Hundezucht aufzubauen. Ansonsten werden keine Tiere gehalten, weil dies finanziell
und arbeitsmäßig zu aufwendig sei. Um Mißverständnissen vorzubeugen, sei gesagt, daß es sich bei der Arche St. Remy nicht um ein
autonomes Selbstversorgungssystem handelt, wie man es von den von
Lanza del Vasto, einem Gandhi-Schüler, gegründeten Arche-Wohngemeinschaften her kennt. Diese Einrichtungen, welche ebenfalls in
Frankreich oder Belgien weit verbreitet sind, haben bis auf den gemeinsamen Namen mit Vaniers Organisation nichts zu tun (vgl. hierzu

Schmelzer 1977). Vielmehr widerstrebt der von uns beschriebenen
Arche die Idee der Autonomie, statt dessen wil man viel Kontakt
zur Außenwelt aufbauen, weswegen auch das selbstgezüchtete Gemüse oder Obst im Ort verkauft wird. Diese Außenkontakte und engen Nachbarschaftsbeziehungen der Bewohner von St. Remy sind Bestandteil des Lebens in der Arche, welches - faßt man unsere knappen Ausführungen zusammen - die Chance beinhaltet, geistigbehinderten Menschen Formen einer Selbstverwirklichung in sozialer Bezogenheit zu ermöglichen.

Im nächsten Abschnitt wollen wir nun ein anderes Beispiel vorstellen, welches zu der beschriebenen Arche-Wohngemeinschaft in einem
sehr krassen Gegensatz steht. Dies scheint für die Betreuung geistigbehinderter Erwachsener in Frankreich besonders typisch zu
sein.

3.3. Zur Fondation Darty
Weil er ein geistig behindertes Kind hatte, initiierte ein sehr
wohlhabender Möbelfabrikant gegen Ende 1978 in Paris eine Stiftung, die Fondation Darty, die geistigbehinderten Erwachsenen helfen soll. Inzwischen unterhält diese Stiftung drei Wohneinrichtungen für geistigbehinderte Erwachsene; die größte und neueste Wohnstätte soll hier kurz vorgestellt werden. Es handelt sich um ein
im Juni 1983 fertiggestelltes, mitten in Paris gelegenes Wohnheim,
das allein äußerlich einen sehr noblen Eindruck macht. So gibt
es z.B. zwei großzügig angelegte und ausgestattete Foyers, die
in ein überdachtes (transparentes), mit riesigen Topfpflanzen
(Palmen) dekoriertes Atrium münden, dessen Architektur sich kaum
von dem neuen Pariser Einkaufszentrum "Les Halles" unterscheidet.
Zum Teil erinnert die Konstruktion dieses Innenhofes auch an das
Kulturzentrum "George Pompidou" - ebenfalls ein Zeichen dafür, daß
hier mit dieser Wohnstätte für geistig Behinderte etwas ganz Besonderes und Einzigartiges geschaffen werden sollte.

Insgesamt leben in diesem Wohnhaus 24 geistigbehinderte Erwachsene
im Alter von 18 bis 55 Jahren, die von 8.00 Uhr bis 17.00 Uhr in
externen Werkstätten für Behinderte (ein Bewohner ist in einem regulären Betrieb beschäftigt) arbeiten. Die meisten der Bewohner
können ohne fremde Hilfe mit der Metro zu ihrer Arbeitsstätte fahren; nur zwei Behinderte werden jeweils zur Werkstatt begleitet.
Das Geld, das die Behinderten dort verdienen, wird zum größten Teil

zur Deckung der Unkosten des Wohnheimes einbehalten; die monatlichen Kosten betragen pro Behinderten ca. 18 000 Franc (= ca. 5.850,-- DM). Jeder einzelne Bewohner erhält 1 000 Franc (= ca. 325,-- DM) Taschengeld, das die Mitarbeiter verwalten und je nach Bedarf zur individuellen Verfügung auszahlen. Die Arbeitsfähigkeit ist zugleich Voraussetzung dafür, daß die Behinderten in dem Wohnheim der Fondation Darty wohnen können.

Die 24 Bewohner werden von fünf Heilpädagogen, einer Praktikantin, einer Köchin und Putzhilfe betreut und versorgt. Dieses Mitarbeiterteam sei - so wurde uns berichtet - für alle Bereiche der Betreuung zuständig, so für die Hausarbeiten, für evtl. pflegerisch-medizinische Hilfen, darüber hinaus für die Planung und Durchführung von Freizeitangeboten wie Theater, Fernsehabend, Disco, Schwimmen etc. Ein Mitarbeiter wohnt ständig im Haus, damit gegebenenfalls auch nachts bzw. in Notfällen Hilfe vorhanden ist. Auf unsere Frage, wie sich nun der Alltag für die Bewohner gestalte, wurde uns stolz berichtet, daß die Mitarbeiter für die Behinderten praktisch "Mädchen für alles" seien. Alle Bewohner würden vom Personal vollständig versorgt, besonderen Wert lege man auf gute Kleidung sowie auf ein "normales" Aussehen, um stigmatisierende oder diskriminierende Reaktionen bei der Bevölkerung zu vermeiden. In diesem Zusammenhang drängte sich der Verdacht auf, daß die Betreuer das sogenannte Normalisierungsprinzip (vgl. hierzu zusammenfassend Thimm 1984) offenbar mißverstanden hatten, indem sie "mit bester Absicht" die Behinderten an mittel- oder oberschichtspezifische Normen anzupassen versuchten. Die Gefahr, daß dadurch die betroffenen geistigbehinderten Bewohner aus ihrer alten Unfreiheit (Verwahrpsychiatrie) leicht in eine neue (scheinbar verbesserte) Abhängigkeit geraten können, wurde von den Mitarbeitern der Fondation Darty kaum reflektiert; denn was in der Konzeption dieser Einrichtung vollständig fehlte, waren pädagogische Intentionen, die sich auf Verselbständigung im lebenspraktischen Bereich, auf Entwicklung von Eigeninitiative sowie auf Entfaltung persönlichkeitsfördernder, kreativer Tätigkeiten bezogen.

Für jeden der 24 Bewohner gibt es in dem beschriebenen Wohnheim der Fondation Darty ein Einzelzimmer, welches jedoch leider aus äußerlichen Gründen von den Behinderten nicht nach individuellen Vorstellungen ausgestaltet werden konnte; denn jedes Zimmer war beispielsweise mit einer hochempfindlichen Grasfasertapete ausgestattet, außerdem waren den Bewohnern teure Möbelstücke aus dem Sortiment der Firma vorgegeben. Um die Tapeten nicht unnötig zu beschädigen oder zu strapazieren, hingen keine Bilder an den Wänden der einzelnen Schlafräume, was von den Besuchern als äußerst unpersönlich und steril aufgenommen wurde. Hinzu kam ein weicher, hochfloriger Teppichboden in jedem einzelnen Zimmer, welcher von der Putzhilfe oder den Betreuern ständig sauber gehalten werden mußte.

Ein weiterer Aspekt, welcher unsere Skepsis gegenüber dieser Wohnstätte hervorrief, war die Tatsache, daß die Schlaftrakte der Bewohner geschlechtsspezifisch getrennt waren. Als Grund dafür gab man uns an, daß die Behinderten bislang nicht den Wunsch nach Pärchen oder sexuellem Kontakt untereinander geäußert hätten. Vielmehr seien sie in der Fondation Dary höchst zufrieden und würden sich hier sehr glücklich fühlen. Schließlich seien die meisten der Behinderten zuvor völlig unzureichend entweder in der Psychiatrie oder aber auch in ihren Familien untergebracht gewesen. Was die materielle Situation der geistigbehinderten Erwachsenen in der Fondation Dary anging, so war die von den Mitarbeitern beobachtete Zufriedenheit der Bewohner durchaus berechtigt. Was die menschliche, soziale Situation betraf, so schien allerdings die Gefahr der geistig-seelischen Verarmung oder Passivität außerordentlich groß zu sein. Denn wie schon eingangs erwähnt wurden die Bewohner in dem beschriebenen Wohnheim bestens versorgt, alles wurde ihnen geboten, so daß eine Mitgestaltung des Alltags, eine Verfügung und Kontrolle über die eigenen Lebensumstände überhaupt nicht erforderlich, wenn nicht sogar unerwünscht zu sein schien.

Abschließend ist somit zu sagen, daß die Fondation Darty noch wichtige pädagogische Aufgaben, die zur Gestaltung bzw. Weiterentwicklung des Wohnheimes zu einem "Ort zum Leben" (Mannoni) unabdingbar sind, leisten muß, damit das beschriebene Projekt nicht zur Alibifunktion gerinnt.

3.4. Zu den Centren d'Aide par le Travail

Obwohl 1975 ein Gesetz erlassen wurde, welches den Staat verpflichtet, allen Behinderten einen Ausbildungs- und Arbeitsplatz anzubieten, werden in Frankreich nach Aussage einiger Werkstattleiter von den insgesamt 1,2 Mill. Behinderten schätzungsweise nur 50 % beschäftigt - und dies bis heute fast ausschließlich in privaten Werkstätten für Behinderte (ca. 700), die staatlich unterstützt werden. Diese Einrichtungen gehen zumeist zurück auf Initiativen engagierter Personen oder Elternverbände, so beispielsweise auch die seit 1968 existierende Werkstatt "L'Esperance", welche mitten im Pariser Quartier Latin liegt. Den wohl wichtigsten Bereich dieser Werkstatt macht eine Druckerei aus, in der ca. 10 geistig Behinderte (IQ um 68) zusammen mit einigen heilpädagogisch ausgebildeten Facharbeitern (Setzern) an verschiedenen Druckmaschinen arbeiten. Der Arbeitslohn jedes einzelnen Behinderten beträgt ca. 1 000,-- DM. Damit der Alltag für die einzelnen Beschäftigten nicht so langweilig wird, legt die zuständige Direktorin der Werkstatt besonderen Wert darauf, daß jeder Behinderte sämtliche Arbeiten der Druckerei kennenlernt und Gelegenheit hat, tagsüber seine Tätigkeit zu wechseln. Bemerkenswert ist, daß die Druckerei die gesamte Werkstatt finanziell trägt. So berichtete uns die Direktorin voller Stolz, daß sie eine große Anzahl privater Aufträge habe, weil sie z.B. noch alte Schrifttypen verwende, die auf Einladungskarten zu Hochzeiten oder Geburtstagsfeiern sehr hübsch aussähen. Fünf geistig Behinderte hätten gelernt, selbständig mit der Metro zu fahren und die erstellten Arbeiten ihren Kunden, die zumeist von hochgestellten Familien aus Paris stammen, zu übergeben. Im ersten Stock der Werkstatt arbeiten zwei Gruppen geistig Behinderter, die in einem abwechselnden Turnus die gedruckten Schriften oder Karten zusammenlegen und heften. Diejenige Gruppe, die gerade nicht arbeitet, wird in dieser freien Zeit therapeutisch betreut. Die Behinderten haben dann Möglichkeiten, gemeinsam zu spielen oder sich individuell zu beschäftigen, z.B. gibt es Lese-, Schreib- oder Rechenangebote. Im dritten Stock der Werkstatt arbeiten ebenfalls 20 Behinderte, hier dominieren Industrieaufträge wie das Abzählen, Sortieren und Einpakken von Kugelschreibern oder Filzstiften sowie das Zusammenstecken kleinerer Geduldspiele. Während diese Beschäftigungen den "üblichen" Arbeiten aus vielen Werkstätten für Behinderte entsprechen, ist die Druckerei ein sehr schönes Beispiel dafür, daß auch in der Arbeit mit geistigbehinderten Erwachsenen ergebnisorientierte, sinnvolle Tätigkeiten ihren Stellenwert haben können (vgl. hierzu auch Kap.8). So können z.B. die Behinderten in der Druckerei einen direkten Bezug von Arbeit und Produkt herstellen, außerdem können sie den Arbeitsvorgang recht gut nachvollziehen. Schließlich sollte bezüglich der Werkstatt "L'Esperance" nicht unerwähnt bleiben, daß in allen drei Bereichen eine sehr persönliche, angenehme Atmosphäre vorhanden war, die in großangelegten, modern ausgestatteten Werkstätten für Behinderte wohl kaum erreicht werden kann. Dieses Problem scheinen offenbar die Franzosen erkannt zu haben, da sie grundsätzlich anstreben, die Zahl der Beschäftigten in den einzelnen Werkstätten auf 60 Personen zu begrenzen, um einem anonymen, kommunikationsarmen Arbeitsklima vorzubeugen. Vielfach handelt es sich bei diesen 50 - 60 Behinderten um einen sehr heterogenen Personenkreis, der sich aus Lernbe-

hinderten, Geistigbehinderten, psychisch Kranken sowie Körperbehinderten zusammensetzt.
Ziel der meisten Werkstätten in Frankreich ist es, möglichst viele dieser Behinderten in den Arbeitsprozeß der freien Wirtschaft zu integrieren. Hierzu wird zum Teil in den Werkstätten eine gezielte pädagogische Förderung geleistet, die auf die Verbesserung der Arbeitsfähigkeit zielt.
Die in den Werkstätten beschäftigten Behinderten sollen nach Möglichkeit in unmittelbarer Nähe ihrer Arbeitsstätte wohnen. Diesbezüglich konnten wir ein soeben renoviertes altes Wohnhaus in der Nähe der Werkstatt "L'Esperance" besichtigen, in welchem 17 geistigbehinderte Menschen leben. Die Behinderten wohnen in Einbett- oder Zweibettzimmern, die im Vergleich zu deutschen Verhältnissen geradezu winzig sind (bis 8 qm). Überhaupt handelt es sich bei diesem Haus um ein recht altes, 6-geschossiges Gebäude, welches allein aufgrund der steilen Treppe wohl kaum von deutschen Behörden für die Belegung Behinderter genehmigt worden wäre. Die Franzosen scheinen dagegen keine allzu strengen Maßstäbe anzulegen und großzügigere Bestimmungen bezüglich der Heimmindestbauvorschriften zu haben. Die Betreuung der Behinderten wird übrigens in diesem Wohnhaus fast ausschließlich von Studenten der Heilpädagogik wahrgenommen, die in Wechselschicht dort arbeiten. Den Schwerpunkt ihrer Arbeit legen sie auf die Verselbständigung der Bewohner, so sollen z.B. möglichst viele lernen, selbständig einzukaufen und zu kochen, ihre Zimmer zu säubern, zu waschen oder auch kleine Flickarbeiten eigenständig auszuführen. Darüber hinaus gehört selbstverständlich auch der weite Bereich der Freizeitgestaltung zum Aufgabenbereich der dort tätigen Betreuer.

3.5. Zusammenfassung und Ausblick
Unsere knappen Ausführungen zeigen zusammenfassend auf, daß die Lebenssituation geistigbehinderter Erwachsener in Frankreich den westdeutschen Verhältnissen sehr ähnelt. Wie bei uns gibt es auch in Frankreich ein sehr heterogenes Betreuungssystem, das auf dem Hintergrund des Subsidiaritätsprinzips von kleinen, dezentralisierten Wohnformen bis hin zu größeren (psychiatrischen) Anstalten oder Pflegeheimen reicht. Allerdings muß gesagt werden, daß das Interesse für eine Dezentralisierung der Wohnformen sowie für eine konsequente Integration geistigbehinderter und hospitalisierter Menschen, die - wie in Italien - nicht als ein Ziel, sondern als eine Voraussetzung für pädagogisches Arbeiten aufgefaßt wird, größer als

in der Bundesrepublik zu sein scheint. Zumindest ist man in Frankreich reformfreudiger und offener gegenüber Alternativen, was zahlreiche Einzelprojekte belegen. Hören wir hierzu auch Stürmer (1985, S. 132): "Die Bekundungen einer integrativen Pädagogik auch für die Geistigbehinderten sind zwar stärker vorhanden als in der Bundesrepublik; eine gewisse Diskrepanz zwischen Anspruch und Realisation ist jedoch festzustellen. Die Betreuung Geistigbehinderter ist in Frankreich wie in Deutschland sehr stark der Privatinitiative von Personen und Verbänden überlassen. Die finanzielle Unterstützung durch die sozialstaatlichen Körperschaften ermöglicht jedoch die Aktivierung dieses privaten Potentials". Diese Vielfalt an Alternativen ist wohl am ehesten auf dem Hintergrund einer Gesetzgebung möglich, die der Realisierung von Modellen breiten Raum läßt. Ebenso scheint die recht unbürokratische Regelung menschlicher Bedürfnisse in diesem Zusammenhang ein wichtiger Aspekt zu sein. Das kann aber auch bedeuten, daß man in Zeiten wirtschaftlicher Krisen den Akzent bei der Betreuung geistigbehinderter Erwachsener wieder auf "Verwahrpsychiatrie" verlagert. Überdies gilt es zu bedenken, daß im Rahmen der Betreuung geistigbehinderter Erwachsener noch grundsätzlich "eine stärkere Orientierung zum medizinischen Bereich" vorhanden zu sein scheint als in der Bundesrepublik Deutschland (vgl. Stürmer 1985, S. 132). Dies betrifft vor allem auch den Personenkreis der schwerstgeistig- und mehrfachbehinderten Erwachsenen, der zumeist noch in großen (psychiatrischen) Anstalten betreut wird und wohl kaum in absehbarer Zeit in den Genuß rehabilitativer Maßnahmen zur Integration in die Gesellschaft kommen wird.

4. Humanes Wohnen und pädagogisch-therapeutische Angebote für geistig behinderte Erwachsene in Dänemark

4.1. Zur Entwicklung der Reformen auf dem Gebiete der Rehabilitation

Schon seit langem gilt Dänemark auf dem Gebiete der Betreuung geistig Behinderter als äußerst fortschrittlich. Ein Grund für die erfolgreiche Behindertenarbeit ist offenbar darin zu finden, daß Dänemark in diesem Jahrhundert keine wesentlichen Kriegsstörungen hatte. Darüber hinaus ist Dänemark ein kleines Land mit einer "relativ homogenen Bevölkerung" (5 Mill.), "die eine nationale Solidarität ermöglicht hat", welche "dann in der sozialen Gesetzgebung ausgemünzt" wurde (Berg 1981, S. 6).

Die Betreuung Behinderter reicht zurück bis ins vorige Jahrhundert, hauptsächlich auf dem Hintergrund privater Initiativen, deren Philosophie die Institutionalisierung und Segregation behinderter Menschen war. "Erst nach dem 2. Weltkrieg fing man an, sich über die Integrierung geistigbehinderter Mitbürger, über ihre Eingliederung, Gedanken zu machen" (Gudman 1981, S. 27). So wurde z.B. "zur Erneuerung der Fürsorge" ein nationaler Elternverband gegründet, welcher an den Staat appellierte, bestehende Mißstände wie zu große Schlafsäle, schlechte Unterbringung, fehlender Unterricht oder mangelnde Beschäftigung Geistigbehinderter zu beseitigen. Der Staat, welcher bereits bei einem Gesetz von 1935 die volle Verantwortung der Fürsorge und Behindertenarbeit auf sich genommen hatte, verpflichtete sich darauf hin mit einem Gesetz im Jahre 1959, allen Behinderten "ein Leben so nahe dem Normalen wie irgend möglich zu geben" (Bank-Mikkelsen 1982, S.2). Die Grundlage der Gesetzgebung war somit das sog. <u>Normalisierungsprinzip</u>, welches besagt, "daß Geistigbehinderte ein Recht haben auf ein Leben, daß dem Leben der anderen Bürgern des Landes so ähnlich wie möglich ist, so normal wie möglich" (Berg 1983 b, S. 2). Dieses Prinzip wurde in den nachfolgenden Jahren auch im benachbarten Ausland weit bekannt. Allerdings wurde es häufig mißverstanden und falsch interpretiert, indem man versuchte, "eine behinderte Person zu einer normalen umzuformen" (Bank-Mikkelsen 1982, S. 1). Gerade dies aber ist mit diesem Prinzip überhaupt nicht gemeint. Vielmehr kommt es bei der Umsetzung des Normalisierungsprinzips darauf an, zu fragen, was "normal" ist und "wie man in jedem Lebensbereich das Dasein des Behinderten so normal wie möglich gestalten kann" (Berg 1981, S. 2). Auf dem Hintergrund dieser Fragestellung wurde nun in den nachfolgenden Jahren ein umfassendes staatliches System der Fürsorge und Betreuung (geistig)behinderter Menschen aufgebaut. Folgende Momente waren hierbei besonders wichtig:

- Schaffung normaler Lebensbedingungen für (geistig)behinderte Kinder (z.B. Wohnen in der Familie, finanzielle Unterstützung und praktische Hilfen durch technische Hilfsmittel der Eltern, Tagesheimplätze für Kleinkinder, Unterricht für alle Kinder, auch für schwerstgeistigbehinderte);
- Schaffung normaler Lebensbedingungen für Erwachsene (z.B. Training zum selbständigen Wohnen, Errichtung verschiedener Wohnformen, Pensionate, Wohngruppen, Einzelwohnungen, ambulante Hilfen, Verbesserung der Arbeitsbedingungen (geistig)Behinderter);
- Verbesserung der Lebensbedingungen in Vollzeiteinrichtungen (Abschaffung großer Schlafsäle und Aufteilung in kleinere Räume, Einzelzimmer auch für Schwerstgeistigbehinderte, konzeptionelle Umstrukturierung der Anstalten in kleinere Wohneinheiten von 10 bis 15 Behinderten, Ausbau flankierender Maßnahmen wie Physiotherapie, Beschäftigungstherapie, Tagesstätten, Trainingswohnungen oder Werkstätten für Behinderte);
- Verbesserung der Freizeitmöglichkeiten (z.B. Ausbau der Freizeitangebote wie Ferienmaßnahmen für Behinderte, Unterricht für Erwachsene durch Abendschule, Normalisierung des Alltagslebens, was bedeutet, daß auch geistigbehinderte Menschen wie andere Menschen ein Recht auf Sexualleben, Ehe, Wahlrecht oder Teilnahme an öffentlichen Veranstaltungen haben).

Eine weitere Reform, welche wichtige Verbesserungen auf dem Gebiete der Betreuung (Geistig)Behinderter mit sich brachte, wurde im Januar 1980 als sog. Dezentralisierung eingeleitet. Bereits gegen Ende der 70er Jahre hatte man in Dänemark offenbar erkannt, daß eine "besondere" Gesetzgebung und "besondere" Behandlung für Geistigbehinderte eigentlich dem Normalisierungsprinzip widersprachen. "Der leitende Gesichtspunkt wurde so formuliert, daß Behinderte am besten bedient werden, wenn sie von denselben Behörden bedient werden wie andere Bürger des Landes, die irgendeine Form von Hilfe oder Bedienung der Gesellschaft brauchen, sei es in bezug auf Unterricht, gesundheitliche oder soziale Bedienung" (Berg 1981, S. 13). So arbeitete man an einer Vereinheitlichung und Vereinfachung der sozialen Gesetzgebung, hob die bisherigen speziellen Gesetze über Fürsorge geistig Behinderter sowie anderer Behindertengruppen auf und überführte die gesamte Verantwortung auf dem Gebiete der Behindertenarbeit vom staatlichen Sozialministerium zu den örtlichen un regionalen Behörden. Mit anderen Worten: Es wurden Gesetze formuliert, die die Aufgabe der Betreuung Behinderter vom Staat zu den regionalen Behörden hin verlagerte, um eine möglichst gemeindenahe Versorgung Behinderter zu erreichen. Damit sind

seit dem 1. Januar 1980 nur noch die Kommunen, die ihrerseits zumeist
zu Landkreisen zusammengefaßt sind, für die Betreuung sämtlicher Behinderten zuständig; die Aufgabe des Staates (Sozialministerium) besteht nur noch in der Kontrolle darüber, "daß die lokalen und regionalen Behörden ihre Verpflichtungen einhalten" (Berg 1981, S. 14).
Die Kontrolle des Staates erfolgt über einen sog. Fünfjahresplan, der
von den Kommunen ausgearbeitet und vom Staat überwacht wird. Neben dem
Staat haben aber auch die einzelnen Behindertenverbände in Dänemark
die Möglichkeit, Einfluß auf die Betreuung Behinderter zu nehmen. So
besteht z.B. seit dem 1. Januar 1980 "auf nationaler Ebene ein zentraler Behindertenrat, der den staatlichen Behörden gegenüber ratgebend ist, und auf regionaler Ebene regionale Räte der sozialen Klienten, die die regionalen Behörden beraten. In diesen Räten haben die
Organisationen der Behinderten gewisse Plätze, die aber von der nationalen Dachorganisation der Behinderten verwaltet werden. Die verschiedenen Behindertengruppen sind also gezwungen, zusammenzuarbeiten , und
dies sollte für die zahlenmäßig große, aber traditionell politisch
schwache Gruppe der Geistigbehinderten ein Vorteil sein" (ebenda,
S. 15); (vgl. hierzu auch Herriger 1984, der zurecht das für die
deutschen Verhältnisse typische Nebeneinanderwirken der einzelnen Behindertenverbände beklagt).
Ein weiterer Aspekt, der für die Dezentralisierung charakteristisch
ist, bezieht sich auf die Überführung der Beschulung Behinderter vom
Sozialministerium zum Unterrichtsministerium sowie der medizinischen
Betreuung zum Krankenhaussektor. Die Zusammenarbeit zwischen den einzelnen Sektoren erfolgt auf lokaler oder regionaler Ebene. Damit soll
sicher gestellt sein, daß Behinderte "von denselben Behörden bedient
werden, wie andere Bürger des Landes, die irgendeine Form von Hilfe
oder Bedienung der Gesellschaft brauchen, sei es in bezug auf Unterricht, gesundheitliche oder soziale Bedienung" (Berg 1981, S. 13).
Die Integration des Sonderschulwesens in das allgemeine Schulsystem
hat in den vergangenen Jahren dazu geführt, einzelne Sonderkindergärten oder Sonderschulen aufzulösen, Behinderte in normalen Kindergärten oder Schulen zu unterrichten oder in Regelschulen sog. Spezialklassen einzurichten. Für Behinderte, die sich ins allgemeine Erziehungs- oder Schulsystem nicht integrieren lassen, gibt es allerdings
auch weiterhin noch spezielle Einrichtungen. Dieses Beispiel macht
deutlich, daß die o.g. Prinzipien der Normlisierung und Dezentralisierung mit einer "<u>Individualisierung</u>" eng verknüpft sind, die besagt, "daß alle Menschen verschiedenartig sind, daß sie verschiedene
Bedürfnisse haben, so daß Gleichheit lediglich bedeutet, jedem einzel-

nen Menschen Hilfe und Unterstützung anzubieten, die seinen individuellen Bedürfnissen anzupassen sind" (Bank-Mikkelsen 1982, S. 2). Eine solche Individualisierung kann dann im Einzelfalle bedeuten, daß die Formen der Betreuung sowie die Einrichtungen für Behinderte in den einzelnen Kommunen recht unterschiedlich sind. Dies betrifft nicht nur die Betreuung behinderter Kinder, sondern vielmehr auch die Versorgung der Erwachsenen mit geistiger Behinderung. Je nach Landkreis oder Kommune gibt es für die Erwachsenen verschiedenartige Wohnformen, die von Zentralinstitutionen mit 200 bis 550 Plätzen, über Pensionate mit ca. 24 Plätzen bis hin zu kleinen Wohngruppen oder Einzelwohnungen reichen, wobei generell angestrebt wird, die bestehenden Zentralinstitutionen zu verkleinern und viele Geistigbehinderte gemeindenah zu betreuen.

Bevor wir nun mit der notwendigen Kürze die Lebensbedingungen geistigbehinderter Erwachsener näher skizzieren, sollte das Bemühen, Etikettierungen wie Geistigbehinderte, Körperbehinderte, Taube, Blinde u.ä. zugunsten umfassender Deskriptionsversuche, welche nicht zwischen den einzelnen Behindertungsarten unterscheiden, aufzugeben, als ein weiterer wichtiger Reformschritt noch erwähnt werden. Anstelle des Stigmas "Behinderte" bevorzugt man in Dänemark jetzt Beschreibungen wie "Personen mit physischen oder psychischen Defekten, die das Leben der Betroffenen mehr oder weniger problematisch gestalten, so daß individuelle Hilfen bereitgestellt werden müssen, um dem Recht eines jeden Bürgers auf die volle Teilhabe an der Gesellschaft Rechnung tragen zu können". Dadurch, daß die Kategorisierung von Behinderten im offiziellen dänischen Sprachgebrauch seit Januar 1980 **weitgehend vermieden wird,** gibt es übrigens auch keine Angaben über die Anzahl geistigbehinderter Personen mehr. Die Gesamtzahl aller Behinderten (im zuletzt genannten Sinne) wurde auf 1 - 1,5 % der Bevölkerung geschätzt (Wilhelmsen).

4.2. Zum Leben in den Zentralinstitutionen

Obwohl man in Dänemark gleichermaßen wie im benachbarten Ausland bemüht ist, möglichst viele geistigbehinderte Menschen in kleineren, gemeindenahen Wohneinrichtungen zu betreuen, leben noch viele Behinderte - vor allem schwerstgeistig- und mehrfachbehinderte Erwachsene oder ältere Menschen - in sog. Zentralinstitutionen. Handelte es sich hierbei noch vor einigen Jahren zum Teil um psychiatrisch geleitete Großanstalten, die den Stempel einer "totalen Institution" (Gofman) trugen, so hat sich in jüngster Zeit dieses Bild völlig gewandelt: Betrachten wir zum Beispiel die mitten im Grünen gelegene, dorfähnlich konzipierte Anstalt Svaneparken im Landkreis Frederiksborg - eine der ältesten Einrichtungen Dänemarks - , so ist zu sagen, daß hier noch im Jahre 1980 1.300 Geistigbehinderte untergebracht waren, heute wohnen in dieser Anstalt nur noch 550 Behinderte, die übrigen wurden in kleinere Einrichtungen verlegt oder leben inzwischen in der Gemeinde. Sämtliche Schlafsäle wurden in den letzten Jahren abgeschafft. Umbaumaßnahmen führten dazu, daß es heute für die Bewohner nur noch Dreibettzimmer gibt, die Behinderten selbst leben nicht mehr auf Großstationen mit 30 Personen, sondern in geschlechtlich gemischten Kleingruppen mit jeweils 15 Bewohnern. Die 36 Wohngruppen sind zu 5 Abteilungen zusammengefaßt, die in Kürze vollständig verselbständigt werden. Damit macht sich die zentrale Leitung der Einrichtung völlig überflüssig, überhaupt wurde der Bereich der zentralen Versorgung in den letzten drei Jahren zugunsten der Verselbständigung der einzelnen Abteilungen und zugehörigen Gruppen in starkem Maße zurückgenommen. Diese fortschrittliche Entwicklung geht nicht zuletzt zurück auf das hohe Engagement des pädagogischen Leiters der Einrichtung, dessen Ziel es ist, eine größtmögliche Teilhabe der Bewohner an der Verfügung über ihre eigenen Lebensumstände zu erreichen. Gleichermaßen wichtig ist es aber auch, daß das Personal selbstverantwortlich, eigenständig und kreativ arbeiten kann. Die Mitarbeiter in Svaneparken versprechen sich von den kleinen, selbständigen Abteilungen viele menschliche Vorteile sowohl für die Bewohner als auch für das Personal. "Ein überschaubares Milieu bietet größere Möglichkeiten der sozial-emotionalen Entfaltung und Stabilität. Die Selbständigkeit der Abteilung wird dadurch unterstützt, daß jede Abteilung ihr eigenes Budget bekommt" (Berg 1983, S. 4), z.B. zur Anschaffung von Einrichtungsgegenständen, Kleidung wie aber auch zum Einkauf oder zur Zubereitung von eigenen Mahlzeiten, damit nicht nur auf die Zentralwäscherei, sondern auch auf die Zentralküche auf Dauer verzichtet werden kann. Dies setzt voraus, daß jede Gruppe eigene Wasch- und Kochmöglichkeiten hat. Außerdem muß selbstverständlich jede Gruppe finanziell gut ausgestattet sein, ferner benötigt man genügend Personal. Obwohl die Wirtschaftskrise in Dänemark dazu geführt hat, die Entwicklung auf dem Gebiete der Behindertenarbeit zu verlangsamen, muß gesagt werden, daß die finanzielle und personelle Situation auf dem Behindertensektor bei weitem noch besser (auch unter Berücksichtigung der sehr hohen Lebenskosten in Dänemark) ist als in der Bundesrepublik. So sind z.B. in Svaneparken 530 Mitarbeiter im Gruppendienst, was nahezu einem Personalschlüssel von 1:1 entspricht.

Zu bemerken ist, daß dieser hohe Personalbestand auch dadurch zustande kam, daß Mitarbeiter, die zuvor in den zentralen Dienstleistungsbereichen tätig waren (z.B. Wäscherei, Gärtnerei, Nähstube, Haushaltshilfe, Putzhilfe), in den Gruppendienst integriert wurden. Ferner gibt es in Svaneparken mehr als 100 schwerstgeistig- und mehrfachbehinderte Menschen sowie 80 Bewohner über 60 Jahre alt, die ein hohes Maß an Pflege und individueller Zuwendung benötigen. Diese Menschen sind tagsüber auf den Wohngruppen, während von den übrigen Personen ca. 60 die Schule besuchen und 300 in den eigenen Werkstätten, Beschäftigungstherapien oder in der Landwirtschaft tätig sind. Dadurch, daß tagsüber weniger Bewohner auf den einzelnen Gruppen verweilen, hat das Personal die Möglichkeit, in aller Ruhe die notwendigen Hausarbeiten zu erledigen – ein Aspekt, der bei dem Prozeß der Verselbständigung der Wohngruppen gleichermaßen wie die Einstellung der Mitarbeiter zu ihrer Arbeit sowie ihre Bereitschaft, eigenverantwortlich tätig zu sein, eine wichtige Rolle spielt. Voller Stolz zeigte uns diesbezüglich der Heimdirektor die Wirtschaftspläne der einzelnen Abteilungen und erklärte dazu, daß die Kosten im Zuge der Verselbständigung keineswegs höher seien als in einer zentral geführten Einrichtung, weil die pädagogischen Mitarbeiter an der Basis dazu neigen würden, auf unnötige, eher prestigeangelegte Anschaffungen zugunsten von Dingen, die dem einzelnen Behinderten zugute kämen, zu verzichten (Einsparungen gibt es auch beim Essen, die Kleingruppen scheinen hier ökonomischer zu wirtschaften). Selbstverständlich bedürfen die Gruppen wie jede andere Einrichtung aber auch einer Kontrolle. So müssen die einzelnen Abteilungen einen Jahreswirtschaftsplan erstellen, welcher dem zuständigen Landkreis vorzulegen ist.
Im Unterschied zu Svaneparken sind die meisten anderen Zentralinstitutionen Dänemarks neueren Datums und – was die therapeutische Versorgung der Behinderten betrifft – weitaus besser ausgestattet. So ist z.B. der Kopenhagener Landkreis Träger der Zentralinstitution Vangedehuse, welche aus 20 modernen Flachbauten für insgesamt 280 Geistigbehinderte (hauptsächlich Erwachsene) besteht. Bemerkenswert ist, daß die Wohnhäuser mit eigenem Garten der Umgebung (Stadtteil) völlig (bewußt) angepaßt sind, so daß Besucher den Eindruck haben, als ob sie sich in einer ruhigen Wohn- oder Bungalowsiedlung befänden. Die Behinderten leben in den Häusern jeweils zu viert oder zu fünft auf geschlechtspezifisch gemischten Gruppen, wodurch ein Höchstmaß an familienähnlicher, individueller Betreuung erreicht werden soll. Nahezu jeder Bewohner hat ein Einzelzimmer, welches er individuell nach seinen Vorstellungen einrichten kann. Wie in Svaneparken so wird auch

in Vangedehuse zum Teil eine Verselbständigung einzelner Wohngruppen
mit überwiegend selbständigen Bewohnern unter den bereits genannten
Voraussetzungen angestrebt. Während man in Vangedehuse bemüht ist,
sog. Schwerstgeistigbehinderte relativ gleichmäßig in den Häusern
zu verteilen, um eine unnötige Aussonderung dieses Personenkreises
durch institutionelle Separierung zu vermeiden, gibt es in den meisten anderen Zentralinstitutionen Gruppen von sog. Leichtgradigbehinderten bis hin zu Schwerstgeistig- und Mehrfachbehinderten. Dies bezüglich muß aber lobend gesagt werden, daß trotz dieser (umstrittenen)
Kategorisierung die Erwachsenen mit schwerer geistiger Behinderung
keineswegs - wie beispielsweise in Italien (vgl. hierzu Kap. 2) - sog.
Stiefkinder der Fürsorge sind. Vielmehr konnte sich der Verfasser
"vor Ort" überzeugen, daß gerade auf dem Gebiete der Betreuung schwerstgeistigbehinderter Menschen unter dem Gesichtspunkt der Normalisierung
und Individualisierung viel investiert wird. So sind z.B. Schwerstgeistigbehindertengruppen in Lillemosegard (einer anderen Zentralinstitution) mit neuesten Hubvorrichtungen im Bad bis hin zu geschmackvoll
und zugleich behindertengerecht eingerichteten Wohnräumen mit strapazierfähigen Teppichböden und Schaumstoffmatten sehr großzügig ausgestattet. Ebenso ist das Mobilar auf die Bedürfnisse jedes einzelnen Bewohners abgestimmt. Was die Personalbesetzung betrifft, so
stehen in Lillemosegard einer Gruppe mit 15 Schwerstgeistigbehinderten jeweils 12,5 Planstellen (Mitarbeiter zumeist mit pädagogischer
Ausbildung) zur Verfügung, die im 8-Stunden-Schichtdienst arbeiten
(bei den leichter behinderten Gruppen ist das Verhältnis 1:1,5).
Nicht nur die gute Personalsituation und finanzielle Ausstattung,
sondern auch die inhaltliche Arbeit in Form einer abwechslungsreichen
Gestaltung des Alltags aller Bewohner ist charakteristisch für das
Betreuungssystem in den einzelnen Zentralinstitutionen Dänemarks.
Während sämtliche Erwachsene mit sog. leichtgradiger Behinderung tagsüber in extra- oder intramuralen Werkstätten für Behinderte arbeiten
und abends Gelegenheit haben, eine Schule für Erwachsene zu besuchen,
wird die große Mehrheit der schwerstgeistig- und mehrfachbehinderten
Erwachsenen nahezu täglich physiotherapeutisch und darüber hinaus regelmäßig für mehrere Stunden außerhalb ihrer Wohngruppe in Tagesstätten oder Tagesheimen betreut. Zu bemerken ist noch, daß sämtliche Behinderten in den Zentralinstitutionen "offen" untergebracht sind. Außerdem sind Zwangsmaßnahmen wie Fixierung, Isolation und Anwendung von
Gewalt verboten. Ebenso hat man "dank des größeren Personaleinsatzes
und der verbesserten Haltungen" (Berg 1983 b, S. 6) sowie aufgrund der
verbesserten Wohnmöglichkeiten (Einzelzimmer) die psychopharmakolo-

gische Behandlung Geistigbehinderter wesentlich abbauen können. Nur
noch selten gebe es - so wurde uns mehrfach in den einzelnen Zentralinstitutionen berichtet - massive Probleme (Fremdaggressionen, Selbst-
zerstörungstendenzen, Entweichungen mit Selbst- und Fremdgefährdung),
die nicht "vor Ort" geregelt werden könnten. Behinderte mit massiven
Verhaltensauffälligkeiten oder psychotischen Äußerungsformen würden
dann vorübergehend oder für einen längeren Zeitraum in "geschlossene"
Abteilungen psychiatrischer Krankenhäuser verlegt. Bei einem Besuch
in einer Kopenhagener Psychiatrie konnten wir feststellen, daß es
sich hierbei nur um eine sehr kleine Gruppe Geistigbehinderter handelt
(z.B. 10 Behinderte bei 640 000 Einwohnern), die auf den "geschlossenen Stationen" keineswegs inhuman untergebracht waren. Der Schwerpunkt der Betreuung konzentrierte sich hier im wesentlichen auf Ergotherapie (Bemühungen um Aktivierung des Individuums durch Verselb-
ständigungsprozesse und Aktivitäten im ästhetischen Bereich). Im folgenden wollen wir nun das pädagogisch-therapeutische Angebot kurz
skizzieren:

4.2.1. Physiotherapie

Im Unterschied zu vielen Großheimen in der Bundesrepublik, die unter
öffentlicher Trägerschaft stehen, gibt es in sämtlichen neueren Zentralinstitutionen Dänemarks großzügig angelegte physiotherapeutische
Abteilungen (z.B. sind in der Physiotherapie von Vangedehuse (280
Plätze) acht Therapeuten, zwei Ergotherapeuten und ein Fahrer tätig,
in der Physiotherapie von Sundbyvang (190 Plätze) zehn therapeutische Mitarbeiter). Jede Physiotherapie verfügt über mehrere bestens
ausgestattete Funktionsräume (Spielzimmer, Räume für Laufübungen, Gym-
nastikraum, Baderaum mit Hub-Schwimmbecken). Da sich die Arbeit in den
einzelnen physiotherapeutischen Abteilungen recht ähnelt, haben wir
die Physiotherapie in Vangedehuse beispielhaft herausgegriffen: Täglich werden hier bis zu 60 Behinderte betreut. Ein großer Teil
der Personen lebt in der Zentralinstitution und kommt schon seit Jahren täglich zwischen 20 und 40 Minuten zur Therapie. Einige der Bewohner kommen zusammen mit dem Pflegepersonal, welches von den Physiotherapeuten Instruktionen für die Arbeit auf der Gruppe erhält. Der
Physiotherapie liegen folgende Zielsetzungen zugrunde:
- durch viel Bewegung den Kreislauf und die Lebensfreude fördern;
- Überbeschützung vermeiden, erworbene Fertigkeiten erhalten oder
  verbessern;
- Förderung der Selbständigkeit;
- Prophylaxe, um Druckstellen, Dekubitus etc. zu vermeiden;
- Steigerung und Erhaltung des Leistungsvermögens der Behinderten.

Auf dem Hintergrund dieser Ziele wird für jeden Behinderten in einer Teamsitzung ein individuelles Programm entwickelt, welches den motorischen, psychischen oder medizinischen Besonderheiten Rechnung tragen soll. Die Ergebnisse der Arbeit werden monatlich resümiert und einmal im Jahr in die Akten übertragen. Was die Therapiemethoden betrifft, so führt man kein spezielles System durch, sondern kombiniert die Techniken von Bobath, Temple Fay, Kabath oder auch Vojta, wobei angemerkt werden muß, daß in der Arbeit mit Erwachsenen kaum auf eine dieser Techniken zurückgegriffen wird. Vielmehr bevorzugt man hier eine "ganzheitliche" Vorgehensweise, in welcher das Spiel die hervorragende Bedeutung hat. Das heißt, daß sämtliche bewegungstherapeutische Zielsetzungen in spielerische Aktivitäten eingekleidet werden, um unnötige Dressur oder Quälerei zu vermeiden. (Diese Erfahrung der dänischen Kollegen deckt sich voll mit der Erkenntnis des Verfassers in bezug auf pädagogisch-therapeutisches Arbeiten mit schwerstgeistig- und mehrfachbehinderten Erwachsenen.) Einen wichtigen Stellenwert hierbei hat die Musiktherapie, indem man Bewegungsübungen mit Musik begleitet. Eine interessante Methode ist die Phelps conditions exercise: "Man singt dieselbe Melodie zur selben Übung und hat dabei mehrere Möglichkeiten: - man setzt neue Reflexionshandlungen in Gang; - Schmerzen werden beseitigt; - Begriffsempfindungen werden gefördert. Man singt zu den entsprechenden Melodien: 'rauf und runter', 'raus und rein' usw. Ein Beispiel: Ein Mädchen im Bassin konnte die Arme nicht vom Körper lösen, worauf die Therapeutin die bekannte Melodie sang, wonach die Patientin die Arme spontan bewegte" (zit.n. Programm der Physiotherapie in Lillemosegard). Weitere Angebote sind: Wassertherapie (z.B. Blasübungen, Laufen im Wasser, dehnen und strecken), Körpertherapie, Rhythmikprogramme, Gehübungen, Übungen an verschiedenen Trainingsapparaten, Radfahren, Estraining, An- und Auskleiden.

4.2.2. Tagesheime und Tageszentren

Seit einigen Jahren ist man in Dänemark bemüht, für alle Behinderten ihren individuellen Bedürfnissen und Voraussetzungen entsprechende Beschäftigungsmöglichkeiten zu finden. Die große Mehrheit schwerstgeistig- und mehrfachbehinderter Erwachsener wird heutzutage in sog. Tagesheimen betreut, deren Ziel es ist, die Betroffenen in alltäglichen Fähigkeiten oder täglichen Funktionen (Reinlichkeit, Essen u.ä.) zu trainieren, geistig und körperlich zu stimulieren (z.B. durch Körperübungen, Schwimmen, Sprachtraining, Unterhaltung) sowie "ihr physisches und psychisches Wohlbefinden zu verbessern" (Berg 1983 a, S. 5). Sämtliche Tagesheime sind ebenso wie die Physiotherapie personell und finanziell gut ausgestattet, so daß hier eine erfolgsversprechende Behindertenarbeit wirklich geleistet werden kann. In der Regel werden in einem Tagesheim 20 bis 24 Behinderte in Kleingruppen zu 6 bis 8 Personen betreut. Jeder Gruppe stehen in aller Regel drei Mitarbeiter zur Verfügung. Die Aufenthaltsdauer eines Behinderten im Tagesheim liegt zwischen vier und sechs Stunden. Der Schwerpunkt der Aktivitäten konzentriert sich auf "Hygge" (Schmusen, Körperkontakt, amüsieren, auf der Matte liegen und wiegen...), rhythmisch-musikalische Spiele, freies Spielen, Malen u.a.. Neben den Tagesheimen oder Tagesstätten gibt es auch sog. <u>Tageszentrenten</u> "für schwergeistig und körperlich Behinderte, die keine produktive Beschäftigung wünschen oder sich dem Rahmen der Produktionswerkstätten nicht anpassen können" (Berg 1983 a, S. 5). Diese Einrichtungen entsprechen in etwa einer Beschäftigungstherapie, allerdings ist die Zielsetzung weiter gefaßt bzw. ergotherapeutisch gelagert. Die Tageszentren tragen in erster Linie dazu bei, den Behinderten durch körperliche Aktivitäten (rhythmische Spiele, Gymnastik, Tanz, Sport)und kreative Beschäftigungen (Basteln) zu helfen, "ihre Fähigkeiten zu erhalten und verbessern, damit sie später in eine eigentliche Werkstattgruppe aufgenommen werden können" (ebenda, S. 5). Ferner dienen sie dazu, "die praktischen und sozialen Fähigkeiten durch Aktivitäten wie Einkäufe, gemeinsames Essen und Spiele" (Berg 1983 b, S. 6) aufrechtzuerhalten und zu stimulieren. Damit sollen die Tageszentren sowohl **auf** die zukünftige Arbeit in Werkstätten als aber auch auf das selbständige Wohnen in Pensionaten oder Wohngruppen innerhalb eines Stadtteils vorbereiten. Abschließend soll nicht unerwähnt sein, daß die Behinderten, die in den Tagesstätten oder Tageszentren tätig sind,**außer** dem üblichen Taschengeld (450 Kronen als Kind bzw. Jugendlicher, 611 Kronen als Erwachsener, 5o9 Kronen über 60 Jahre als Bewohner einer Zentralinstitution; Stand 1984) kein weiteres Geld erhalten.

4.3. Zum Leben in den Pensionaten

Spätestens seit der Reform im Januar 1980 wird in Dänemark das Wohnen Geistigbehinderter außerhalb größerer Einrichtungen konsequent gefördert. Diesbezüglich hat man sog. Pensionate, Ausgliederungswohnheime oder Trainingswohnungen errichtet, die in aller Regel zentral, gemeindenah in Wohnsiedlungen gelegen sind. Die meisten Pensionate betreuen maximal 24 Bewohner, die in einzelnen Häusern zu zweit (Paare) oder zu viert wohnen. Ferner verfügt ein Pensionat über ein Gemeinschaftshaus mit Mitarbeiterbüro, Speiseraum, Aufenthaltsräume, die auch für Schulunterricht oder festliche Veranstaltungen benutzt werden können. Ein Haus besteht meist aus ein oder zwei Wohnungen mit Einzelzimmern, einer Gemeinschaftsküche mit Eßnische, einem Wohnraum mit eigener Terrasse und einem angrenzenden Garten. Jede Wohngruppe hat darüber hinaus ihre eigene Waschküche mit Waschmaschine und Trockner . Sämtliche Wohnungen sind behindertengerecht gebaut, die Bewohner haben grundsätzlich die Möglichkeit, die Wohnungen nach ihren Vorstellungen entsprechend einzurichten bzw. zu gestalten. Charakteristisch für die Pensionate ist, daß die Gebäude der übrigen Umgebung genau angepaßt sind. Der Personalschlüssel beträgt zumeist 1:2, wobei sich der Mitarbeiterstab aus einem Vorsteher, Stellvertreter, Sozialpädagogen und einem Küchenleiter zusammensetzt. Außerdem kommt zumeist täglich eine Reinemachehilfe für 4 bis 6 Stunden in jedes Pensionat.

Wichtigstes Ziel der Pensionate ist es, die Behinderten so zu verselbständigen, daß sie eines Tages eigenständig in der Gemeinde in einer eigenen Wohnung oder in einer kleinen Wohngruppe leben können. Somit stellen die Pensionate für die Bewohner kein "endgültiges Zuhause" dar sondern vielmehr eine Art Brücke zwischen Zentralinstitution und selbständigem Wohnen in der Gemeinde. Was die Aufnahme betrifft, so gibt es hier keine klaren Richtlinien, vorausgesetzt wird aber ein gewisses Maß an Selbständigkeit, Motivation und Interesse, an Trainingsaktivitäten teilzunehmen, um sich Fertigkeiten und Kenntnisse anzueignen, die zum eigenständigen Wohnen notwendig sind. Über die Aufnahme in ein Pensionat entscheiden der örtliche Sozialarbeiter in Zusammenarbeit mit der jeweiligen Leiterin eines Ausgliederungsheimes. Für jeden Behinderten wird ein individuelles Trainingsprogramm ausgearbeitet, welches sich auf Bereiche wie allgemeine Hygiene, Ernährungskunde, Zimmerhygiene, medizinische Hygiene, Transport, Orientierung in der Öffentlichkeit, Verwaltung und Anwendung des Geldes, Sozialverhalten, Freizeitaktivitäten, Sprache sowie auf intellektuelles Verstehen bezieht (vgl. hierzu Abbildung). Jeder dieser z.g. Trainingsbereiche ist systematisch aufgebaut, so daß jeder Behinderte Schritt für Schritt neue Fertigkeiten erlernen kann (z.B. ist das Sortieren der Wäsche auf Bildern festgehalten, das Bedienen der Waschmaschine ist auf entsprechenden Bildern, die an der Wand in der Waschküche hängen, ersichtlich; Behinderte, die weder lesen noch schreiben können, erhalten zum Einkauf Bildkärtchen, auf denen die entsprechenden Nahrungsmittel abgebildet sind).

Jedes Pensionat hat sein eigenes Budjet, welches von den Mitarbeitern eigenständig verwaltet wird. Bei unserem Besuch in verschiedenen Pensionaten erfuhren wir, daß trotz der sich anzeigenden Sparmaßnahmen

TRAININGSPROGRAMMPUNKTE

Allgemeine Hygiene
Waschen und Ausbessern der Kleidung.
Plätten.
Reinigung der Kleidung.
Nähen, Stopfen.
Haarpflege.
Allgemeine Körperpflege.
Benutzung v. Kosmetik.
Sexualberatung.
Vorbeugungstechnik.

Speisesituation
Ernährungskunde.
Aufbewahrung von Lebensmitteln im Tiefgefrierer.
Zubereitung leichterer Speisen.
Einkauf von Nahrungsmitteln.
Reinhaltung der Küche, Kühlschrank usw.
Restaurantbesuch.

Zimmerhygiene
Reinhaltung des Zimmers.
Benutzung von Reinmachemitteln.
Zweckmässiges Möblieren.
Orientierung über elektrische Vorrichtungen.
Einsetzen von Sicherungen und elektrischen Birnen.
Fensterputzen.

Medizinische Hygiene
Besuch beim Krankenkassenarzt.
Besuch bei verschiedenen Spezialisten.
Zahnarzt.
Fußpfleger.
Unfallstation im Krankenhaus.
Behandlung oberflächlicher Wunden oder Schrammen.
Herbeirufen von Krankenwagen, Feuerwehr usw.

Intellektuelles Verständnis
Lesen leichterer Texte.
Verständnis von Zahlen.
Benutzung technischer Installationen, wie Telefon, TV, Radio, Tonbandgerät usw.

Physisches/psychisches Verständnis
Einsicht/Akzeptieren eigener und anderer Leute Krankheiten, Behinderungen usw.

Transport
Ausreichende Kenntnisse des Stadtgebietes.
Selbständiger Transport.
Lesen von Stadtkarten.
Fahrkarten -lösen.
Urlaubsveranstaltungen.
Bestellung von Urlaubsreisen etc.

Ökonomie
Verwaltung und Anwendung des Geldes (Budget).
Benutzung von Bank, Postamt usw.
Benutzung öffentlicher Behörden.
Versicherungen.
Einkäufe verschiedener Art (ob in bar oder auf Abzahlung).
Ausfüllen von Steuererklärungen.
Ausfüllen von Formularen im allgemeinen.

Soziales Verhalten
Freizeitaktivitäten, Kinobesuche, Theaterbesuche, Schwimmbadbenutzung, Museumsbesuche.
Anknüpfen von Freundschaften.
Besuche bei Freunden.
Wie erhält man seine Freundschaften.
Wie verhält man sich anderen Menschen gegenüber.
Pünktlichkeit bei Verabredungen.
Allgemeines Wissen über die Gesellschaftsform des Landes.
Respekt vor dem Eigentum anderer Menschen.

Sprache
Verbesserung/Bearbeitung der Sprache, falls es notwendig ist.

(zit. aus Programm "Pensionatet Hendonvej")

die finanziellen Mittel ausreichen würden, um die Bewohner angemessen zu bekleiden oder zu beköstigen. In einem Trainingswohnheim für 20 geistigbehinderte Erwachsene wurden beispielsweise für 1984 2000 Kronen pro Bewohner für Kleidung (jährlich), insgesamt 8 000 Kronen für Neuanschaffungen (jährlich) sowie 24 Kronen pro Bewohner für Essen (täglich) veranschlagt. Das persönliche Taschengeld beträgt in der Regel 900 bis 1 000 Kronen, davon werden ca 300 Kronen in den Werkstätten für Behinderte verdient (1 Krone = 0,28 DM; Stand 1984).

Abschließend sollte noch gesagt werden, daß man in jedem Pensionat offenbar großen Wert auf sog. Bewohner-Gruppenbesprechungen legt, damit die Behinderten Einfluß nehmen können auf die Arbeit in der Einrichtung, auf die Verwaltung von Geldmitteln für Bekleidung, Freizeitveranstaltungen, Einrichtungsgegenstände, Änderungen der Gebäude sowie bei Einstellung neuer Mitarbeiter oder bei der Aufnahme von neuen Bewohnern.

4.4. Zum Leben in der Gemeinde

Die wohl wichtigste Bestrebung der kommunalen Fürsorge für Geistigbehinderte ist es, ihnen dieselben Wohnformen wie der übrigen Bevölkerung zu ermöglichen. Dies geschieht dadurch, daß Eltern mit behinderten Kindern spezifische Hilfsmaßnahmen (Beratung, Frühförderung, Physiotherapie, ambulante Hilfen) gegeben werden, damit möglichst viele der Kinder zu Hause wohnen können. So konnte bereits die Gesamtanzahl von geistigbehinderten Kindern in Zentralinstitutionen drastisch reduziert werden (nur noch 5 - 10 % der Bewohner in Zentralinstitutionen sind Kinder). Erwachsene Geistigbehinderte erhalten wie bereits oben ausgeführt - ein spezielles Training zum selbständigen Wohnen und eine ambulante Unterstützung. Allerdings muß gesagt werden, daß es sich hierbei in erster Linie um Menschen handelt, deren IQ auf eine Lernbehinderung (i.S.v. Debilität) schließen läßt. Die ambulante Hilfe sowie ein "praktischer Beistand" für den eigenen Haushalt werden von der kommunalen Sozialverwaltung geleistet, indem beispielsweise ein Sozialarbeiter oder ein unausgebildeter "home helper" ein oder zweimal wöchentlich die Behinderten besuchen und ihnen bei Geldangelegenheiten, Haushaltsführung, Familienplanung etc. beratend zur Seite stehen. "Für Personen mit niedrigen Einkommen ist die Hilfe gratis, andere bezahlen einen gewissen Betrag pro Stunde" (Berg 1983 a, S. 13). Sämtliche (geistig) behinderten Erwachsenen, die in der eigenen Wohnung leben, erhalten eine Fortidspension (früher sog. Invalidenpension), deren Größe sich nach der Schwere der Behinderung richtet (Mindestbetrag: 3265 Kronen, den die große Mehrheit der Geistigbehinderten erhält, Höchstbetrag: 6350 Kronen, darüber hinaus gibt es Zuschuß bei Körperbehinderung 1293 Kronen und einen Pflegezuschuß bei Pflegebedürftigkeit von 2580 Kronen). Von der Fortidspension gehen max. 1/3 ab für Mietkosten, den übrigen Betrag der Miete bezahlt die Kommune. Für alle Behinderten besteht die Möglichkeit, daß sie bis 15oo Kronen durch Werkstattarbeit hinzuverdienen können, wobei allerdings die Mietzahlungen dann etwas steigen. Erwähnenswert ist, daß die Fortidspension über dem üblichen Sozialhilfesatz liegt – ein Problem, welches aufgrund der hohen Arbeitslosenzahl auf Dauer gelöst werden muß; denn jeder, der arbeitslos ist und "Unterstützung kriegt, wird bestätigen können, daß sie kaum ausreicht, um Essen und Trinken, Miete, Heizung, Kindergarten... zu bezahlen. Zudem wird es immer schwerer, als ein Arbeitsloser anerkannt zu werden, der dem Arbeitsmarkt zur Verfügung steht " (Gralle; Wiborg 1981, S. 72). Den Behinderten – so unsere dänischen Gesprächspartner – scheint es diesbezüglich wesentlich besser zu gehen.

Was den Alltag der Behinderten betrifft, so gehen die meisten der Bewohner tagsüber arbeiten. Viele von ihnen besuchen abends eine Abendschule für Behinderte, die ein vielseitiges Unterrichtsprogramm und verschiedenartigste Freizeitaktivitäten anbietet (Fächer wie: Lesen, Schreiben, Rechnen, Handarbeiten, Sport, Kochen, Backen, Haushaltsführung, Maschinenschreiben, Musik und Hobbys wie Holzarbeiten, Basteln, Gymnastik, Fotoarbeiten, Schwimmen, Tanzen etc.) (vgl. hierzu auch Speck 1982a, S. 31 ff.).

4.5. Zu den Werkstätten für Behinderte

Gleichermaßen wie in Frankreich (vgl. hierzu Kap. 3.4.) sind auch in Dänemark die Werkstätten für Behinderte zumeist kleiner als in Deutschland. "Die häufigste Größe ist 50 bis 60 Beschäftigte, und nur wenige Werkstätten haben mehr als 100 Beschäftigte" (Berg 1983 a, S. 5). Diese größeren Einrichtungen sind dann zumeist – wie z.B. die Werkstatt Hesselager Glostrup im Kopenhagener Landkreis – in 10er-Gruppen unterteilt, für die jeweils ein Mitarbeiter zuständig ist. Die Arbeit in den einzelnen Gruppen richtet sich nach dem Grad der Behinderung; Schwerstbehinderte werden sowohl mit kreativen Tätigkeiten (Malen, Knüpfen, Tonarbeiten) als auch mit einfachsten, monotonen Produktionsarbeiten (Steck- und Verpackungsarbeiten) beschäftigt, leichtgradig Geistigbehinderte mit Arbeiten wie Anfertigung von Holzschuhen, Zusammenbauen von Bürostühlen, Keramikarbeiten, Lederarbeiten, Bau von Holzspielzeug oder Musikinstrumenten, Webarten etc..

Insgesamt werden die Werkstätten für Behinderte in Dänemark von den Kommunen bzw. Landkreisen voll subventioniert, so kostet z.B. ein Platz in der als vorbildlich geltenden Werkstatt Sandtoften 35 000 Kronen pro Jahr. Die Werkstatt besteht aus drei Abteilungen; einer Keramikwerkstatt, die insgesamt 40 Menschen beschäftigt; die Behinderten gelten als "moderat bis schwergeistig retardiert", ein großer Teil von ihnen ist außerdem psychotisch, spastisch, verhaltensauffällig oder mehrfachbehindert; betreut werden sie von insgesamt 5 Mitarbeitern. In der zweiten Abteilung, einer Werkstatt, werden 35 Behinderte, von denen ebenfalls einige schwergeistig, andere psychisch oder psychotisch auffällig sind, von 4 Mitarbeitern betreut; die Behinderten werden hier mit verschiedenen Formen von Handarbeiten (Weben, Teppich nähen u.a.) beschäftigt. In der dritten Abteilung, der Holzverarbeitungswerkstatt, sind 5 Mitarbeiter für 50 Behinderte zuständig, von denen ein großer Teil lernbehindert ist. In dieser Werkstatt werden Trommeln, Marimbas und Zylophone hergestellt, die an private Kunden oder Händler verkauft werden. Den Behinderten wird hier teilweise sowohl Akkordlohn als auch Stundenlohn gezahlt (der Mindestlohn beträgt pro Stunde 1 Krone, der Durchschnittslohn z.B. in der Werkstatt Glostrup 60 - 130 Kronen pro Tag, der Spitzenlohn 240 Kronen am Tag; im Vergleich: der Mindestlohn in der normalen Industrie beträgt pro Stunde 47 Kronen). Die Atmosphäre in den Sandtoftener Werkstätten wurde von uns als besonders angenehm erlebt. Die Räume, in denen hier die Behinderten arbeiten, sind sehr benindertengerecht, großzügig und geschmackvoll angelegt, so gibt es z.B. eine Pausenecke, eine Trainingsküche, mehrere Raumteiler mit vielen Blumen, so daß der Eindruck einer Fabrik kaum entstehen kann.

Für die Aufnahme in die Werkstätten gibt es in Dänemark in der Regel keine "untere Grenze der Arbeitsfähigkeit" (Berg). Allerdings werden in manchen Werkstätten sog. ADL-Kriterien (lebenspraktische Kenntnisse, Umweltorientierung, Umgang mit Geld, Form einer Selbständigkeit) angelegt, die von Schwerstgeistigbehinderten nicht erfüllt werden. Deswegen gibt es für diesen Personenkreis bekanntlich die Tagesstätten. Ebenso werden Geistigbehinderte mit massiven Verhaltensauffälligkeiten nicht in den Werkstätten betreut.

4.6. Schlußbemerkung: Perspektiven für rehabilitative Maßnahmen in der Bundesrepublik Deutschland

Große Behinderteneinrichtungen gibt es sowohl in Dänemark als auch in der Bundesrepublik Deutschland. Der entscheidende Unterschied auf dem Gebiete der Rehabilitation besteht jedoch darin, daß das Netz therapeutischer und flankierender Maßnahmen in den dänischen Zentralinstitutionen weitaus ausgereifter und großzügiger angelegt ist. Dies betrifft vor allem die Betreuung schwerstgeistig- und mehrfachbehinderter Erwachsener, für die es zum Beispiel in den soeben verselbständigten Rhein. Heilpädagogischen Heimen des Landschaftsverbandes Rheinland noch kein umfassendes therapeutisches Angebot (mit Physiotherapie, Tagesheimen, Tageszentren) gibt. Großeinrichtungen unter privater Trägerschaft (Caritas, Diakonie), die im Unterschied zu den Landschafts- oder Wohlfahrtsverbänden in der Vergangenheit keine "Lückenbüßerfunktion" (Gaertner) übernahmen, zum Beispiel besonders schwierige, milieugeschädigte oder intensiv behinderte Menschen nur in geringem Maße in Vergleich zu öffentlichen Anstalten aufnahmen, sind dagegen weitaus besser ausgestattet und zeigen somit größere Affinität zu den dänischen Institutionen.

Die Problematik von Großeinrichtungen scheint grundsätzlich in Dänemark wie in Deutschland ähnlich gelagert zu sein: Mit wenigen Ausnahmen (z.B. Svaneparken; Gaedt 1981; 1982) gilt in den meisten (auch neueren) Behinderteneinrichtungen Dänemarks und Deutschlands das Prinzip der Zentralversorgung, so daß die Bewohner kaum Möglichkeiten haben, über ihre eigenen Lebensumstände selbst zu verfügen. Ebenso evident ist die Gefahr, daß Behinderte in Zentralinstitutionen weiterhin ghettoisiert und sozial isoliert werden, indem sie wenig Kontakt zur Außenwelt haben. Im Unterschied zur Bundesrepublik Deutschland ist man sich in Dänemark jedoch offenbar dieser Problematik stärker bewußt, weshalb man grundsätzlich bestrebt ist, für möglichst viele Behinderte gemeindenahe kleine Wohnformen zu finden. Damit gehört die Humanisierung von Großinstitutionen bereits der Vergangenheit an, während sie bei uns voll im Gange ist (z.B. Bestrebungen in Hessen, Behindertenbereiche aus der Psychiatrie herauszulösen, zu verselbständigen und zu reformieren; Bildung von Kleingruppen in bestehenden Großeinrichtungen; Umbaumaßnahmen von Großstationen zu Wohngruppen etc.).

Dennoch zeichnen sich auf dem Hintergrund der Erfahrungen in der Behindertenarbeit in Skandinavien und vor allem in Dänemark auch in der Bundesrepublik Deutschland fortschrittliche Tendenzen auf dem Gebiete der Rehabilitation geistig Behinderter ab. Richtungsweisend könnte hier die Arbeit der gemeinnützigen Gesellschaft für paritätische Sozialarbeit mbH in Wilhelmshaven (GPS) sein. Die GPS besteht seit 1968 und leistet Eingliederungshilfe und andere soziale Dienste. Gesellschafter sind der Deutsche Paritätische Wohlfahrtsverband und die Ostfriesischen Beschützenden Werkstätten GmbH Emden. Bereits mitte der 70er Jahre wurde durch Verkleinerung und Differenzierung von Großeinrichtungen für Behinderte erreicht, daß kleinere Wohneinheiten ausgegliedert und von einem ambulanten Betreuerteam begleitet werden konnten (vgl. Freitag/Niermann 1978). In Verbindung mit der Etablierung eines Freizeitclubs, der eine wichtige Rolle bei der Verbindung von Isolation übernahm, gelang es, einige Bewohner der Außenwohnungen unabhängig von aller materiellen Hilfe zu verselbständigen. Bei vielen Bewohnern wurde deutlich, daß ein unabhängiges individualisiertes und integriertes Wohnen nur durch Absolvieren entsprechender Trainingskurse möglich war, was zum Konzept einer Wohnschule führte (vgl. Bollinger-Hellingrath 1982; Bollinger u.a. 1984). Deshalb wurden Programme und Unterrichtseinheiten für verschiedenste zum selbständigen oder selbständigeren Wohnen wichtige Lernfelder entwickelt und nach anfänglichen Versuchen in einer separaten Einrichtung schließlich in den Wohnstätten und Wohnungen selbst umgesetzt. Die Teilnehmer werden für diese Kurse zeitweilig (meist halbtägig) von der Arbeit in der WfB freigestellt und können nach Absolvieren verschiedener Kurse nach etwa einem Jahr zum völlig selbständigen Wohnen gelangen (Breitsprecher 1985).

Ergebnis der Förderung in der Wohnschule können aber auch die Fähigkeit zum Wohnen in einer Wohngemeinschaft mit gelegentlicher Beratung, in einer Wohngemeinschaft mit ständiger Beratung, in einer Außengruppe mit weitgehend institutioneller Betreuung oder die Befähigung zum Leben in einem kleinen Dauerwohnheim sein. Wenngleich nach den Erfahrungen der GPS die Kosten für die unterschiedlichen kleinen Einrichtungen auch bei Institutionalisierung der Trainingsprogramme niedriger sind als die Kosten der üblichen Wohnstätten, Heime und Großeinrichtungen, sind die dezentralisierten Rehabilitationsansätze und Versuche in der Bundesrepublik Deutschland Ausnahmen denn Regel. Dies hängt im wesentlichen mit Finanzierungsschwierigkeiten zusammen, die darauf zurückzuführen sind, daß dezentralisierte, rehabilitative Formen der an der Nahtstelle zwischen der Zuständigkeit örtlicher und überörtlicher Sozialhilfeträger liegen. Die Schwierigkeit, daß es in einzelnen Bundesländern noch keine einheitliche Regelung zur Finanzierung kleiner Wohngemeinschaften mit den erforderlichen pädagogisch-therapeutischen Angeboten (z.B. Trainingskurse) im Sinne des Normalisierungsprinzips gibt, wird auch von Gaertner (1983; 1985, S. 16) gesehen, die als zuständige Sozialpolitikerin im Landschaftsverband Rheinland folgendes schreibt: Verbesserungen auf dem Gebiete der Rehabilitation (geistig) Behinderter sind "ohne eine Änderung der sozialpolitischen Rahmenbedingungen nur mühselig zu begehen... Die Unzulänglichkeiten im Datenbereich und der Mangel an ausreichenden Informationen erschweren die Planung; das Gestrüpp verschiedener Zuständigkeiten steht der notwendigen Verzahnung verschiedener Maßnahmen und Hilfen im Wege; das im Sozialversicherungssystem programmierte Konkurrenzverhältnis zwischen medizinischer Versorgung und einer darüber hinausgehenden Versorgung mit sozialen Diensten geht zu Lasten der sozialen Dienste und führt zu sachlich wie finanziell unbefriedigenden Ergebnissen; das ebenso schädliche Konkurrenzverhältnis zwischen örtlichem und überörtlichem Träger der Sozialhilfe – dies alles steht notwendigen Veränderungen auf dem Feld der Behindertenarbeit entgegen. Impulse aus der Praxis sollten hier neue Wege ebnen helfen".

5. Entwicklung, Konzepte und Perspektiven auf dem Gebiete der Rehabilitation geistigbehinderter Erwachsener in Schweden

Seit geraumer Zeit gilt Schweden auf dem Gebiete der Rehabilitation und sozialen Integration von Menschen mit geistiger Behinderung als besonders vorbildlich.

Im Rahmen einer Studienfahrt nach Stockholm und Malmö fand der Verfasser Gelegenheit, die Formen der Betreuung geistig behinderter Erwachsener in Schweden "vor Ort" kennenzulernen. Wichtigster Gesprächspartner in Stockholm war Teut Wallner, Lt. Psychologe der Unterabteilung geistig Behinderte im staatlichen Gesundheits- und Sozialamt, der durch zahlreiche Publikationen als Protagonist des sog. schwedischen Dezentralisierungsmodells auch in der Bundesrepublik bekannt geworden ist.

Im vorliegenden Beitrag haben wir nun versucht, ein umfassendes Bild über die Arbeit mit geistig behinderten Erwachsenen in Schweden zu vermitteln, um dadurch dem Wunsch vieler Interessenten nach vertieften Informationen über weitreichende Erfahrungen auf dem Gebiet der sozialen Integration geistig Behinderter zu entsprechen. Daß dabei Unschärfen und Verkürzungen in die Darstellung eingingen, war aus äußerlichen Gründen nicht zu vermeiden. Dennoch hofft der Verfasser, die wichtigsten Grundzüge der Betreuung geistig behinderter Erwachsener in Schweden abstrahierend zu einer theoretischen Gestalt zusammengefaßt zu haben.

5.1. Vom Pflegeheim zu dezentralisierten Wohnformen

In Schweden ist das staatliche Gesundheits- und Sozialamt für die Betreuung aller geistig behinderten Menschen verantwortlich. Seine Aufgabe besteht im wesentlichen darin, Gesetze und Vorschriften auszuarbeiten, die von den Gemeinden auf handlungspraktischer Ebene konsequent umgesetzt werden müssen.

Zur Zeit soll die Betreuung geistig behinderter Erwachsener auf eine Dezentralisierung der Wohnformen mit einer gleichzeitig einhergehenden Verkleinerung und Auflösung des bisherigen Anstaltswesens hinauslaufen. Dieser Dezentralisierungsentwurf ist das Ergebnis einer ca. 2o-jährigen kontinuierlichen Entwicklung auf dem Gebiete der Betreuung geistig Behinderter.

Die erste Phase dieser Entwicklung stand im Zeichen des Ausbaues eines Anstaltswesens für alle Behinderten sowie der damit verknüpften Schaffung menschenwürdiger Bedingungen (z.B. kleine Wohngruppen) auf der Grundlage des Normalisierungsprinzips. "Das bedeutet, daß die geistig Behinderten so weit wie möglich Gelegenheit bekommen sollen, dem Leben und Muster des Alltags zu folgen, das für die Gesellschaft, in der sie aufwachsen, wohnen und leben, kennzeichnend ist" (Grunewald. 1977, S. 2).

Diesem Normalisierungsprinzip folgte eine Phase, in der unterschiedliche Modelle einer räumlichen Integration geistig Behinderter entwickelt und erprobt wurden. Im Rahmen der Anstaltspraxis hatte man nämlich die Erfahrung gemacht, daß viele Behinderte bei einer angemessenen pflegerischen und pädagogischen Betreuung durchaus auch außerhalb einer Vollzeiteinrichtung wohnen konnten. Indem immer mehr geistig Behinderten die Möglichkeit gegeben wurde, so nahe wie möglich bei ihren Angehörigen in der Gemeinde bzw. auf dieselbe Weise wie alle anderen Menschen zu wohnen und an der gesellschaftlichen Gemeinschaft teilzunehmen, wurde die Unterbringung "zu dem vielleicht wichtigsten Mittel bei den Normalisierungsbestrebungen" (Grunewald). Zusammengefaßt schreibt Wallner (1981, S. 4) dazu: "In Schweden ist man sich aufgrund der in den letzten Jahren gesammelten Erfahrungen... darüber einig, daß Pflegeheime und Krankenhäuser für die Betreuung geistig Behinderter völlig ungeeignet, ja sogar schädlich sind. Die noch so liebevollen Bemühungen des Personals können an dieser Tatsache nichts oder kaum etwas ändern". Die folgende Tabelle zeigt nun auf, wie sich die Wohnformen für geistig behinderte Erwachsene in den letzten Jahren entwickelt haben (s. Abb.).

Von den 24.392 geistig behinderten Erwachsenen (Alter über 20) leben 35 %, vornehmlich ältere, schwerst- und mehrfachbehinderte oder hochgradig hospitalisierte Menschen, noch in Pflegeheimen oder Spezialkrankenhäusern. (1970 waren es noch mehr als 55 %.) Ungefähr 28 % wohnen bei Familienangehörigen, 17 % haben eine eigene Wohnung und 17 % wohnen in Wohngemeinschaften. Betrachtet man einmal die Entwicklung auf dem gesamten Gebiete der Betreuung der geistig Behinderten, so läßt sich feststellen, daß die Dezentralisierung für Kinder und Jugendliche weitaus rascher verlaufen ist, als die Einrichtung kleiner, zentral gelegener Wohnstätten für Erwachsene. Dies hängt damit zusammen, daß bereits seit einigen Jahren geistigbehinderte Kinder und Jugendliche nur noch selten in größeren Vollzeiteinrichtungen untergebracht werden. Ältere Menschen mit geistiger Behinderung, schwerstgeistig- und mehrfachbehinderte Erwachsene, sind dagegen - so Wallner - eine "verlorene Generation", die nicht mehr in den vollen Genuß der Dezentralisierung kommen kann, weil die Gemeinden nicht "von heute auf morgen" für sämtliche geistig Behinderten geeignete Wohnungen anmieten, kaufen oder bauen können (vgl. auch Wallner 1985, S.55).

Wohnformen für geistig Behinderte in Schweden
1970 - 1982 (TW 81-09-01)

Wohnform	1970 n	1975 n	1980 n	1982 n
Kinder u. Jugendliche				
(Alter bis 21/23)				
Elternhaus	5343	8695	8717	9095
In anderer Familie	329	535	737	858
Schülerwohngemeinschaft +)	2780	2270	1938	1804
Pflegeheim	2389	2024	1107	813
Spezialkrankenhaus +)	381	206	85	24
Erwachsene				
Elternhaus	5279	7546	6730	6766
In anderer Familie	769	432	281	266
Eigene Wohnung	607	2974	3983	4226
Wohngemeinschaft für Erwachsene +)	489	1669	3188	4097
Pflegeheim	8458	8751	8346	8229
Spezialkrankenhaus ++)	1631	990	670	342
Alle Altersgruppen				
Andere Wohnformen	253	856	664	466
Insgesamt	28708	36948	36446	37126

+) Wohngemeinschaften sind Wohneinheiten mit höchstens 5 Plätzen
++) Spezialkrankenhäuser sind ausschließlich mit geistig Behinderten belegt.

(Quelle: Wallner 1983, S. 272; 1985, S. 57)

Darüber hinaus stehen die Kommunen derzeit auch vor großen finanziellen Problemen. Zukünftig sollen aber alle Geistigbehinderten - so Wallner (1985, S. 50) - "nicht mehr in geschlossenen Einrichtungen wie Pflegeheimen und Spezialkrankenhäusern leben müssen. (Spezialkrankenhäuser sind ausschließlich für Geistigbehinderte eingerichtet. Eine gemeinsame Unterbringung mit Geisteskranken gibt es nicht.) Die beiden heute noch bestehenden Spezialkrankenhäuser und alle Pflegeheime für Kinder und Jugendliche (38, G.T.) sollen in den nächsten drei bis vier Jahren geschlossen werden ... Auch die Stillegung der Pflegeheime für Erwachsene ist bereits beschlossen. ...Für die Erwachsenen gilt, daß alle, die nicht in einer eigenen Wohnung leben können, ohne Rücksicht auf ihren Status in Wohngemeinschaften mit drei bis fünf Personen untergebracht werden sollen. Die Unterteilung ist bereits im Gange. Die Folgen sind übererwarten positiv."

Die meisten Pflegeheime (83,2 %), in denen heute vor allem noch schwerstgeistig- und mehrfachbehinderte Erwachsene leben, sind aber - und dies im Unterschied zu deutschen Einrichtungen - wesentlich kleiner (die meisten umfassen nur 10 - 60 Wohnplätze). 1975 gab es noch 21 größere "Zentralinstitutionen" mit ca. 200 Plätzen, 1982 bereits nur noch sechs Einrichtungen mit 200 - 300 Bewohnern. Selbst diese Anstalten sind vielen unserer bundesdeutschen Großeinrichtungen, vor allem den Anstalten unter öffentlicher Trägerschaft, weit voraus; konzeptionelle Parallelen findet man lediglich bei einigen kirchlich oder anthroposophisch geführten Heimen. "Da man die Pflegeheime und ihre großen Einheiten nicht einfach schließen kann, versucht man durch bauliche Veränderungen (Zwischenwände, Aufbrechen von eigenen Eingängen im Erdgeschoß etc.) die räumlichen Voraussetzungen für kleine, in sich geschlossene Wohneinheiten mit eigenem Personal, eigener Küche, eigenem Lebensmitteleinkauf und allem anderen, was zu einem familienähnlichen Leben gehört, zu schaffen. Die Dezentralisierung großer Einrichtungen geht gelegentlich so weit, daß die Wohneinheiten auch verwaltungsmäßig selbständig werden, d.h. unter anderem über einen eigenen Etat verfügen. Es gilt nun, die für die Betreuung verantwortlichen Politiker davon abzuhalten, diese oft recht einfach zu realisierenden Notlösungen als Lösungen auf Dauer zu betrachten" (Wallner 1985, S. 52). Heute leben über 55 % der Bewohner von Pflegeheimen in Kleingruppen zu Viert, 72 % haben ein Einzelzimmer (10 qm), 24 % ein Zweibettzimmer; sieht man einmal davon ab, daß darüber hinaus die Wohneinheiten sehr geschmackvoll und individuell eingerichtet sind, so steht sämtlichen Bewohnern (auch den schwerstgeistigbehinderten Erwachsenen und alten Menschen) ein breites Beschäftigungsangebot in intra- und extramuralen Tageszentren zur Verfügung.

5.2. Zu den Beschäftigungsmöglichkeiten

In den Tageszentren, die zumeist sehr zentral gelegen sind, ist man bemüht, allen geistig behinderten Menschen eine ihren Voraussetzungen, Interessen und Fähigkeiten entsprechende Beschäftigung anzubieten, welche im Unterschied zu der Arbeit in bundesdeutschen Werkstätten für Behinderte nicht unter arbeitsmarkt- oder produktionsorientierten Gesichtspunkten steht. Vielmehr soll die Arbeit grundsätzlich allen Behinderten Spaß und Freude bereiten, Erfolgserlebnisse ermöglichen und zur allseitigen Entfaltung der Persönlichkeit beitragen. Folgende Beschäftigungsmöglichkeiten werden u.a. angeboten: verschiedenartigste Handarbeiten, Webarbeiten, Stoffdrucke, Batiken, Teppich knüpfen, Herstellung von stabilem Holzspielzeug, unterschiedliche Holzarbeiten wie Bau von Transportkisten, Regalen, Hocker oder Raumteiler; Bastelarbeiten, Lederarbeiten, Keramikarbeiten, Herstellung von Lampenschirmen, plastisches oder bildhaftes Gestalten. Darüber hinaus gibt es spezielle Angebote, die von Heilgymnastik, Fuß- und Haarpflege, Schwimmen, Ballspiele, Turnen oder Sprachtherapie, über Theater, Musik und Tanz, Filmabende, Diskussionsrunden, Ausflüge oder Ferienfreizeiten bis hin zu einem curricularen Angebot (mit Fächern wie Erdkunde, Maschinenschreiben, Naturkunde, Geschichte, Sexualkunde, Rechnen oder Schwedisch) reichen, welches von Dozenten aus der Erwachsenenbildung angeboten wird. Den meisten Tageszentren ist in unmittelbarer Nähe auch eine sog. Trainingswohnung angegliedert, in der lebenspraktische Übungen (Hausarbeiten, backen, kochen, einkaufen, waschen...) durchgeführt werden, um einzelne Behinderte für das Leben in einer Wohnung oder Wohngruppe gezielt vorbereiten zu können.
Auch schwerstgeistig- und mehrfachbehinderte Erwachsene erhalten diesbezüglich pädagogisch-therapeutische Angebote "in den Grundfertigkeiten des täglichen Lebens" (Wallner).
Ungefähr 59 % aller geistig behinderten Erwachsenen besuchen mindestens 15 Stunden wöchentlich ein Tageszentrum. Und jeder Behinderte hat "Anrecht auf einen Platz im Beschäftigungszentrum, wenn er anderweitig nicht unterkommen kann. Eine Koppelung zwischen Beschäftigungsform einerseits und Wohnform oder Leistungsfähigkeit andererseits gibt es hier nicht. Folglich finden auch die Schwerstbehinderten einen Platz im Beschäftigungszentrum" (ebenda, S. 52 f.).

In den insgesamt 240 Tagesstätten in Schweden werden im Durchschnitt 27 geistig behinderte Erwachsene von 8.30 Uhr bis 16.00 Uhr betreut, die je nach Interessenlage, Fähigkeiten oder Schwere der Behinderung zumeist in Gruppen zu sechs Personen mit jeweils einem pädagogisch und handwerklich ausgebildeten Mitarbeiter tätig sind. Ein grundlegendes Ziel der Gruppenarbeit ist es, daß sich die Einzelnen für die Gemeinschaft nützlich machen können, daß sozial positive Erfahrungen gewonnen werden können, daß Gemeinschaftsgefühl und sozial verantwortungsbewußtes Handeln entwickelt werden können und daß man auch voneinander lernen kann. Generell steht aber die "Individualisierung" im Vordergrund des pädagogischen Geschehens, wobei wichtig ist, daß der Einzelne Interesse für eine seinen Voraussetzungen und Fähigkeiten entsprechende Arbeit finden kann, daß er nicht als Arbeitskraft durch monotone Beschäftigungen "entfremdet" wird und daß er einen direkten Bezug von Arbeit und Produkt herstellen kann. Dabei soll er die Erfahrung gewinnen, daß es nicht nur einen Leistungseffekt, sondern auch einen emotionalen Wert für den Umgang mit Gegenständen gibt. Deswegen können die Gegenstände, die in den Tageszentren produziert werden, auch für den eigenen Bedarf (z.B. für die Verschönerung oder zweckmäßige Gestaltung der eigenen Wohnung) hergestellt werden. In der Regel sind die Arbeiten jedoch für den Verkauf (Basar) bestimmt, wenn auch auf eine Fertigung von Produkten für den Markt kein besonderer Wert gelegt wird. Dies bedeutet, daß die Behinderten innerhalb eines Tageszentrums nicht für bestimmte Tätigkeiten bzw. Berufsfelder ausgebildet werden, was selbstverständlich das Ziel einer behutsamen Hinführung auf eine spätere berufliche Arbeit nicht ausschließt. Allerdings sind nur wenige geistig Behinderte (ca. 1o %) außerhalb der Tageszentren in privaten Unternehmen beschäftigt, ferner arbeiten lediglich 7 % aller geistigbehinderten Erwachsenen in einer "<u>beschützenden Werkstatt für Behinderte</u>", die jedoch von den deutschen Einrichtungen unterschieden werden muß. Denn die schwedischen Einrichtungen haben die Aufgabe, all jenen Menschen Arbeit zu verschaffen, die aufgrund verschiedener Behinderungen oder auch psychischer Probleme vom offenen Arbeitsmarkt ausgeschlossen werden, so z.B. Körperbehinderte, Sprachbehinderte, psychisch Kranke, Drogenabhängige oder ausländische Arbeitnehmer mit erheblichen Verständigungsschwierigkeiten. Da die schwedischen Werkstätten für Behinderte rein nach kaufmännischen Gesichtspunkten und im direkten Wettbewerb mit anderen Industrieunternehmen arbeiten, stehen hier leistungs- und produktionsorientierte Gesichtspunkte im Vordergrund. Für die geistig behinderten Erwachsenen bedeutet dies, daß sie in diesen Unternehmen nur recht einfache, anspruchslose Tätigkeiten ausführen, so z.B. Verpackungs- oder Sortierarbeiten. Somit sind diese Beschäftigungen gleichermaßen wie viele Tätigkeiten geistig Behinderter in den bundesdeutschen WfB's auch kritisch zu hinterfragen (Problem der "Entfremdung"). Der Vollständigkeit halber sollte aber nicht unerwähnt bleiben, daß jedem Behinderten in einer beschützenden Werkstatt wie am öffentlichen Arbeitsmarkt voller Lohntarif gezahlt wird. Überdies erhalten in Schweden auch die Besucher eines Tageszentrums eine monatliche Vergütung von 16o - 36o Kronen.

17 % aller geistig behinderten Erwachsenen waren 1982 "ohne Beschäftigung" oder verbrachten weniger als 15 Stunden in einem Tageszentrum. "Eine nähere Untersuchung dieser Gruppe hat gezeigt, daß etwa 10 % der hier Registrierten im Rentenalter sind. 40 % der unbeschäftigten Behinderten im arbeitsfähigen Alter wohnten in der eigenen Familie und hätten durchaus die Möglichkeit gehabt, ein Tageszentrum zu besuchen. Die Ausübung eines Berufes, einer berufsähnlichen Tätigkeit oder die Teilnahme an angebotenen Beschäftigungen ist für alle geistig Behinderten selbstverständlich nicht obligatorisch. Es wird jedoch aus psychologischen und sozialen Gründen gewünscht, daß das Beschäftigungsangebot angenommen wird" (Wallner 1985, S. 54).

Abschließend ist in bezug auf die zumeist sehr modern ausgestatteten Tageszentren und Werkstätten noch zu sagen, daß sie vom Staat in sehr hohem Maße subventioniert werden. Trotz der schwierigen Wirtschafslage läßt sich die sozialdemokratische Regierung unter Olaf Palme offenbar die soziale Versorgung Benachteiligter oder Behinderter einiges kosten.

Neben den kurz skizzierten Beschäftigungsmöglichkeiten gibt es in einzelnen Städten, so beispielsweise in Malmö, auch von Elternverbänden initiierte <u>Freizeitzentren</u> für geistig Behinderte, wo Laienhelfer und Dozenten aus der Erwachsenenbildung täglich abends von 17.00 Uhr bis 21.00 Uhr unterschiedlichste Aktivitäten aus dem ästhetischen Bereich anbieten. An diesen Veranstaltungen nehmen auch eine große Anzahl schwerstgeistigbehinderter Erwachsener aus Pflegeheimen teil. Bemerkenswert ist, daß sich dieses Freizeitangebot offenbar nicht für die Anstalten als ein organisatorisches Problem (mehr Mitarbeiter) darstellt, da beispielsweise die Pflegeheime wie auch die Gemeinden jeweils Taxiunternehmen oder Fahrdienste für Behinderte für externe Maßnahmen heranziehen können.

5.3. Zum schwedischen Dezentralisierungsmodell

Wie bereits anfangs gesagt, sollen auf Dauer als Alternative zu den Pflegeheimen nur noch dezentralisierte Wohnformen geschaffen werden, so daß nach und nach größere Einrichtungen verkleinert oder aufgelöst werden können. Folgende Wohnstätten (mit maximal fünf Plätzen) sind in Schweden vorgesehen:

- Für sog. leichtgradig geistig Behinderte, die sich nahezu selbst versorgen können oder nur partielle Hilfen benötigen, werden Wohnungen "mit ein bis zwei Plätzen zur Verfügung gestellt" (Wallner 1981, S. 5; vgl. auch 1982, S. 237 ff.).
- Mittelgradig geistig Behinderte, die berufstätig sein können, "jedoch eine gewisse Anleitung und Aufsicht sowie Schutz vor ungeeigneter Beeinflussung von außen benötigen" (ebenda, S. 5) sollen in offenen Wohngemeinschaften mit drei bis vier Plätzen leben.
- Für geistig schwerbehinderte Erwachsene, die aufgrund von Verhaltensauffälligkeiten oder intellektueller Beeinträchtigung eine ständige Betreuung benötigen, sind sog. Pflegewohngemeinschaften mit vier bis fünf Plätzen vorgesehen.
- Schwerstgeistig- und mehrfachbehinderte Erwachsene, die eine fortwährend pflegerische und pädagogische Betreuung brauchen, sollen in Spezialwohngemeinschaften mit vier bis fünf Plätzen leben.

Diese Wohnalternativen sollen nun zu sog. Heimgruppen, die geographisch zergliedert sind, zusammengeschlossen werden und höchstens 12 Behinderte mit unterschiedlichem Grad umfassen.
Geht man nun von Wallners skizzierten Beispiel eines Dezentralisierungsmodells aus, so sind bei einem Anteil von 0,44 % geistig Behinderter in Schweden bei einem Einzugsgebiet mit 30.000 Einwohnern ungefähr 100 erwachsene Menschen mit geistiger Behinderung zu betreuen. Weil nur etwa 20 % dieser Personen eine arbeitsmarkt- bzw. industrieorientierte Tätigkeit ausüben können, müssen für die übrigen Behinderten innerhalb der Stadt zwei Tageszentren errichtet werden. Hier erhalten auch die schwerstgeistigbehinderten Erwachsenen ein breites Angebot an Betätigungs-, Bewegungs- oder sonstigen Therapiemöglichkeiten. Für die 100 erwachsenen Behinderten, von denen etwa 30 % noch in der eigenen oder in einer anderen Familie wohnen, müssen nun fünf Heimgruppen geschaffen werden, die in bezug auf Einkaufs- oder Beschäftigungsmöglichkeiten sehr zentral liegen sollen. Die Heimgruppen, die sich aus unterschiedlichen Wohnformen zusammensetzen, unterstehen einem Heimleiter, der in der Hauptverwaltung anzutreffen ist. Diese ist zugleich auch Kontaktstelle für Spezialisten (Ärzte, Sozialarbeiter, Logopäden, Krankengymnastinnen, Psychologen).

Als selbstverständlich gilt, daß die Behinderten in den Heimgruppen bedarfsgerechte Förderung erhalten: So ist zum Beispiel der Betreuungsbedarf bei Schwerstgeistig- und Mehrfachbehinderten in Spezialwohngemeinschaften wesentlich größer als bei leichtgradig Behinderten, die in offenen Wohngemeinschaften leben. Fragt man nun nach der Bedeutung eines solchen "dezentralisierten Pflegeheimes" (Wallner), so läßt sich zusammengefaßt sagen, daß dieses Wohnmodell jedem Behinderten eine seinen Bedürfnissen, Voraussetzungen, Interessen oder Fähigkeiten angemessene Betreuung bietet. "Dies geschieht in einer normalen Umwelt, in einer Wohnung oder einem Einfamilienhaus, in der Innenstadt oder am Stadtrand, im Erdgeschoß, eine Treppe hoch oder hoch oben im Hochhaus, mit oder ohne Garten, nahe den eigenen Angehörigen. Der Behinderte lebt <u>in der Gesellschaft, nicht neben ihr</u>. Der Kreis der Gefährten ist klein und daher überschaubar. Das gleiche gilt für das Personal. Man lebt unter familienähnlichen Bedingungen und kann daher leichter miteinander vertraut werden. Durch die Unmittelbarkeit des Kontaktes können Veränderungen beim Betreuten frühzeitig erkannt und geeignete oder gar notwendige Maßnahmen können rechtzeitig eingeleitet und durchgeführt werden. Zusätzliche Schädigungen durch Anstaltsmilieu und Anstaltsroutine werden vermieden" (ebenda, S. 9).

Wie nun eine solche alternative Wohnstätte aussehen kann, soll am Beispiel der Riddersporrens Bostadsgrupp kurz aufgezeigt werden.

5.3.1. Beispiel für eine dezentralisierte Wohnstätte

Bei der Riddersporrens Bostadsgrupp handelt es sich um eine vor einem Jahr entstandene Wohnstätte, die in einer relativ teuren, großzügig konzipierten Neubausiedlung mitten in Stockholm gelegen ist. In der Wohngruppe leben drei Frauen und zwei Männer im Alter von 22 - 29 Jahren. Vier von ihnen wohnten zuvor in einem Pflegeheim, das aufgelöst wurde; einer kommt aus einer Familie. Was den Aufbau der Wohngruppe betrifft (die Bewohner kannten sich vorher noch nicht), so fand zunächst eine behutsam angelegte Übergangsphase statt, wobei die Bewohner sich erst nur für wenige Stunden, dann für einen Tag und später an mehreren Wochenenden kennenlernten. Auf diese Weise sollten sie auf die neue Lebensgemeinschaft vorbereitet werden. Drei der Bewohner sind schwerstgeistig und mehrfachbehindert, sie können weder sprechen noch ohne Hilfe allein essen, sich baden oder anziehen; eine andere Person trägt tagsüber Windeln und ist hochgradig inkontinent, eine weitere leidet unter Krampfanfällen; alle benötigen außerhalb ihrer Wohnung eine ständige Begleitung.

Betreut werden die Behinderten von einem sechsköpfigen Mitarbeiterteam bei einer Tagesbesetzung von jeweils zwei Personen (nachts eine Schlafbereitschaft), die entweder eine erzieherische oder krankenpflegerische Ausbildung haben. An den Wochenenden arbeiten drei Mitarbeiter, so daß kulturelle Veranstaltungen, öffentliche (Freizeit)-Angebote oder Ausflüge besser wahrgenommen werden können. Tagsüber sind alle Bewohner außer Haus, drei besuchen eine Berufssonderschule, einer ist in einem Tageszentrum beschäftigt, und ein anderer arbeitet in einem regulären Betrieb. Dadurch haben die Mitarbeiter an den Vormittagen genügend Zeit für Hausaufgaben, Einkäufe, Vorbereitungen für Spielabende oder Aktivitäten.

Von der zuständigen Behörde wird dem Personal in bezug auf ihre Arbeiten eine große Eigenständigkeit und soziale Verantwortung zugestanden, indem es z.B. mit den Bewohnern oder in ihrem Auftrag rationell und ökonomisch wirtschaften muß. Für die gesamte Betreuung steht den Mitarbeitern ein Jahresbudget von 190.000 Kr. zur Verfügung; darüber hinaus erhält jeder Bewohner zusätzlich monatlich ein Taschengeld von 640 Kr. und einmal im Jahr 1.900 Kr. Kleingeld (Stand 1982/83).

Selbstverständlich hat das Personal auch wichtige pädagogische Aufgaben zu erfüllen, die in erster Linie auf eine Verselbständigung und soziale Anpassung der Bewohner zielen sollen. So ist z.B. wichtig, daß die Mitarbeiter den Bewohnern nicht zuviel Hilfen beim Kochen, Putzen oder bei anderen Beschäftigungen im Haushalt geben, sondern mehr zurückhaltend auftreten, "damit die Mitglieder der Wohngemeinschaft immer mehr für sich selbst sorgen" (Grunewald 1977, S. 4) können.

Jeder der fünf Bewohner in der Riddersporrens Bostadsgrupp hat ein 10 - 14 qm großes Einzelzimmer, welches er seinen Interessen entsprechend selbst gestalten kann. Insgesamt gesehen ist die 2oo qm große Wohnung sehr großzügig und behindertengerecht ausgestattet, beispielsweise mit einem Eßzimmer, einem großen Wohnraum, zwei Bädern, einem Magazinraum, zwei Toiletten, einem Balkon, mit einer modernen Kücheneinrichtung, mit geschmackvollem Mobilar und vielen Blumen - ein Zeichen dafür, daß man hier offensichtlich bemüht war, nicht den Behinderten, sondern vielmehr seine Umgebung so gut wie möglich zu "normalisieren" (i.S.v. Nirje). Allerdings drängte sich nach einigen Besuchen in verschiedenen Wohngruppen der Eindruck auf, daß gelegentlich die gesellschaftlichen Normen gegenüber den subjektiven Interessen, Bedürfnissen und Voraussetzungen der Bewohner zu sehr aufgewertet wurden.

Was nun die soziale Integration der Bewohner betrifft, so scheint man diesbezüglich noch in den Anfängen zu stecken. Zwar haben die Angehörigen durch die räumliche Nähe der Wohngemeinschaft eher die Möglichkeit, die Behinderten zu besuchen und sich um sie zu kümmern, doch kann dadurch noch nicht die Gefahr einer sozialen Isolation überwunden werden; so hat z.B. die Riddersporrens Bostadsgrupp bislang kaum Kontakt zur unmittelbaren Nachbarschaft – ein auch für viele andere Wohngruppen typisches Problem, welches – so die schwedischen Gesprächspartner – trotz intensiver Aufklärungsarbeit über geistig Behinderte im Fernsehen, Rundfunk oder in Zeitungen, in absehbarer Zeit noch evident sein wird. Um Vorurteile, Diskriminierungen, soziale Gleichgültigkeit, Unverständnis oder auch unbegründete Ängste bei der unmittelbaren Nachbarschaft zu minimalisieren oder gar auszuräumen, ist es wichtig, daß der Zugang der Behinderten an öffentlichen Freizeitveranstaltungen oder kulturellen Angeboten wesentlich erweitert wird. Denn auch in Schweden scheinen die Toleranz gegenüber geistig Behinderten sowie die Bereitschaft, zusätzliche soziale Belastungen auf sich zu nehmen, bei der breiten Bevölkerung durchweg noch gering zu sein. Diese Probleme hat man inzwischen deutlich erkannt und ist bestrebt, durch vielschichtige Freizeitangebote Verbesserungen auf diesem Gebiete zu erreichen: "Durch den Umzug von immer mehr erwachsenen Behinderten aus dem Elternhaus und den großen Einrichtungen in kleine Wohngemeinschaften wird die sinnvolle Gestaltung der Freizeit für diese Behinderten zu einem immer größeren Problem. Sie sind vor allem an Wochenenden und Feiertagen in Gefahr, stundenlang beschäftigungs- und damit freudlos herumzusitzen, weil sich niemand – wie sonst im Alltag – um sie kümmert. Um hier Abhilfe zu schaffen, hat man in den Gemeinden Freizeitleiter zur Betreuung der geistig Behinderten angestellt. Gegenwärtig arbeiten ca. 240 solche Freizeitleiter vorwiegend oder ausschließlich an dieser Aufgabe". (Wallner 1985, S. 54 f.).

Für die schwerstgeistig-und mehrfachbehinderten Bewohner stellt die Riddersporrens Bostadsgrupp vermutlich ein "endgültiges" Zuhause dar, während die sog. leichtgradig geistig Behinderten weiter gefördert werden sollen, so daß sie eines Tages in einer noch kleineren Wohneinheit, wo nur noch geringe beschützende Vermittlungshilfen notwendig sind, fast selbständig leben können. Nach Auffassung der Betreuer sind aber einer solchen kontinuierlichen Förderung häufig Grenzen gesetzt, da für die Betreuung der drei schwerstgeistig Behinderten oft viel Zeit erforderlich ist. Deswegen sei es – so die Gesprächspartner – sinnvoll, zukünftig in einer fünfköpfigen Wohngrup-

pe jeweils nur einen schwerstgeistig Behinderten zu betreuen.
Schwierig wird es in einer Wohngruppe auch dann, wenn einzelne Bewohner stark verhaltensauffällig, (auto)-aggressiv, hochgradig hospitalisiert und trotz einer psychopharmakologischen Behandlung noch massiv führungsresistent sind. Hier ist man in Schweden bemüht, solche Bewohner in einem alleinstehenden Haus (z.B. Villa mit maximal fünf Wohnplätzen) optimal zu betreuen. Ferner können solche Bewohner lt. schwedischem Gesetz auch vorübergehend in einem sog. Kurzzeitheim oder aber - wenn diese einwöchige,, zumeist personalintensive Maßnahme noch nicht ausreicht - in einem Spezialkrankenhaus betreut werden. Dies sei aber - wie dem Verfasser berichtet wurde - nur äußerst selten der Fall. Dennoch kann davon ausgegangen werden, daß die meisten verhaltensauffälligen geistig Behinderten in einem nach Sicherheitsaspekten und therapeutischen Gesichtspunkten konzipierten Spezialkrankenhaus leben. In diesem Zusammenhang gilt zu fragen, ob durch solche Einrichtungen nicht eine unnötige Abgrenzung zu Pflegeheimen vorgenommen wird, die einer "Klinifizierung"der Betreuung verhaltensauffälliger oder schwerstgeistig Behinderter im Sinne des medizinischen Modells Vorschub leistet.

5.4. Zusammenfassung und kritischer Ausblick

Versucht man anhand unserer knappen Ausführungen ein Resümee zu ziehen, so läßt sich sagen, daß das schwedische Dezentralisierungsmodell in wichtigen Grundzügen bereits realisiert wird, wenn auch auf dem Gebiete der sozialen Integration geistig behinderter Erwachsener noch viel getan werden muß. Für die zukünftige Arbeit mit geistig behinderten Menschen ist wohl jene Erfahrung wichtig, daß auch Erwachsene mit einer schweren geistigen Behinderung durchaus in kleinen, örtlichen Wohngruppen (ebenso mit anderen weniger stark geistig Behinderten) leben können. Zugleich lehrt das schwedische Dezentralisierungsmodell, daß man all jenen Bestrebungen bei der Betreuung geistig behinderter Menschen mit Skepsis begegnen muß, die n u r auf eine Verbesserung institutioneller Bedigungen (z.B. durch Umbauten oder Neubauten) in bestehenden Großanstalten hinauslaufen. Vielmehr scheint es sinnvoll zu sein, die für derartige Maßnahmen zur Verfügung stehenden Gelder schwerpunktmäßig für den Aufbau kleinerer Wohngruppen innerhalb der Gemeinde zu verwenden, um auf Dauer eine große Anzahl bestehender Vollzeiteinrichtungen verkleinern zu können (vgl. hierzu genauere Ausführungen in Theunissen 1985a).

Was die Kosten des Dezentralisierungsmodells betrifft, so läßt sich sagen, daß die Schaffung kleinerer Wohnformen nach einer gewissen Anlaufzeit (wenn es nicht eine bloße Alternative zur bestehenden Anstalt ist) keinesfalls teurer sein wird als die bisherigen Großbehinderteneinrichtungen. Diese wesentlichen Vorteile begründet Wallner (1981, S. 1o) folgendermaßen: "Das System ist ... äußerst flexibel und wirtschaftlich. Es kann dem laufenden Wohnraumbedarf elastisch folgen und erfordert keine größeren Investitionen. Man mietet Wohnungen und Einfamilienhäuser oder kauft sie nach Bedarf (evtl. schon in der Planung) ein und braucht dann nur noch die zur Befriedigung der speziellen Bedürfnisse der Behinderten notwendigen Veränderungen vorzunehmen. Man ist damit finanziell und baulich nicht mehr auf Jahrzehnte hinaus festgelegt. Die Stereotypie im Wohnbereich verschwindet zugunsten einer unübersehbaren Vielfalt von individuellen, dem einzelnen Behinderten anpaßbaren Wohnmöglichkeiten, was auch die Planung und Durchführung einer adäquaten Betreuung erleichtern dürfte ... Der Personalbedarf einer Verwaltungseinheit, die dem vorgelegten Modell entspricht, ist nicht größer als der Gesamtbedarf einer konventionellen Vollzeiteinrichtung gleicher Größenordnung, wenn auch das Personal anders verteilt und nach Ausbildung und Funktion anders zusammengesetzt ist" (vgl. auch 1982, S. 24 ff.).

Der von Wallner publizierte schwedische Integrationsansatz wurde in der jüngsten Vergangenheit nun mehrfach auf Fachtagungen diskutiert, wobei vor allem Teilnehmer aus der Bundesrepublik Deutschland zu bedenken gaben, daß ein solches Dezentralisierungsmodell auf deutsche Verhältnisse kaum zu übertragen sei. Dieses Argument ist m.E. aber nur dann stichhaltig, wenn man an den gegebenen gesellschaftlichen Verhältnissen (Rechtsgrundlage) festhält. Warum sollten Gesetzesänderungen, wie z.B. die Abschaffung der rechtlich verankerten Kopplung von Werkstätten für Behinderte mit offenen Wohnformen oder die Formulierung eines Gesetzes, welches die Gemeinden verpflichtet, dezentralisierte Wohnformen für geistig Behinderte zu schaffen, nicht auch bei uns möglich sein? Ein weiterer Einwand betrifft die gesamte Finanzierung des schwedischen Dezentralisierungsmodells. Insbesondere in Zeiten wirtschaftlicher Krisen sehen viele verantwortliche Politiker keine Möglichkeiten, zusätzliche Gelder für humane Aufgaben (hier für die Anfangsphase der Dezentralisierung) freizumachen. Dabei handelt es sich bei diesen Reformen auf dem Gebiet der Betreuung geistig behinderter Menschen weniger um ein finanzielles als vielmehr um ein Problem der Umverteilung von Geldern (vgl. hierzu Huffschmid 1981; 1982; Grünewald 1982).

6. Zukunft schwerstgeistig- und mehrfachbehinderter Erwachsener unter besonderer Berücksichtigung familienentlastender Einrichtungen

Im folgenden Beitrag geht es um Perspektiven einer zukünftigen familienentlastenden Betreuung und Förderung schwerstgeistig- und mehrfachbehinderter Erwachsener. Unter diesem Personenkreis verstehen wir:

- Menschen, bei denen die Schwere einer geistigen Behinderung im Vordergrund steht (z.B. Behinderte, die ständig für alle täglichen Verrichtungen in Nahrungsaufnahme, Pflege etc. von Hilfe anderer abhängig sind, die sich nicht sprachlich äußern können...);
- Menschen, die neben einer (schweren) geistigen Behinderung massiv körperlich behindert und/oder sinnesgeschädigt sind (z.B. Behinderte, die sich nicht fortbewegen, ihre Hände kaum zum Greifen oder Spielen benutzen können, bettlägerig, rollstuhlgebunden, beschränkt gehfähig sind...);
- Menschen, bei denen neben einer (schweren) geistigen und/oder Mehrfachbehinderung massive Verhaltensauffälligkeiten oder Hospitalisierungssymptome im Vordergrund stehen (z.B. Nahrungsverweigerung, Schreien, Hyperaktivität, Auto- oder Fremdaggressionen, Selbststimulationen, emotionale Störungen);
- (Schwer) geistigbehinderte Menschen mit dem Erscheinungsbild eines typischen "Autismus" (Kanner) oder mit "autistischen Zügen" (Wing) (z.B. Behinderte mit einer ganz speziellen Symptomatik in bezug auf Wechsel oder Veränderung der Umgebung, Umgang mit Objekten, Verhalten gegenüber Personen, Motorik, Wahrnehmung, Sprache);
- Menschen, bei denen neben den bisher genannten Behinderungsformen spezielle Krankheiten (z.B. Epilepsie, Herzinsuffizienz, Psychosen) das Verhalten und Erleben in starkem Maße beeinträchtigen.

Unsere Unterteilung schwerstgeistig- und mehrfachbehinderter Erwachsener in verschiedene "Problemgruppen" soll als ein methodisches Hilfsmittel deutlich machen, daß der Personenkreis, in dem es im vorliegenden Artikel geht, von sog. Schwerst- oder Mehrfachbehinderten (z.B. schwer Körperbehinderten ohne Intelligenzdefekten), von denen in der öffentlichen Diskussion über Integration Behinderter zumeist die Rede ist (vgl. VIF 1981; 1982;), abgegrenzt werden muß. Dieser Hinweis ist wichtig, weil der geläufige Oberbegriff "Schwerstbehinderte" in der Gefahr steht, Mißverständnissen oder oberflächlichen, voreiligen Schlußfolgerungen Vorschub zu leisten sowie durch Unschärfen die "spezifische Problematik" von Behinderten mit schwerer geistiger Behinderung (vgl. hierzu Feuser u.a. 1982; Hartmann 1983; Fischer 1977; Dittmann u.a. 1979; Hahn 1979) zu sehr einzuebnen.

Ein Blick in die Geschichte der Behindertenpädagogik oder Fürsorgeerziehung genügt, um festzustellen, daß schwerstgeistig- und mehrfachbehinderte Erwachsene einst als "Idioten", "bildungsunfähig" oder "Pflegefälle" stigmatisiert und diskriminiert sowie in psychiatrische Anstalten oder Pflegeheime abgeschoben, isoliert und vergessen wurden. Heutzutage geht man stattdessen davon aus, daß auch Schwerstgeistig- und Mehrfachbehinderte lern- und entwicklungsfähig sind (vgl. hierzu auch Kap.7), weswegen sie nicht mehr aus den Überlegungen der Sonderpädagogik und Behindertenpolitik ausgeklammert werden. So wurden z.B. in Nordrhein-Westfalen schulrechtliche Konsequenzen gezogen, indem seit 1978 auch Schwerstgeistigbehinderte beschult werden müssen. Die Diskussion um geeignete Fördermaßnahmen für schwerstgeistigbehinderte Schüler ist derzeit voll im Gange, was zahlreiche Modellversuche sowie Anregungen oder Konzepte zur Erziehung und Bildung dieses Personenkreises zeigen (vgl. hierzu Begemann u.a. 1979; Haupt/Fröhlich 1982). So wichtig die Entwicklung einer Theorie und Praxis schulischer Bildung für Schwerstgeistigbehinderte ist, so notwendig ist es aber auch, sich rechtzeitig darüber Gedanken zu machen, was mit dem betroffenen Personenkreis nach Beendigung der Schulpflicht geschehen soll. Diese Frage ist in der sonderpädagogischen Literatur und Diskussion bisher noch viel zu kurz gekommen. So fehlen bis heute weitreichende Empfehlungen oder Vorstellungen darüber, wie Schwerstgeistigbehinderte nach Beendigung der Schule weiterhin angemessen betreut oder gefördert werden können.

6.1. Große Vollzeiteinrichtungen für schwerstgeistig- oder mehrfachbehinderte Erwachsene?

Heutzutage leben in der Bundesrepublik Deutschland fast sämtliche schwerstgeistig- und mehrfachbehinderten Erwachsenen in großen Vollzeiteinrichtungen. Aufgrund fehlender Hilfe bei der alltäglichen Pflege und unzureichender fachlicher Beratung, aus wirtschaftlichen Notwendigkeiten wie auch aus regionalen oder inhaltlichen Gründen (z.B. Fehlen privater Institutionen in einigen Bundesländern sowie mangelnde Bereitschaft freier Träger, Schwerstgeistigbehinderte in ihren Anstalten aufzunehmen) gab es oftmals für die betroffenen Eltern nur die Möglichkeit, ihre schwerstgeistig- und mehrfachbehinderten Kinder in psychiatrischen Anstalten unterzubringen. Überdies wurde aber auch von seiten der Ärzte die Einweisung Schwerstgeistigbehinderter in die Psychiatrie nachdrücklich den Eltern empfohlen. Spätestens seit Veröffentlichung der Psychiatrie-Enquete im Jahre 1975 weiß man, daß Schwerstgeistig- und Mehrfachbehinderte nicht krankenhauspflegebedürftig sind und daß die psychiatrische Behandlung den Betroffenen weitaus mehr geschadet als genutzt hat (vgl. hierzu Theunissen 1982; 1985 a; b). Die Konsequenz war, daß im Jahre 1980 in Nordrhein-Westfalen mehrere Behindertenbereiche aus den psychiatrischen Kliniken herausgelöst und als Heilpädagogische Heime für geistigbehinderte Erwachsene

verselbständigt wurden. Seitdem konnte in diesen Einrichtungen die
Lebenssituation schwerstgeistig- und mehrfachbehinderter Erwachsener
wesentlich verbessert werden (vgl. hierzu "Im Blickpunkt" 1985;
Theunissen 1985 a). So sind die verselbständigten Heime auf dem besten
Wege schwere Versäumnisse (verursacht durch eine inhumane psychiatrische Anstaltspraxis) auf dem Gebiete des humanen Wohnens und Arbeitens, der Förderung und Freizeitgestaltung schwerstgeistig- und
mehrfachbehinderter Menschen aufzuholen.

Allerdings muß kritisch angemerkt werden, daß es nach wie vor noch
viele schwerstgeistig- und mehrfachbehinderte Erwachsene gibt (ca.
10 000 bis 12 000 Menschen), die in einigen der Rhein. Landeskliniken
wie vor allem aber in psychiatrischen Anstalten außerhalb des Rhein-
landes in anderen Bundesländern leben und somit nicht in den Genuß
der genannten Reform gekommen sind. Die Ausgliederung dieser Personen aus der Psychiatrie wäre ein weiterer wichtiger Schritt in die
"richtige Richtung" (Gaertner 1985, S. 13).

Überdies gilt aber auch zu bedenken, daß die "mit großem finanziellen Aufwand" (Gaertner) geleistete Verselbständigung und Humanisierung der Heilpädagogischen Heime noch nicht Endziel einer Behindertenarbeit sein kann. Vielmehr liegen Erkenntnisse vor, daß große Behinderteneinrichtungen vor allem mit zentraler Versorgungsstruktur
oder in räumlicher und organisatorischer Anbindung an psychiatrische
Kliniken noch "nicht dem Prozeß der Normalisierung der Lebensbedingungen der Behinderten" dienen (ebenda, S. 16). Aus unserem Bericht
über Schweden (Kap. 5) geht deutlich hervor, daß solche Institutionen
(und dies gilt auch für Wohnstätten der Lebenshilfe mit 40 Plätzen)
für die Betreuung geistigbehinderter Menschen nicht mehr zeitgemäß
sind (vgl. hierzu auch Wallner 1982; 1985; Dybwad 1985; Bradl 1983).
Deshalb kann Speck (1982 b, S. 20) schreiben: "Als Gegengewicht gegen eine dominante Entwicklung in soziale Großsysteme mit ihren des-
integrierenden Trends haben gemeinde- und personennahe ambulante,
offene Dienste zu gelten. Sie sind weniger von professionellem
Management und objektivierender Technologie bestimmt, als von persönlicher Nähe, von einer primären Orientierung an den Alltagsbedürfnis-
sen des Menschen in seinen gewachsenen sozialen Bezügen, vom räumlichen und sozialen Eingegliedertbleibenkönnen, vom Unterstützen
eines möglichst selbständigen Lebens, vom In-Funktion-Treten gemein-
deorientierter Helfer, auch freiwilliger, nachbarschaftlicher Helfer". Leider beziehen sich solche Forderungen nach Alternativen zum
bestehenden Anstalts- oder Wohnstättenwesen oftmals nur auf ein ge-

meindeintegriertes Leben körperbehinderter, blinder oder leichtgradig geistigbehinderter Menschen und nicht speziell auf schwerstgeistigbehinderte Erwachsene (vgl. hierzu VIF 1981; 1982; Fussek 1983, S.8). So räumt Wallner mit Blick auf Schweden, welches in bezug auf ambulante oder gemeindeintegrierte Betreuung Geistigbehinderter vorbildlich und führend ist, ein, daß erst sehr wenige zentral gelegene, kleine Wohnformen für schwerstgeistig- und mehrfachbehinderte Erwachsene geschaffen wurden und daß in absehbarer Zeit wohl kaum die grosse Mehrheit dieses Personenkreises wie auch ältere Menschen mit geistiger Behinderung gemeindenah betreut werden können (vgl. hierzu auch Wallner 1985, S. 55). Aufgrund dessen ist Gaertners (1983, S.132; 1985, S. 15) Argumentation zuzustimmen, daß neben dem dänischen und schwedischen Weg "einer weitgehenden Dezentralisierung durch Bildung kleiner Wohneinheiten in günstiger, zentraler Lage in der Stadt oder Gemeinde... die pädagogische wie die räumliche Situation in den Heimen selbst... kontinuierlich weiter verbessert werden" muß. In diesem Zusammenhang ist zu betonen, daß wir aufgrund unserer langjährigen Erfahrungen in der Arbeit mit hospitalisierten, schwerstgeistig- und mehrfachbehinderten Erwachsenen den im Rahmen der Kritik an dem Anstaltswesen oft laut artikulierten Ruf nach einer "Integration um jeden Preis" für gleichermaßen verfehlt halten wie die Auffassung, daß Anstalten für Geistigbehinderte, "die wegen der Schwere ihrer Behinderung einer besonderen pernamenten Pflege, Betreuung und Behandlung bedürfen, ... als endgültiges Zuhause ihre volle Berichtigung" hätten (Kaminski u.a. 1978, S. 7, 10, 59; vgl. auch Schlaich/Scheuber 1985). In bezug auf eine vom Verfasser geleitete Abteilung hospitalisierter, schwerstgeistig- und mehrfachbehinderter Erwachsener in einem Rhein. Heilpädagogischen Heim läßt sich beispielsweise sagen, daß von 42 geförderten Bewohnern durchaus 21 auf der Grundlage des von Wallners skizzierten schwedischen Dezentralisierungsmodells in kleineren, dezentralisierten Wohneinheiten besser leben, sich entwickeln und wohlfühlen könnten. Die übrigen 50 % dieser Bewohner weisen aufgrund schwerer Verhaltensauffälligkeiten (lautes Schreien, massive Führungsresistenz, ausgeprägte autistische Symptome) in der Öffentlichkeit oder Gemeinde kaum zu bewältigende Probleme auf, so daß in erster Linie nur für diese Behinderten eine Anstalt als "Ort zum Leben" (Mannoni) sinnvoll zu sein scheint. Der Vollständigkeit halber sollte man aber wissen, daß dieser Prozentsatz nicht aufgrund der Schwere der Behinderung, sondern vielmehr aus sozialen Gründen (z.B. Nachkriegszeit, Milieuschädigung, fehlende Frühförderung, mangelnde Erziehungs- und Bildungsangebote, soziale Benachteiligung, lange Hospitalisierung) so hoch ist; Berechnungen aus Schweden wie auch aus der DDR ergeben, daß "höchstens jeder fünfte aller Schwerstgeistigbehinderten ... in etwa 10 Jahren zentralisiert geschützte Lebensräume" (Strümpfel 1985, S. 2) benötigt. Damit wird deutlich, daß in der Tat viele größere Behinderteneinrichtungen auf Dauer aufgelöst werden können - und dies selbstverständlich unter der Voraussetzung, daß von seiten der Entscheidungsträger bessere Wohnformen sowie familienentlastende Einrichtungen für alle geistigbehinderten Menschen geschaffen werden.

So richtig und zukunftsträchtig diese Perspektive eines gemeindeintegrierten Lebens geistigbehinderter Menschen nun sein mag, so wichtig ist es aber auch, darauf zu achten, daß die Frage nach der Sicherung eines Lebensraumes, in welchem Geistigbehinderte sich wohlfühlen, allseitig entwickeln, gesund bleiben und soziale Beziehungen eingehen können, nicht im Zuge derartiger Reformen zu kurz kommt. Für einige der hospitalisierten, schwerstgeistig- und mehrfachbehinderten sowie älteren geistigbehinderten Menschen, die heute in grösseren Vollzeiteinrichtungen leben, dürfte dieser kritische Einwand besondere Bedeutung haben. Zum Beispiel kann für ältere geistigbehinderte Bewohner mit mangelnder Flexibilität oder Umstellungsfähigkeit ein plötzlicher Wechsel aus einem Anstaltsghetto in ein kleines, zentral gelegenes Wohnheim durchaus Überforderung, Verunsicherung, Desorientierung oder Ängste zur Folge haben, die erneute Abhängigkeitsverhältnisse, Rückzugstendenzen und die Aufgabe von Bedürfnissen begünstigen. Hier ist anzunehmen, daß ein Umzug in eine völlig neue bzw. fremde Umgebung den Interessen oder Bedürfnissen der betreffenden Behinderten, die wohl mit der Zentralinstitution, in der sie leben, stark verwurzelt sind, kaum entspricht. Ferner ist die Gefahr zu bedenken, daß ein Leben in der Gemeinde u.U. zur Isolation geistigbehinderter Menschen führen kann, wenn die Integration ins "Normale" keine Sozialisationsbedingungen garantiert, die eine Entfaltung der Persönlichkeit auf dem Hintergrund einer erlebbaren Teilnahme am gesellschaftlichen Leben zulassen. Überdies kann sich die Wiedereingliederung in ihr Gegenteil verkehren, wenn Geistigbehinderte bei ihrem Versuch, an der Öffentlichkeit zu partizipieren, scheitern. Für Erwachsene mit geistiger Behinderung, die Straßenverkehr oder Straßenlärm, Hektik oder Menschenmengen z.B. in Einkaufszentren oder Kaufhäusern als Reizüberflutung empfinden oder die ihre Bedürfnisse nicht aufschieben können und deswegen mit Ängsten, Streß, Unzufriedenheit oder sozial unerwünschten Problemlösungsentwürfen

(Aggressionsausbrüchen, leichten kriminellen Delikten) reagieren, gibt es wohl eher Möglichkeiten zur Selbstverwirklichung im Sinne einer Kontrolle und Verfügung über die eigenen Lebensumstände in "beschützenden Einrichtungen" mit Dorfcharakter. Repräsentanten kirchlicher Träger sind es vor allem, die solche Anstalten, sog. Ortschaften, "als Heimat für geistigbehinderte Menschen" (Schlaich/ Scheuber) – vor allem für schwerstgeistig- und mehrfachbehinderte Personen – herausstellen. Im folgenden haben wir einige Zitate ausgewählt, die sichtbar machen, worauf es den Befürwortern von Dorfgemeinschaften, in denen schon über einen sehr langen Zeitraum eine anerkennenswerte Arbeit mit Geistigbehinderten geleistet wird, ankommt:

"Wie ein lebendiges Dorf für seine Bewohner zugleich Wohnsitz, Ort des Arbeitsplatzes, Stätte des Handwerks, des Handels und der Gastronomie, Sitz des Vereinswesens und des kulturellen Lebens, des kirchlichen Lebens, des Arztes und der Krankenpflegestation, der kommunalen Verwaltung u.v.a. mehr ist, so bietet eine lebendige Anstalt ihren Bewohnern alle Einrichtungen und Anregungen, die für ein erfülltes und vielfältiges Leben erforderlich sind. Kein Dorf kann alle Ansprüche seiner Bürger erfüllen; auch die beste Anstalt wird immer noch besser organisiert werden können. Aber ein Dorf bietet mehr soziale Integration als ein städtisches Gemeinwesen. ... Wie bei Kindern das Heimatgefühl durch den Besuch des Kindergartens, der Schule, der Kinderkirche, der Jugendgruppe und der Vereine entsteht, so wird die Anstalt für die Behinderten zur Heimat, weil sie an vielen Stellen der Anstalt für ihre Existenz lebensnotwendige Funktionen täglich (!) aktiv und passiv (mit-)erleben können (Küche, Waschküche, Bäckerei, Metzgerei, Gärtnerei, Schreinerei, Malerei, Warenanlieferung, Gebäudeinstandsetzung, Gottesdienste, Hochzeiten in der Kapelle, Taufen von Mitarbeiterkindern, Beerdigungen von Anstaltsbewohnern und Mitarbeitern usw. ...) ... Die Anstalt ist ein für geistig behinderte Menschen überschaubarer Rahmen, in dem sie ihnen vertraute Abläufe und Begebenheiten in großer Vielfalt Tag für Tag erleben. Die behindertengemäße Struktur der Lebensabläufe in einer Anstalt begünstigt vielerlei informelle und formelle Begegnungen mit anderen Menschen. ... Die vertraute Vielfalt des Anstaltslebens ist eine dem Wahrnehmungsvermögen und den Verhaltensmöglichkeiten geistig behinderter Menschen spezifisch entsprechende Lebensstruktur. Das Leben eines geistig behinderten Menschen in einer gut geführten Anstalt ist prall gefülltes Leben. Hier dürfen Behinderte behindert sein; hier können sie sich als Behinderte verwirklichen; hier finden sie als Behinderte vielfache Anerkennung " (Schlaich/Scheuber 1985, S. 163 ff.).

Sieht man einmal von dem konservierenden ideologischen Gehalt ab, der sich vielfach hinter den Konzeptionen von Dorfgemeinschaften verbirgt (vgl. Rascher 1980; Schmock 1982 a; b; Schlaich/Scheuber 1985; vgl. im Unterschied hierzu Gaedt 1981; 1982; 1985), so steht außer Zweifel, daß derartige Argumente ernst genommen werden müssen. Dies gilt vor allem für die Betreuung jener schwerstgeistig- und mehrfachbehinderten Menschen, die aufgrund der oben genannten massiven Verhaltensauffälligkeiten zur Zeit kaum zu integrieren sind und die innerhalb einer "beschützenden" Ortschaft eher zu "mehr Autonomie" (Speck) gelangen können als in einer gemeindeintegrierten, kleinen Wohneinheit. (So fassen wir z.B. in unserer Abteilung für schwerstgeistig- und mehrfachbehinderte Erwachsene derzeit ein gezieltes Verselbständigkeitskonzept ins Auge, welches einzelne (z.Z. kaum integrierbare) Bewohner mit massiven Verhaltensauffälligkeiten dazu befähigen soll, mit Hilfe eines selbst hergestellten Sortiments an "Karten", auf denen Etiketten oder Motive von Nahrungsmitteln geklebt sind, eigenständig in einem im Anstaltsgelände gelegenen Lebensmittelgeschäft sowohl für ihren persönlichen Bedarf als auch für andere Mitbewohner einkaufen zu gehen; da innerhalb des Heimgeländes nur begrenzter Straßenverkehr vorhanden ist, fallen Momente der Selbst- und Fremdgefährdung weg, die genannten Behinderten sind nämlich nicht in der Lage, sich ordnungsgemäß im Straßenverkehr zu verhalten; somit stellt für sie das Heimgelände in gewissem Maße ein "Schutzraum" dar.)

Mißt man derartigen Überlegungen Bedeutung zu, so können wir in bezug auf unser Thema resümieren, daß es für die Zukunft schwerstgeistig- und mehrfachbehinderter Erwachsener wohl erstrebenswert ist, zu einem vielschichtigen, durchlässigen Netz alternativer Wohnformen zu gelangen, wobei grundsätzlich die Individualität der einzelnen Behinderten, ihre konkreten Lebensbedingungen und Wünsche respektiert und berücksichtigt sowie die freie Wahl verschiedener Wohnformen ermöglicht werden sollte (vgl. auch Speck 1982 c).
Da in den Kapiteln 2 bis 5 der vorliegenden Arbeit schon zu Genüge Wege zur Deinstitutionalisierung oder der Dezentralisierung aufgezeigt sowie zukunftsträchtige Aussagen über kleinere, gemeindenahe Wohnformen gemacht wurden, wollen wir in diesem Kapitel diese Ansätze nicht mehr weiter verfolgen und stattdessen einen noch nicht genannten wichtigen Aspekt herausgreifen, der den Bereich der häuslichen Pflege und ambulanten Hilfsdienste für schwerstgeistigbehinderte Erwachsene betrifft.

6.2. Häusliche Betreuung und ambulante Hilfen für schwerstgeistigbehinderte Erwachsene

Die Beschulung Schwerstgeistigbehinderter bringt für die meisten Eltern der Betroffenen Erleichterung mit sich, was dazu geführt hat, daß heutzutage immer mehr Familien bereit sind, ihr schwerstgeistigbehindertes Kind möglichst lange im häuslichen Milieu zu halten.

Viele Eltern scheinen aber auch aufgrund der öffentlichen Diskussion um "Integration Behinderter" unter sozialen Druck zu geraten (Rabeneltern) - eine Entwicklung, die wohl kaum für die Betreffenden vorteilhaft sein kann. Verunsichernd auf die Erziehungsträger sowie ungünstig auf die Situation der Behinderten wirken sich überdies jene Argumentationen aus, mit denen von politischer Seite seit kurzem Sparmaßnahmen vertreten werden (vgl. hierzu Gaertner 1984). Schließlich benötigen Schwerstgeistigbehinderte gleichermaßen wie andere hilfebedürftige oder kranke Personen einen "menschlichen Rückhalt" (v. Ferber 1983, S. 4), der nur von einer intakten Familie (die nicht unter sozialen Druck steht) geleistet werden kann. Hierzu müssen aber entsprechende Rahmenbedingungen stimmen, z.B. finanzielle Absicherung, behindertengerechte Wohnverhältnisse, Unterstützung durch ambulante Pflege- und Hilfsdienste. Gerade diese Voraussetzungen sind für die meisten Familien mit behinderten Angehörigen nur in geringem Umfange gegeben (vgl. hierzu Rüggeberg 1982, S. 24 ff.). Vielmehr scheint die häusliche Betreuung eines behinderten Menschen völlig von der Gunst seiner unmittelbaren Angehörigen abzuhängen, weil eine "zeitintensive ambulante Dauerbetreuung heute noch kaum zum Aufgabenbereich ambulanter Dienste gerechnet werden kann. Ambulante Dienste wenden durchschnittlich pro Behinderten und Woche ca. 7 Betreuungsstunden auf. Dieses Ergebnis ... macht deutlich, daß ambulante Dienste heute in aller Regel noch keine Alternative zur Heimunterbringung sind" (ebenda, S. 29 f). Zumeist gilt die Pflege und Betreuung eines behinderten Menschen in der Familie "als eine selbstverständliche Aufgabe, die ihr normalerweise zufällt, die in ihren Pflichtenkreis fällt" (v.Ferber 1983, S. 8). Gerade eine solche Auffassung wird in Zeiten wirtschaftlicher Krisen gerne von Sozialpolitikern stillschweigend hingenommen, problematisch ist aber ihre Implikation, einerseits die Ignoranz der eigentlichen Leistungen der Familie und andererseits die deutliche Benachteiligung der Rolle der Pflegeperson. In der Regel ist es die Mutter des Behinderten, die die hohen Strapazen der alltäglichen Pflege auf sich nimmt und dabei auf persönliche Bedürfnisse (Erholung, Urlaub, Freizeit, Berufstätigkeit) verzichtet. Dieses Problem wird auch in einem 1984 veröffentlichten Bericht der Bundesregierung "über die Lage der Behinderten und die Entwicklung der Rehabilitation" gesehen, wenn es heißt: "Der Hauptanteil der kontinuierlichen notwendigen Betreuung (und 2/3 der Behinderten) erfolgt in der Familie. Durch behinderte Familienmitglieder werden immer insbesondere die Mütter, meist ohne hinreichende soziale Absicherung, auf das Äußerste in Anspruch genommen. Hinzu kommen finanzielle Nachteile, z.B. durch die Notwendigkeit, eine behindertengerechte Wohnung oder besondere Hilfsmittel zu finanzieren. Familienmitglieder, die einen Behinderten betreuen, müssen sehr häufig auf eine Erwerbstätigkeit verzichten. Wegen ihrer starken Beanspruchung fehlt ihnen zudem oft die Freizeit für die Teilnahme an gesellschaftlichen und öffentlichen Veranstaltungen" (S. 31). Aus einer vom dänischen Sozialministerium durchgeführten Elternbefragung geht beispielsweise hervor, daß über 60 % aller geistigbehinderten Kinder abends nicht alleine gelassen werden können (vgl. Pruzan/Spohr 1981). Besonders hoch ist diesbezüglich die Belastung von Eltern mit schwerstgeistigbehinderten Personen einzuschätzen, die z.B. aufgrund motorischer Unruhe oder einer speziellen autistischen Symptomatik ständige Beaufsichtigung verlangen. Gerade dieses Problem sollte und darf nicht in der fachlichen Diskussion um familiale Betreuung geistigbehinderter Erwachsener heruntergespielt werden (vgl. hierzu auch Häusler 1983, S. 23; Fussek 1983, S.9). Falls Geistigbehinderte im Elternhaus von den Familienangehörigen 24 Stunden beaufsichtigt werden müssen, so ist davon auszugehen, daß die für die Pflege zuständigen Personen auf Dauer überlastet sein werden, da ihre Kräfte verständlicherweise nicht unerschöpflich sind. Ebenso wenig kann man von ihnen erwarten, fast täglich in der Nachtruhe (durch Schreien oder Hin- und Herrennen des Behinderten) gestört zu werden. Eine wirkungsvolle Unterstützung von aussen "über die Konstitution eines sozialen Netzwerkes" (v.Ferber 1983 b, S. 256) ist in diesem Zusammenhang dringend erforderlich, wenn eine Einweisung der betreffenden Behinderten in ein Heim oder in eine gemeindenahe Wohnform hinausgeschoben bzw. verhindert werden soll. Um vor falschen Hoffnungen zu warnen, sei aber gesagt, daß selbst bei einem ausgereiften familienunterstützenden Hilfssystem nicht alle Probleme (z.B. spezifische Belastungsmomente) aufgefangen werden können, so daß oftmals eine Trennung der Betroffenen von der Familie notwendig ist, um familiale Zusammenbrüche zu vermeiden oder gestörte innerfamiliäre Beziehungen behutsam wieder aufzubauen. Daß nicht sämtliche schwerstgeistigbehinderte Menschen zu Hause wohnen können, hat man bekanntlich auch in Schweden erkannt, weswegen hier dezentralisierte kleine Wohngemeinschaften für alle Geistigbehinderten als humane Wohnformen der Zukunft angesehen werden (vgl. Grunewald 1977, S. 3 f.; Wallner 1981; 1982; 1985). Eine pauschale Aufforderung an Eltern, ihren schwerstgeistigbehinderten Angehörigen zu Hause zu betreuen, zeigt somit wenig Sensibilität für die individuellen

Probleme der Erziehungsträger wie auch für die spezifischen Bedürfnisse der betroffenen Behinderten. Schließlich haben auch schwerstgeistigbehinderte Erwachsene die gleichen Rechte wie alle anderen Behinderten (i.S.d. Normalisierungsprinzips). Dieser Einwand darf uns aber nicht daran hindern, Überlegungen anzustellen, wie eine wirkungsvolle Entlastung der Familien oder Angehörigen sowie ein "relativ autonomes" Leben schwerstgeistig- und mehrfachbehinderter Erwachsener (vgl. Speck 1985) außerhalb einer Vollzeiteinrichtung erreicht werden kann.

Notwendig ist zweifellos der Ausbau eines gemeindeintegrierten, örtlichen ambulanten Pflege- und Hilfsdienstes unter kommunaler oder freier - staatlich subventionierter - Trägerschaft. Der Vorrang ambulanter und teilstationärer Hilfen gegenüber der Unterbringung in Heimen oder sonstigen Vollzeiteinrichtungen wird auch in dem o.g. Bericht der Bundesregierung (1984) unterstrichen. Offen bleibt jedoch in diesen Ausführungen, wie solche familienentlastenden Einrichtungen auszusehen haben. Denkbar wäre hier ein Modell in Anlehnung an bereits bewährte Konzeptionen aus dem benachbarten Ausland (z.B. Schwedische Heimdienste, sog. Fokus-System; vgl. hierzu Brattgard 1982; Ratzka 1982). Ebenso nützlich für die Entwicklung eines ambulanten Dienstes sind die Erfahrungen der Münchener "Vereinigung Integrationsförderung" (VIF 1981; 1982). Wichtigstes Ziel der genannten ambulanten Dienste, die sich als Alternative zur Ausgliederung und Isolation Behinderter in Heimen verstehen, ist es, Familien mit behinderten Menschen wie aber auch die Betroffenen selber durch eine breite Palette unterschiedlichster Angebote so zu unterstützen, daß die Behinderten "in die natürlich gewachsenen Lebensformen und sozialen Beziehungen einbezogen bleiben" können (Speck 1981, S. 1o8). Überdies sollte beim Aufbau eines ambulanten Betreuungsdienstes - so Böge (1983, S. 27) - von vornherein darauf geachtet werden, daß den Familien mit schwerstgeistig- und mehrfachbehinderten Angehörigen "kein Konzept aufgestülpt wird"; vielmehr sollten sämtliche Hilfen "der individuellen Situation der jeweiligen Familie angepaßt werden", weswegen es zweckmäßig sei, zunächst alle betroffenen Eltern persönlich aufzusuchen. Was die Vielfalt an Hilfen betrifft, so lassen sich folgende Arten unterscheiden: <u>pflegerische Hilfen</u> (z.B. beim Aufstehen, Baden, Anziehen, Füttern, zu Bett gehen...), <u>behindertenspezifische Hilfen</u> (z.B. Gehübungen, Gymnastik, Absaugen, Urinal anlegen, Beatmen...), <u>Freizeitgestaltung</u> (Begleitung beim Zoo-, Kino- oder Theaterbesuch, Mitfahrt in Ferienfreizeit, Begleitung bei Sportveranstaltung, Aktivitätsangebote wie Spiele oder Basteln, Gespräche...),

Familienberatung/Therapie (z.B. bei familialen Krisen, Aufarbeitung
der familialen Rollenteilung, individuelle Problembewältigung...)
sowie praktische Hilfen im Lebensbereich der Familie (z.B. bei der
Suche nach einer behindertengerechten Wohnung, Gang zu Behörden, Begleitung zum Arzt...); (vgl. hierzu auch VIF 1981, S. 41, 47 f.;
Böge 1983, S. 28). Für die häusliche Betreuung schwerstgeistigbehinderter Erwachsener ist zweifelsohne ein Hilfsdienst erforderlich, der - wie beim Fokus-System, "24 Stunden täglich und an
sieben Tagen in der Woche gerufen werden kann" (Brattgard 1982,
S. 48). Wichtig scheint uns in diesem Zusammenhang für die Entlastung der Eltern die nächtliche Betreuung durch den ambulanten Dienst
zu sein. Außerdem sollten, und dies gilt insbesondere bei Urlaub oder
Krankheit der Eltern bzw. familialen Betreuungspersonen, Möglichkeiten einer Kurzzeitunterbringung bestehen. Ein derartiger Ansatz ist
soeben von Wohlhüter/Horstmann (1985) vorgestellt worden. Aus ihren
Ausführungen geht klar hervor, daß es vor allem für Familien mit
Schwerstgeistig- und Mehrfachbehinderten erforderlich ist, durch
"die Hilfeform eines Kurzzeitaufenthaltes" (S. 242) entlastet zu werden.
Sämtliche Erfahrungsberichte oder Auswertungsprotokolle über ambulante Hilfsdienste zeigen auf, daß diese im Vergleich zu einer stationären Versorgung Behinderter billiger sind (vgl. hierzu VIF 1981,
S. 125, S. 144 f.; Rüggeberg 1982, S. 26; De Jong 1982, S. 149).
Ratzka (1982, S. 62) resümiert, daß "verglichen mit der teuersten
Alternative - der Pflegestation - ambulante Dienste billiger kommen,
solange der tägliche Bedarf einer Person im Durchschnitt weniger als
neun Stunden ausmacht". Die geringeren Kosten im Vergleich zu Vollzeiteinrichtungen   (vgl. hierzu auch VIF 1981, S. 157 ff.) scheinen
u.a. damit zusammenzuhängen, daß neben Fachkräften oft auch nichtprofessionelle Helfer wie Zivildienstleistende, Hausfrauen, Praktikanten im freiwilligen Jahr oder sonstige Laienhelfer die bürgernahe, integrative und humanitäre Arbeit leisten (vgl. hierzu VIF
1981, S. 36; Ratzka 1982, S. 61; Böge 1983, S. 3o; Fussek 1983,
S. 6 f., 15; Zielniok 1983). Der Einsatz von nichtprofessionellen
Helfern hat sich insgesamt gesehen gut bewährt, so daß eine Gefahr
des Scheiterns der ambulanten Betreuung aufgrund mangelnder fachlicher Kompetenz nicht gegeben zu sein scheint. Allerdings bedarf es
eines gut funktionierenden Teams, deren Mitglieder geschult und auf
die speziellen Aufgabenbereiche des Hilfs- und Pflegedienstes vorbereitet sein müssen (vgl. VIF 1981, S. 50 ff.). Generell - so Speck
(1981, S. 1o9) - "scheint sich in der Gesellschaft eine neue Beurteilung der gemeinsamen Situation durchzusetzen, der zufolge das

soziale Handeln für den anderen, der Hilfe braucht, nicht weiter lediglich auf Spezialisten und Sonderdienste abgeladen werden kann, wenn das soziale Bewußtsein der unaufhebbaren Komplementarität und Solidarität der Starken und Schwachen nicht noch mehr Schaden nehmen soll". Daß diese Auffassung durch die in den USA verbreitete "Independent Living Bewegung" (vgl. hierzu Laurie 1982; De Jong 1982 a;b) stark unterstützt werden kann, sollte an dieser Stelle nicht unerwähnt bleiben. Denn viele Behinderte wissen oft nach jahrelangen Erfahrungen im Umgang mit ihren eigenen Problemen mehr über pflegerische oder medizinische Hintergründe Bescheid als die zuständigen Fachkräfte oder sog. Spezialisten. Für die Gruppe der Schwerstgeistig- oder Mehrfachbehinderten müssen diese Worte zweifelsohne relativiert werden, denn im Unterschied zu den meisten Behinderten ist dieser Personenkreis kaum in der Lage, eigenverantwortlich, autonom zu leben und ihre Helfer selbst zu bestimmen bzw. anzuleiten. Da darüber hinaus der Betreuungsaufwand bei Schwerstgeistigbehinderten u.U. sehr hoch sein kann, ist es hier wichtig, daß die Helfer nicht ständig wechseln (vgl. auch VIF 1981, S. 40). Oft lassen sich gerade in der Arbeit mit Schwerstgeistigbehinderten Beziehungen nur über einen längeren Zeitraum herstellen; in der Regel verlangt der Umgang mit Schwerstgeistigbehinderten ein hohes Maß an Einfühlungsvermögen, Geduld, Verständnis und gegenseitigem Vertrauen, welches eine Phase des Kennenlernens voraussetzt.

Parallel zur Etablierung eines behindertengerechten ambulanten Pflege- und Hilfsdienstes in der Gemeinde (z.B. in Verbindung mit Sozialstationen unter der Voraussetzung, daß diese Dienste personell und finanziell zufriedenstellend ausgestattet werden) sollten für die betroffenen Familien finanzielle und materielle Anreize geschaffen werden. Fachleute fordern beispielsweise eine angemessene Entlohnung mit Sozialversicherung für Familienangehörigen, die die pflegerischen Aufgaben übernehmen (vgl. VIF 1982, S. 230). Denkbar ist beispielsweise eine Ausgleichszahlung für jene Personen, die aufgrund ihrer Pflegeleistungen auf eigene Berufstätigkeit verzichten. Nach Rüggeberg (1982, S. 25) müßten die Anreize für eine häusliche Betreuung "mindestens genau so groß sein, wie die materiellen Anreize zur Unterbringung des Kindes im Heim, vor allem aber groß genug, daß tatsächlich eine vernünftige Betreuung durch die Familie stattfinden kann". Zweifellos entstehen in diesem Zusammenhang zunächst einmal Mehrkosten, "Experten schätzen den Mehraufwand für eine angemessene Abdeckung des Pflegebedarfs auf 3,6 Mrd." (v. Fer-

ber 1983 a, S. 10); doch gilt zu bedenken, daß durch die finanzielle Unterstützung der Familien mit einem gleichzeitig einhergehenden Ausbau eines ambulanten Dienstes in der Gemeinde langfristig gesehen eine präventive Wirkung erzeugt wird (dies gilt auch für die Frühförderung), wodurch sich die gesamtwirtschaftlichen Kostenbelastungen wieder reduzieren (spätestens dann, wenn sich Großbehinderteneinrichtungen überflüssig gemacht haben).
Überdies muß gesagt werden, daß Gelder zur Finanzierung einer gemeindenahen Versorgung durchweg vorhanden sind, wenn eine Umverteilung staatlicher Ausgaben vorgenommen würde (vgl. hierzu Huffschmid 1981; 1982; 1985).

Abschließend wollen wir noch einen interessanten Aspekt nennen, der auf dem Gebiete der häuslichen und ambulanten Betreuung Behinderter ein radikales Umdenken signalisiert. In einigen Ländern zeichnet sich nämlich die Tendenz ab, daß der Behinderte selbst sein Pflegegeld "in die Hand bekommt", um damit Familienmitglieder, ambulante Dienste oder Nachbarn für ihre Pflege- oder Hilfstätigkeiten zu bezahlen (vgl. hierzu Ratzka 1982, S. 61; De Jong 1982, S. 142 f., 152; VIF 1982, S. 182). Der Begriff "Betreuter" wird in diesen Modellen durch die Bezeichnung "Konsument" ersetzt, welche "schlicht und nüchtern bekunden (soll, G.T.), daß der Behinderte die zum täglichen Leben notwendigen Arbeiten, die er oder sie nicht selbst übernehmen kann, von anderen nach seinen Anweisungen ausführen läßt" (Ratzka 1982, S. 60). Eng verknüpft mit diesem Aspekt ist die Ansicht, auf eine Bemessung des Grades der Behinderung nach medizinischen Kriterien zu verzichten. Stattdessen sollten ausschließlich "die Art und das Ausmaß des jeweiligen Bedarfs an Hilfe und Pflege zum Kriterium für sozialrechtliche Ansprüche (genommen, G.T.) und die sozialen Auswirkungen der Hilfsbedürftigkeit stärker in Betracht gezogen werden" (VIF 1982,S.181). Diesen Gedanken hat man beispielsweise in Dänemark wie aber auch in den USA (im Rahmen der Independent-Living-Bewegung) aufgegriffen, wo Behinderung nicht in medizinischen Diagnosen, sondern als Produkt "behindernder" Umweltsituationen aufbereitet wird: "Independent-Living definiert Behinderung nicht in bezug auf eine bestimmte physische Beeinträchtigung, sondern 1. auf ungerechtfertigte Abhängigkeit von Eltern, Experten und Geldgebern und 2. als einen Mangel an Möglichkeiten, der durch unterschiedliche soziale, ökonomische und architektonische Schranken bedingt ist" (De Jong 1982 b, S. 167). Eine auf diesen Überlegungen fußende Rehabilitationspraxis ist darauf ausgerichtet, in erster Linie geeignete behindertengerechte Umweltbedingungen zu schaffen sowie unter dem Gesichtspunkt, daß Behinderte die gleichen Rechte haben wie alle anderen Menschen, "jedem einzelnen Hilfe und Unterstützung anzubieten, die seinen individuellen Bedürfnissen anzupassen sind" (Bank-Mikkelsen/Berg 1982, S. 1o9). Dadurch soll erreicht werden, daß spezifische Hilfsleistungen behinderten Menschen wirklich (i.S.v. mehr Autonomie) nützen (vgl. VIF 1982, S. 181). Die Bereitstellung von Hilfen zu einem autonomen Leben sowie die Erziehung zu größerer Selbständigkeit obliegt zweifelsohne nicht nur den ambulanten Diensten, sondern auch den Eltern, deren pflegerische oder pädagogische Bemühungen oft aus gut gemeinten Gründen wie auch aus Unwissenheit in der Gefahr stehen, die behinderten Angehörigen unnötigerweise in kindlicher Abhängigkeit bis hinein ins Erwachsenenalter zu halten (vgl. hierzu auch De Jong 1982, S. 158). Um Autonomie "als zentrales pädagogisches Leitprinzip für den Umgang mit Erwachsenen mit schweren geistigen Behinderungen" (Speck 1985, S. 170) auch im häuslichen Milieu sicherzustellen, ist es zweckmäßig, familiale Beratungen durch professionelle Helfer von seiten ambulanter Dienste anzubieten sowie einen regelmäßigen Erfahrungsaustausch zwischen Eltern, Nachbarschaften und Hilfsdiensten zu pflegen. Die familiale Beratung, Eltern- und Nachbarschaftsarbeit ist aber auch aus einem anderen Grunde wichtig: Viele Familien geraten aufgrund eines behinderten Angehörigen mehr oder weniger in soziale Isolation (vgl. Hahn 1981), indem sie Ablehnung und mangelnde Unterstützung aus ihrer unmittelbaren Umgebung (Nachbarschaft) erfahren sowie von sich aus selten in der Lage sind, soziale Kontakte außerhalb des häuslichen Milieus aufzunehmen (vgl. hierzu auch VIF 1982, S. 213). In diesem Zusammenhang sollte man wissen, daß die häusliche Betreuung keineswegs ein konfliktfreier Prozeß ist, vielmehr schließt nach Dybwad (zitiert nach De Jong 1982 a, S. 149 f.) Normalisierung "die Würde des Risikos", d.h. "die Möglichkeit des Scheiterns mit ein – eine Tatsache, die die Bewegung für Deinstitutionalisierung nicht immer wahr haben wollte". Behinderte sind somit gleichermaßen wie jede andere Person Sorgen, Streit oder Problemen ausgesetzt, so kann u.U. ein unerwartetes Ereignis (Tod eines Elternteils, Ehezerrüttung) bedeuten, daß eine plötzliche Lösung von der Familie und Unterbringung in einem Heim erfolgen muß, was bei den Betroffenen schwere psychische Krisen auslösen kann (vgl. hierzu auch Eder 1985, S. 182). Schließlich sollte noch einmal gesagt sein, daß selbstverständlich auch dem schwerstgeistigbehinderten Erwachsenen das Recht zugestanden werden muß, sich von seiner Familie zu trennen und soweit wie möglich selbständig, d.h. unabhängig von seinen Angehörigen, in einer anderen Wohnstätte zu leben. Hierfür werden - wie schon gesagt - in Schweden bereits flächendeckend dezentralisierte, gemeindenahe kleine Wohnformen geschaffen, die von Spezial- bzw. Pflegewohngemeinschaften für Schwerstgeistigbehinderte über Wohngruppen für leicht geistig Behinderte bis hin zu Wohnungen für ein bis zwei Behinderte reichen. Leider gibt es bei uns in der Bundesrepublik noch keine vergleichbare Entwicklung, was für den Personenkreis der schwerstgeistigbehinderten Erwachsenen zur Folge hat, daß er vorerst noch in sozialen Großsystemen überrepräsentiert sein wird.

6.3. Werkstätten für Behinderte oder Tagesstätten? - Familienentlastende teilstationäre Angebote für schwerstgeistigbehinderte Erwachsene

Fragt man nach der Zukunft schwerstgeistigbehinderter Erwachsener, so ist es zweifelsohne notwendig, auch auf Beschäftigungsmöglichkeiten der Betroffenen einzugehen. Somit wollen wir im letzten Abschnitt unseres Artikels die Situation für schwerstgeistigbehinderte Erwachsene in Werkstätten für Behinderte (WfB) näher beleuchten. Dabei ist es unsere Absicht, Konturen möglicher Alternativen zu skizzieren. Wurden Menschen mit schwerer geistiger Behinderung in der Vergangenheit weder beschult noch in "beschützenden" Einrichtungen beschäftigt, so bestehen heutzutage für die Betroffenen Möglichkeiten individueller (schulischer) Förderung sowie beruflicher Rehabilitation in WfB's. Nach Adamy u.a. (1983, S. 14) gab es in der Bundesrepublik 1983 ca. 300 WfB's, in denen neben ca. 15 000 Körperbehinderten ungefähr 45 000 geistigbehinderte Erwachsene beschäftigt waren (vgl. hierzu auch Rothermund 1983, S. 70). (Heutzutage dürfte die Zahl der WfB's bei 350 liegen.) Da die Gesamtzahl aller geistigbehinderten Erwachsenen ca. 120 000 beträgt, von denen etwa 50 000 in Familien, 14 000 in psychiatrischen Anstalten und alle übrigen in sozialen Großsystemen, Wohnheimen, dezentralisierten Wohnstätten oder Einzelwohnungen leben (vgl. Theunissen 1985, S. 17) und nur sehr wenige im freien Arbeitsmarkt tätig sind, findet offenbar großer Teil dieses Personenkreises keine Aufnahme in anerkannten WfB's, die - so Rothermund (1983, S. 70) - "ursprünglich in erster Linie für den Geistigbehinderten gebaut wurden." Die Vermutung liegt nahe, daß vor allem Menschen, die in starkem Maße pflegebedürftig, hospitalisiert, kontaktschwierig oder anfallsgefährdet sind und darüber hinaus das als Aufnahmevoraussetzung geltende Mindestmaß an wirtschaftlich verwertbarer Arbeitsleitung "soeben" erfüllen, also überwiegend schwerstgeistigbehinderte und mehrfachbehinderte Erwachsene, von dieser Ausgrenzung betroffen sind und nicht in den Genuß eines Werkstattplatzes kommen. Für manche Eltern, die auch nach Beendigung der Schulzeit ihres behinderten Angehörigen eine häusliche Betreuung bevorzugen, dürfte somit ein wichtiger und notwendiger Entlastungsfaktor wegfallen – ein Problem, welches in Anbetracht der "ambulanten Hilflosigkeit" in der Bundesrepublik (Rüggeberg 1982) in aller Regel eine Unterbringung der Betroffenen in Großheimen zur Folge hat. In der Tat ist aus der einschlägigen Literatur zu entnehmen, daß schwerstgeistig- und mehrfachbehinderte Erwachsene häufig aus dem beruflichen Rehabilitationssystem ausgegliedert und gegenüber anderen Behinderten in erheblichem Maße benachteiligt werden (vgl. Adamy u.a. 1983, S. 14 f., 21; vgl. auch dbk 1983, S. 69).

Neben diesen Schwierigkeiten gibt es aber auch eine ganze Palette an Problemen innerhalb der Werkstätten, die dem Personenkreis der schwerstgeistig- und mehrfachbehinderten Erwachsenen eher schaden denn nutzen. Im folgenden haben wir die Problematik kurz anskizziert:

- Nach der Werkstättenverordnung müssen WfB's "nach betriebswirtschaftlichen Grundsätzen organisiert sein". Dies hat zur Folge, daß in den meisten Einrichtungen ökonomische, produktions- und leistungsbezogene Gesichtspunkte im Vordergrund stehen. Gesetzlich verankerte sozial-, sonderpädagogische und therapeutische Aufgaben haben demgegenüber einen untergeordneten Stellenwert. Gerade dadurch aber wird heute die überwiegende Anzahl an WfB's dem Personenkreis der Schwerstgeistig- und Mehrfachbehinderten in keiner Weise gerecht. Im Unterschied zu den meisten übrigen Mitarbeitern stellen schwerstgeistig- und mehrfachbehinderte Erwachsene im Betreuungs- und Pflegebereich weitaus höhere Anforderungen an das Personal, beispielsweise sind sie "zum Teil stark abhängig... von individueller Hilfe und Pflege bei Mahlzeiten, Toilettengängen, An- und Ausziehen etc. Sie bedürfen intensiver Einzelförderung, sie benötigen erhöhte medizinische und therapeutische Betreuung für Kontaktaufnahme zur Umwelt und Hilfe wegen fehlender eigengesteuerter Bewegungsabläufe" (Rothermund 1983, S. 72).

- Raumgröße und Raumgestaltung der meisten WfB's sind für die große Mehrheit schwerstgeistig- und mehrfachbehinderter Mitarbeiter sehr unzweckmäßig. Erfahrungen zeigen, daß viele Schwerstgeistigbehinderte sich in einer fremden, lauten, äußerst unpersönlichen Umgebung einer Werkstatt (zu große Räume mit vielen Behinderten) völlig überfordert fühlen, weswegen sie Ängste aufbauen und diese mit Aggressionsausbrüchen (Toben, Schreien) zu bewältigen versuchen. Zumeist verfügen die Werkstätten nicht über geeignete Arbeitsplätze, in der Regel fehlen Therapie-, Spiel-, Mehrzweck-, Tobe- sowie Ruheräume.

- Die gegenwärtige Personalausstattung in den meisten Werkstätten läßt keine individualisierende Arbeitsweise mit schwerstgeistigbehinderten Menschen zu. Der für den Eingangs- und Traingingsbereich vorgesehene Personalschlüssel von 1:6 ist für eine qualifizierte Betreuung Schwerstgeistigbehinderter viel zu knapp bemessen. So empfiehlt beispielsweise der Bundesverband "Hilfe für das autistische Kind" einen Stellenschlüssel von 1:3 (1984, S. 12).

Die vorausgegangenen Ausführungen signalisieren, daß zum gegenwärtigen Zeitpunkt WfB's für schwerstgeistigbehinderte Menschen völlig ungeeignet sind. Somit ist davon auszugehen, daß nicht persönliche Charakteristika schwerstgeistigbehinderter oder mehrfachbehinderter Menschen als Ursache für eine Nichtaufnahme in WfB's bedeutsam sind, sondern vielmehr konzeptionelle und strukturelle Unzulänglichkeiten dieser Einrichtungen, die es dringend zu beseitigen gilt, damit für Schwerstgeistigbehinderte das Förderungsangebot im Rahmen einer beruflichen Rehabilitation nach Beendigung der Schulzeit nicht aufhört. Wirft man einen Blick auf das benachbarte Ausland (z.B. Holland, Dänemark, Schweden) so ist festzustellen, daß es hier für den Personenkreis der Schwerstgeistig- und Mehrfachbehinderten schon seit geraumer Zeit ein gezieltes Beschäftigungs- und Therapieangebot im Erwachsenenalter gibt. Dort hat man die o.g. Schwierigkeiten schon lange erkannt und als Alternative zu den WfB's sog. Tagesstätten geschaffen, in denen (schwerst)geistig- und mehrfachbehinderte Menschen nicht nur ihren Voraussetzungen und Fähigkeiten entsprechend arbeiten können, sondern auch eine gezielte Förderung erhalten, die "ganzheitlich" angelegt ist, einen Komplex an pädagogisch-therapeutischen Aktivitäten umfaßt (z.B. Physiotherapie, Ergotherapie, Schwimmen, basale Kommunikation und basale Körperarbeit, rhythmisch-musikalische Spiele, freies Spielen, Basteln, lebenspraktisches Training, Freizeitgestaltung) und in erster Linie der Erhaltung und Steigerung des physischen und psychischen Wohlbefindens sowie der Verselbständigung durch Teilnahme an der Verfügung über eigene Lebensumstände (z.B. Einkaufen gehen und Essen gemeinsam vorbereiten, Spülen und Abtrocknen) dient. Die Akzentuierung des therapeutischen Moments gegenüber produktorientierten, monotonen Tätigkeiten hat zweifellos für Eltern, die ihren behinderten Angehörigen zu Hause pflegen, eine wichtige Entlastungsfunktion (z.B. kann durch dauerhafte physiotherapeutische Angebote im Erwachsenenalter ein gewisses Maß an Mobilität aufrechterhalten werden, was sich auf die alltägliche häusliche Pflege günstig auswirkt). Schwerstgeistigbehinderte, die nach Ablauf ihrer Schulzeit keine pädagogisch-therapeutische Förderung mehr erhalten und die man in einer WfB lediglich einseitig durch ein- und dieselben monotonen Tätigkeiten beschäftigt, werden an der Entfaltung ihrer allseitigen Kräfte behindert - ein Entfremdungsprozeß, der Entwicklungsrückstände im seelischen, sozialen, physischen oder kognitiven Bereich sowie Verhaltensauffälligkeiten begünstigt und u.U. den Weg für eine spätere Einweisung in eine größere Anstalt ebnet. Bemerkenswert ist, daß man in den Tagesstätten für Schwerstgeistigbehinderte keine monotonen Tätigkeiten anstrebt, sondern vielmehr von einem Begriff von Arbeit ausgeht, der zielgerichtetes, planvolles Handeln, Kooperation sowie Freude an der Tätigkeit und am gefertigten Produkt beinhaltet (vgl. hierzu Becker 1983; Ulmann 1982; Theunissen 1984). "Unter Arbeit verstehen wir ... nicht" - so Becker (1983, S. 16) - "eine wirtschaftlich gewinnbringende Arbeit. Menschliche Arbeit ist dadurch gekennzeichnet, daß der Mensch das Produkt seiner Arbeit gedanklich vorwegnehmen kann. In einer meist kooperativen Tätigkeit wird ein Arbeitsgegenstand mit Arbeitsmitteln (Werkzeugen) so verändert, daß das Produkt entsteht. ... Arbeit also nicht im Sinne einer stumpfsinnigen Tätigkeit, sondern als bewußte, geplante, auch mit Anforderungen verbundene Tätigkeit, bei der der Behinderte feststellt, daß er ein Produkt erstellen kann, welches für andere Menschen von Nutzen ist. Wenn ein Tagesstättenbesucher lernt, einem anderen regelmäßig zum Frühstück eine bestimmte Tasse zu geben, so hat diese Handlung schon die Struktur von Arbeit. Auf dem Weg zur Fähigkeit zur Arbeit kann natürlich auch die sogenannte Werkstattfähigkeit herauskommen, aber nur als Nebenprodukt. Wir wollen nicht zur Werkstattfähigkeit dressieren, sondern die Arbeit an persönlichen Interessen und Bedürfnissen ausrichten. Nur dann kann Arbeit Förderung sein. Aus einer sinnvollen Tätigkeit erwächst für den so Tätigen Befriedigung und Freude, was mehr ist als bloßer Spaß " (ebenda, S. 17, vg. hierzu auch Kap. 7).

Was die Raumgröße oder den strukturellen Rahmen der Tagesstätte betrifft, so handelt es sich hierbei um kleinere Einrichtungen mit zumeist 25 bis 30 Geistigbehinderten, die in Kleingruppen betreut werden (Personalschlüssel 1:2 oder 1:3).

Im Unterschied zu Schweden, Dänemark oder Holland gibt es bei uns
in der Bundesrepublik Deutschland anstelle eines flächendeckenden
Tagesstättennetzes lediglich einzelne Projekte, die aufzeigen, daß
Alternativen zur herkömmlichen WfB notwendig und sinnvoll sind
(vgl. Stöber 1982; Becker 1983; Hülsmeier 1985, S. 4). Aufgrund
dessen wurden beispielsweise vom Bundesverband "für spastisch Gelähmte und andere Körperbehinderte" Empfehlungen verabschiedet, die
davon ausgehen, daß Tagesstätten als teilstationäre Einrichtungen
im Rahmen der Eingliederungshilfe nach dem BSHG (§§ 39, 100) "weder
das 'letzte' Glied in der Kette der Rehabilitations-Einrichtungen
noch eine Einrichtung 'unterhalb' der WfB" sein, sondern vielmehr
"gleichrangig neben anderen Institutionen zur Betreuung, Förderung,
Ausbildung und Freizeitgestaltung behinderter Menschen" stehen sollen (1982, S. 9). Grundsätzlich gilt für alle Tagesstätten das Prinzip der Durchlässigkeit, Hauptinhalt der Einrichtung soll jedoch
"die Gestaltung eines Lebensraumes" sein (S. 10). Hierzu wollen wir
aus der Arbeit einer Tagesstätte berichten (Stöber 1982, S. 12 ff.):

Barbara "ist sehr schwer körperbehindert, kann weder stehen noch
sitzen, noch gezielt ihre Arme, Beine oder den Kopf bewegen. Sie
liegt entweder in einem Spezialrollstuhl oder auf der Luftmatratze.
Da sie, wenn auch nur unter großen Anstrengungen, sprechen kann,
sind die Sprache und ihr Auffassungsvermögen das einzige, was sie
im Kontakt mit anderen einsetzen kann.
Barbara benötigt für alle Verrichtungen des täglichen Lebens Hilfe.
Sie ... wird ... von ihren Eltern und der jüngeren Schwester im
Hause versorgt. Obwohl den zuständigen Behörigen ihre 'Nicht-Be-
treuung' bekannt war und die Familie des öfteren um Hilfe gebeten
hatte, konnte eine Betreuung nicht angeboten werden, da es in Hamburg keine Einrichtungen für so schwer körperbehinderte Jugendliche
und Erwachsene gab. Barbara blieb zu Hause, isoliert und ohne Kontakte zur Außenwelt, bis sie als eine der ersten in die Tagesförderstätte ILSE WILMS aufgenommen wurde. Hier verbringt sie den Tag zusammen in einer Gruppe mit sieben anderen Behinderten, die alle
geistig-, körper- oder mehrfachbehindert sind. Betreut werden sie
von zwei ausgebildeten Erziehern und einem Zivildienstleistenden... "

Nach dem regelmäßigen "Morgenkreis" findet ein auf die unterschiedlichen Fähigkeiten der einzelnen Behinderten hin abgestimmtes Programm statt:

"Es wird z.B. gemeinsam gebacken, auf dem Markt eingekauft, gemalt
oder gemeinsam 'geturnt'"... Jeder macht eben "das, was er kann: Beim
Backen sieht es dann so aus, daß Barbara z.B. die Aufgabe erhält,
ein Rezept mitzubringen und zu erzählen, welche Zutaten notwendig
sind. Ein anderer kann Eier aufschlagen oder das Rührgerät bedienen.
Alle erleben, daß es ohne den anderen nicht geht, und so entsteht
ein Gruppengefühl und ein großer Stolz, wenn der gemeinsam gebak-
kene Kuchen aus dem Ofen geholt wird und andere ihn bewundern oder
gar ein Stück abhaben wollen. Um 12 Uhr ist Mittagessen. Zur Vorbereitung hat wiederum jeder eine kleine Aufgabe zu erfüllen: Sets
oder Bestecke austeilen, Lätzchen hinlegen. Barbara hat die Aufgabe,
um 12 Uhr mit einem Gong über den Flur zu fahren, damit jeder weiß,

daß es Mittag gibt. ..." Nach dem Mittagessen steht den Behinderten Zeit zum Entspannen und Ausruhen zur Verfügung. "Kurz vor 14 Uhr ist die Mittagsruhe dann vorbei, und man verabschiedet die Behinderten der ersten Bustour, die um 14 Uhr nach Hause fahren. Danach heißt es dann 'Arbeiten' für die anderen. Jeder hat entsprechend seinen Fähigkeiten bestimmte Beschäftigungen, die die Erzieher in einem Therapieplan festgehalten haben, zu bewältigen: Handarbeiten, Werken, Malen, Sortieren von Gegenständen. ... Wenn das Wetter schön ist, werden auch Ausflüge unternommen, oder man geht einfach mal ins Cafe. Gegen 15.15 Uhr wird dann das gemeinsame Kaffeetrinken vorbereitet, das den Abschluß des Tages bildet, und um 16 Uhr kommt der Bus, um alle wieder nach Hause zu fahren."

Neben dem Wunsch nach Tagesstätten gibt es derzeit in der fachlichen Diskussion aber auch Stimmen (z.B. von Vertretern der Lebenshilfe des LV NRW), die die Tagesstätten als eigenständige Institutionen strikt ablehnen. Befürchtet werden diesbezüglich Gefahren unnötiger Aussonderung, Diskriminierung oder Isolation Schwerstgeistigbehinderter. Stattdessen sollten - so die Kritiker der Tagesstättenkonzeptionen - die bestehenden WfB's gleichermaßen wie einst die Schulen für Geistigbehinderte so verändert und umgestaltet werden, daß man auch dem Personenkreis der Schwerstgeistigbehinderten gerecht werden kann. Denkbar wäre die Übernahme der Idee einer Tagesstätte als integrierter Bestandteil einer WfB. Daß eine solche Überlegung ein erhebliches Maß an Umdenken erforderlich macht, steht dabei außer Zweifel. Schließlich können und dürfen WfB's dann nicht mehr betriebswirtschaftliche Aspekte oder Nützlichkeitsdenken in den Vordergrund rücken - ein Problem, welches ohne zusätzliche Subventionen vom Staat wohl kaum zu lösen ist. Dies gilt vor allem für WfB's, die in sog. Ballungsgebieten (in der Nähe von Großanstalten) liegen, wo der Anteil schwerstgeistigbehinderter Menschen überdurchschnittlich hoch ist. Zurecht schreibt Rothermund (1983, S. 74), der die Zusammenführung aller geistig Behinderten in einer WfB befürwortet, daß wir in diesem Falle "von unserem bisherigen Werkstattdenken etwas abrücken (müssen, G.T.). Die Abwicklung von Aufträgen muß anders gestaltet werden als in unserer bisherigen WfB, sie muß ohne jeglichen Zeitdruck erfolgen. Die Arbeitszeiten sollten variabel sein. Gesprächszeiten sollten angeboten werden, und der Personalschlüssel muß wesentlich verbessert werden, besonders im Sozialbereich". Was den z.g. Gesichtspunkt betrifft, so ist hier lobend anzuerkennen, daß z.B. der Landschaftsverband Rheinland als überörtlicher Träger der Sozialhilfe seit kurzem bemüht ist, mehr sozialpädagogisch ausgebildete Fachkräfte speziell für den Personenkreis schwerstgeistig- und mehrfachbehinderter Erwachsener, die in Werkstätten arbeiten, einzustellen. Ferner unterstreicht Rothermund (1983, S. 73) die Notwen-

digkeit, die bestehenden WfB's räumlich so umzugestalten, daß sie den therapeutischen Ansprüchen für Mehrfachbehinderte gerecht werden können. Bei Erfüllung dieser Kriterien ist der Autor der festen Überzeugung, daß die WfB's dem Personenkreis der Schwerstgeistigbehinderten weitgehend gerecht werden können. Abschließend sollte noch ein Aspekt als Vorteil der räumlichen Integration nicht unerwähnt bleiben, der sich in der Zusammenarbeit zwischen sog. leicht geistigbehinderten und schwerstgeistigbehinderten Bewohnern"unter dem Dach der WfB" ergeben kann. Prozesse des sozialen Miteinanders, des gegenseitigen Helfens, des gemeinsamen Feierns oder Tuns können hier voll zur Geltung kommen und Gefahren der Isolation Schwerstgeistigbehinderter durch Aussonderung in Sonderabteilungen einer Werkstatt oder externen Tagesstätten augenfällig verringern.
So fortschritlich diese Vorstellungen sein mögen, so wichtig ist es auch, darüber zu reflektieren, ob sich eine derartige Idee in absehbarer Zeit auf handlungspraktischer Ebene umsetzen läßt. Geht man davon aus, daß bis heute nicht einmal alle leicht- oder mittelgradig geistigbehinderten Erwachsenen einen Arbeitsplatz in einer Werkstatt für Behinderte haben, geschweige denn eine Arbeitsstelle auf dem öffentlichen Markt finden, so ist anzunehmen, daß bei einem Ausbau bestehender WfB's dieser Personenkreis wohl zunächst eher als schwerstgeistigbehinderte Menschen in den Genuß einer beruflichen Rehabilitation kommen wird. Um zu vermeiden, daß schwerstgeistig- und mehrfachbehinderte Erwachsene "letztes Glied" der Kette von Rehabilitationsmaßnahmen bleiben, sollten Tagesstätten u.E. zumindest vorläufig volle Berechtigung als Alternative für bestehende Werkstätten haben. (Und dies nicht zuletzt auch aufgrund ihrer kleinen, überschaubaren Größenordnung, die zweifelsohne auch für Werkstätten wünschenswert wäre; vgl. hierzu auch Kap. 3.4.)
Insbesondere sollte in diesem Zusammenhang ihr pädagogisch-therapeutischer Wert in bezug auf eine familienentlastende Wirkung nicht unterschätzt werden. Diese Entlastungsfunktion gilt vor allem für die Tagesstättenkonzeptionen in Dänemark oder Schweden. Ob WfB's bei einer Aufnahme schwerstgeistigbehinderter Erwachsener "wirklich" in der Lage sein werden, solche therapeutisch-orientierten Angebote auf gleichem Niveau wie Tagesstätten anzubieten, ist unter den gegebenen Verhältnissen äußerst fraglich. Schließlich gilt zu bedenken, daß bis heute die meisten WfB's nicht ihren sozialerzieherischen Auftrag voll erfüllen. Bekanntlich werden ökonomische Gesichtspunkte gegenüber dem sozialpädagogischen Anliegen zu sehr aufgewertet. Eine konsequente Anwendung bestehender Gesetze bzw. Werkstättenver-

ordnungen wäre hier dringend erforderlich. Ferner käme es bei einer Aufnahme <u>aller</u> schwerstgeistig- und mehrfachbehinderten Erwachsenen (ohne dabei Behinderte mit medizinischen Problemen auszugrenzen - so, wie es Vertreter der Lebenshilfe auf einer Podiumsdiskussion im Jahre 1984 zum Ausdruck gaben) darauf an, die bestehenden gesetzlichen Grundlagen und sozialpolitischen Rahmenbedingungen dahingehend zu überprüfen und ggfs. zu verändern, daß genannte Unzulänglichkeiten im gegenwärtigen Werkstattbereich zur Sicherstellung qualifizierter Angebote für den genannten Personenkreis überwunden werden können. In diesem Zusammenhang müßte auch das bestehende Gestrüpp unterschiedlicher Zuständigkeiten auf dem gesamten Gebiete der Rehabilitation geistigbehinderter Erwachsener überprüft und gelichtet werden.

7. Ästhetisches Spiel und Arbeit als Mittel zur Persönlichkeitsentwicklung - Perspektiven zur pädagogisch-therapeutischen Einzelarbeit mit schwerstgeistig- und mehrfachbehinderten Erwachsenen

7.1. Zur Terminologie

Der Begriff des "ästhetischen Spiels" hat eine lange Tradition. So begegnen wir ihm beispielsweise in F. Schillers Briefen "über die ästhetische Erziehung des Menschen" (vgl. X a, S. 89 f.). Leitgedanke dieser Schriften ist es, die Totalität der "gemischten Natur" (Schiller VIII a, S. 18) wieder herzustellen, d.h. die getrennten inneren Kräfte des Menschen, "Kopf und Herz, Scharfsinn und Witz, Vernunft und Einbildungskraft" (ebenda, S. 238) zu vereinen und "die mannigfaltigen Anlagen im Menschen zu entwickeln" (ebenda, X a, S. 19; vgl. auch X b, S. 44).
Mit diesen Worten bezieht Schiller eine philosophisch-anthropologische Position (vgl. hierzu auch Schiller X a, S. 10; Düsing 1984, S. 186; Pott 1984, S. 3o2), nach der sich der Mensch in der Einheit physisch-sinnlicher und geistig-vernunftmäßiger Kräfte (Schiller Xa, S. 36) als "gesellschaftliches Wesen" (vgl. ebenda, S. 4o, 93) definiert (vgl. auch Scheuerl 1982, S. 16, 13o, 134).
Einer solchen Auffassung begegnen wir heutzutage bei Petzold (1979, S. 290) und Mitarbeitern, die auf dem Hintergrund dieser anthropologischen Tendenz das Konzept einer "integrativen Körpertherapie" (vgl. Petzold 1977; 1979) begründet haben. Daß Schiller in seinen Briefen immer den "ganzen Menschen" (X b, S. 238) im Auge hat, belegt folgende Aussage zur ästhetischen Erziehung: Sie "hat zur Absicht, das Ganze unserer sinnlichen und geistigen Kräfte in möglichster Harmonie auszubilden" (X a, S. 62); und an anderer Stelle schreibt er: "Die Veränderungen in der Körperwelt müssen durch eine eigene Klasse mittlerer organischer Kräfte, die Sinne, modifiziert und so zu sagen verfeinert werden, ehe sie vermögend sind, in mir eine Vorstellung zu erwecken; so müssen wiederum andere organische Kräfte, die Maschinen der willkürlichen Bewegung, zwischen Seele und Welt treten, um die Veränderung der ersteren auf die letztere fortzupflanzen; so müssen endlich selbst die Operationen des Denkens umd Empfindens gewissen Bewegungen des inneren Sensoriums korrespondieren. Alles dieses macht den Organismus der Seelenwirkungen aus" (VIII a, S. 5). Überdies ist anzumerken, daß Schiller in diesem Zusammenhang dialektisch denkt, wenn es heißt: "Der Mensch ist nicht Seele und Körper, der Mensch ist die innigste Vermischung dieser beiden Substanzen" (ebenda, S. 24).

Seinen originären Ausdruck findet das ästhetische Spiel in der "schönen Kunst" (Schiller Xa, S. 24), z.B. im bildnerischen Gestalten, in Gedichten oder auf der Bühne. An diesen Objekten werden hohe Erwartungen geknüpft, so beispielsweise die Symbolisierung "wahrer Tugend", "Sittlichkeit", "Gerechtigkeit" oder "wahrer Freiheit" (Schiller 1984 a, S. 84; VIII b, S. 51; Xa, S. 26 f., 48), die Spiegelung des gesellschaftlichen Lebens (vgl. VIII b, S. 53), das Sichtbarmachen des Inneren und die Versöhnung "innerer und äußerer Werte" (vgl. X c, S. 227), die "Mitteilung der Empfindungen" und ein "geselliger Charakter" (vgl. X a, S. 93), die Erhebung des "Individuellen und Lokalen zum Allgemeinen" (vgl. X b, S. 24, 249) sowie die Herbeiführung der "großen Harmonie" (vgl. X a, S. 93).

Nach Kofler (1970, S. 15 ff; 1977, S. 18) lassen sich diese Eigenschaften unter dem Begriff des "Humanistischen" subsumieren, was den Autor mit Blick auf Hegel (1955) veranlaßt hat, ästhetisch-schöne Mitteilungen als "gute" oder "wahre", d.h. "im Dienste der Menschen stehende Kunstwerke" anzusehen. Ähnlich argumentiert auch Dmitrijewa (1958, S. 19): "Wirklich schön war das, was die Ideale der Gerechtigkeit, des Guten und der Harmonie bejahte..." (vgl. hierzu auch Düsing 1984, S. 189).

In der Tätigkeit des Künstlers sieht Schiller am ehesten die Möglichkeit, mit der "Schönheit zu spielen" (vgl. Xa, S. 47) und das Ziel der "großen Harmonie" zu erreichen (vgl. auch ebenda, S. 25 f.; Xb, 241; Düsing 1984, S. 212; Pott 1984, S. 302; Grimminger 1984, S.161): "Nur dem großen Talent ist es gegeben, mit den Resultaten des Tiefsinns zu spielen, den Gedanken von der Form los zu machen, an die er ursprünglich geheftet, aus der er vielleicht entstanden war, ihn in eine fremde Ideenreihe zu verpflanzen, so viel Kunst in so wenigem Aufwand, in so einfacher Hülle so viel Reichtum zu verbergen" (Schiller X b, S. 242). Diese Worte muten - pädagogisch gesehen - pessimistisch an, so implizieren sie doch ein sehr hohes Maß an Bildung und Begabung, welches bei Menschen mit geistiger Behinderung wohl kaum erreicht werden kann. Dennoch lohnt es sich für unser pädagogisch-therapeutisches Anliegen an der Idee des ästhetischen Spiels festzuhalten - und dies vor allem aufgrund der anthropologischen Tendenz und Feststellung, daß die von Schiller genannten Eigenschaften ästhetisch-schöner Mitteilungen durchweg ein "erzieherisches Potential" implizieren, welches genutzt werden kann, wenn Selbstverwirklichung, allseitige Entfaltung der Persönlichkeit oder Harmonisierung des Menschen Ziel sein soll (vgl. hierzu Schiller 1984 b, S. 117; Xa, S. 24,

39; vgl. auch Richter 1981, S. 64 f.; 1984, S. 28). Dementsprechend betont auch Düsing (1984, S. 213) in bezug auf Schillers Entwurf einer ästhetischen Erziehung, daß sie "keine Erziehung zur Kunst oder zum Künstler (ist, G.T.), sondern es ist umgekehrt gerade das alltägliche Leben, das durch Form, Schein und Spiel umgewandelt werden soll". Einer ähnlichen Auffassung begegnen wir übrigens bei Goethe (37. Bd. II, S. 219), der das ästhetische Spiel als "produktive Tätigkeit" begreift, als eine Tätigkeit des Menschen im Alltagsleben, welche zur "Ausbildung des Körpers..., der Gefühle und des Sprachausdrucks..., der Kultur der Einbildungskraft..., der Verstandesbildung" (ebenda, S. 227) sowie zur Ausbildung der Sinne, des "Empfindungsvermögens" (Schiller Xa, S. 24), beitragen soll. In diesem Zusammenhang ist ein Doppelcharakter von ästhetischem Spiel zu erkennen: Einerseits geht es um "das Machen, die Tat" (Pott 1984, S. 307) unter anthropologischem Vorzeichen, andererseits wird das ästhetische Objekt in den Mittelpunkt gerückt, welches nach Schiller "schön" sein muß, d.h. Symbol des mit sich selbst identisch gewordenen Subjekts (vgl. Xa, S. 353). Beide Momente, der ästhetische Prozeß und das ästhetische Produkt, stehen in dialektischem Verhältnis zueinander (vgl. hierzu Janke 1984, S. 233; Düsing 1984, S. 2o8 f.; Schiller 1984 b, S. 103), was in Schillers Briefen durch die Worte "der Mensch soll mit der Schönheit nur spielen, und er soll nur mit der Schönheit spielen" (Xa, S. 47) sowie durch den Begriff der "lebenden Gestalt" als Gegenstand des Spieltriebes (ebenda, S. 44) zum Ausdruck kommt (vgl. auch ebenda, S. 80; Janke 1984, S. 249 ff.; Düsing 1984, S. 192).
Folgt man diesen Überlegungen, so wird deutlich, daß die Idee des ästhetischen Spiels über "Grenzen" des Begriffs des Kinderspiels hinausgeht, indem assimilatorische und akkommodatorische Prozesse (vgl. hierzu Piaget 1975 b, S. 117 ff.; 1974, S. 129 f.) gleichgewichtige Bedeutung haben: Während (Kinder)spiel in seinem sensomotorischen Ursprung "bloß eine reine Assimilation des Realen an das Ich" (Piaget 1974, S. 129) ist und somit "im Allgemeinen" (Ulmann 1979, S. 36) eine Tätigkeit meint, "die nicht intentional auf ein Ergebnis bezogen wird, in der also kein Fähigkeitserwerb und kein Produkt angestrebt werden, sondern die von einer nicht völlig vertrauten Situation ausgelöst wird und die mehrfach wiederholt und dabei variiert wird, wobei diese Wiederholung und Variation als lustvoll erlebt wird" (ebenda, S. 36; vgl. auch Piaget 1975 b, S. 119, 123 f., 146), kann das ästhetische Spiel darüber hinaus auch Anstrengung, Ernst, Geschick-

lichkeit, kognitiv orientierte Operationen, planvolles, ziel- und ergebnisorientiertes Handeln implizieren (vgl. hierzu Schiller 1984, S. 70; Hogrede 1984, S. 287; vgl. auch Kofler 1973, S. 165; 1982, S. 50 f.; Scheuerl 1983, S. 34).
Aufgrund dessen setzt Kofler (1973, S. 91 f., 110 f., 139, 173; 1982, S. 40, 49; 1985, S. 22 ff.), der bei seinem Bemühen, in den philosophischen Schriften von Marx die bereits genannte anthropologische Tendenz nachzuweisen, offensichtlich von Schiller nicht unbeeinflußt geblieben ist , den Begriff des ästhetischen Spiels mit der von Marx beschriebenen "Arbeit als primäres Lebensbedürfnis" identisch, indem er Marx zitierend schreibt, daß Arbeit als "travail attractif Selbstverwirklichung des Individuums sei" (Marx 1953, S. 505; 1968, S. 516 f.; vgl. auch Heller 1980, S. 35, 42). Marx geht in seinen Ausführungen von einem "zunächst unabhängig von jeder bestimmten gesellschaftlichen Form" (1962, S. 192) zu betrachtenden Arbeitsbegriff aus, der in der materialistischen Pädagogik oft als "Grundkategorie menschlichen Handelns" (Scarbath 1979, S. 28) verallgemeinert wird (vgl. hierzu Jantzen 1978, S. 121ff.).
"Die Arbeit" - so Marx (1962, S. 192 f.) - "ist zunächst ein Prozeß zwischen Mensch und Natur, ein Prozeß, worin der Mensch seinen Stoffwechsel mit der Natur durch seine eigne Tat vermittelt, regelt und kontrolliert. Er tritt dem Naturstoff selbst als eine Naturmacht gegenüber. Die seiner Leiblichkeit angehörigen Naturkräfte, Arme und Beine, Kopf und Hand, setzt er in Bewegung, um sich den Naturstoff in einer für sein eignes Leben brauchbaren Form anzueignen. Indem er durch diese Bewegung auf die Natur außer ihm wirkt und sie verändert, verändert er zugleich seine eigne Natur. Er entwickelt die in ihr schlummernden Potenzen und unterwirft das Spiel ihrer Kräfte seiner eignen Botmäßigkeit. ... Wir unterstellen die Arbeit in einer Form, worin sie dem Menschen ausschließlich angehört. Eine Spinne verrichtet Operationen, die denen des Webers ähneln, und eine Biene beschämt durch den Bau ihrer Wachszellen manchen menschlichen Baumeister. Was aber von vornherein den schlechtesten Baumeister vor der besten Biene auszeichnet, ist, daß er die Zelle in seinem Kopf gebaut hat, bevor er sie in Wachs baut. Am Ende des Arbeitsprozesses kommt ein Resultat heraus, das beim Beginn desselben schon in der Vorstellung des Arbeiters, also schon ideel vorhanden war. Nicht daß er nur eine Formveränderung des Natürlichen bewirkt; er verwirklicht im Natürlichen zugleich seinen Zweck, den er weiß, der die Art und Weise seines Tuns als Gesetz bestimmt und dem er seinen Willen unterordnen muß. Und diese Unterordnung ist kein vereinzelter Akt. Außer der Anstrengung der Organe, die arbeiten, ist der zweckmäßige Wille, der sich als Aufmerksamkeit äußert, für die ganze Dauer der Arbeit erheischt, und um so mehr, je weniger sie durch den eignen Inhalt und die Art und Weise ihrer Ausführung den Arbeiter mit sich fortreißt, je weniger er sie daher als Spiel seiner eignen körperlichen und geistigen Kräfte genießt."
Demzufolge ist Arbeit ein ziel- und ergebnisorientierter Prozeß, dem ein bewußter Plan der Tätigkeit sowie eine bewußte Antizipation des Produktes zugrundeliegt (vgl. auch Riedel 1962, S. 23). "Das Ziel

der Tätigkeit liegt nicht in ihr selbst (wie z.B. im kindlichen Spiel, G.T.), sondern in ihrem Produkt" (Rubinstein 1977, S. 708). Darüber hinaus tritt das Produkt dem Produzenten nicht "als eine von ihm unabhängige Macht", als "ein fremdes Wesen" (Marx 1968, S. 511), gegenüber, weswegen Arbeit in diesem anthropologischen Sinne von der sog. entfremdeten Arbeit, die "keine freie physische und geistige Energie entwickelt..., nicht die Befriedigung eines Bedürfnisses, sondern... nur ein Mittel (ist, G.T.), um Bedürfnisse außer ihr zu befriedigen, und einem gehört"(Marx 1968, S. 514), scharf abgegrenzt werden muß.

Ob es allerdings zweckmäßig ist, Arbeit im oben definierten Sinne und ästhetisches Spiel völlig gleichzusetzen, ist zu bezweifeln. So sollte nach Heller (1980, S. 39, 41, 45), die auf dem Hintergrund einer Diskussion unterschiedlicher Standpunkte zum Begriff der Arbeit übereinstimmende Aspekte zu exponieren versucht, mitbedacht werden, daß es "überhaupt keine Gesellschaft ohne notwendige (gesellschaftlich notwendige) Arbeit und Arbeitsteilung" gibt und daß wir als sozialverantwortungsbewußtes, "moralisches und vernünftiges Wesen ... nicht jenseits aller Pflichten" treten können (schließlich müssen wir auch für andere arbeiten, z.B. für Familienangehörige, und deren Bedürfnisse befriedigen, was gleichfalls als unser "primäres Lebensbedürfnis" aufgrund der fundamentalen Ich-Du-Beziehung des Menschen (Buber) aufzufassen ist; vgl. hierzu auch Marx 1968, S. 535, 537 f.). Dieser Ansicht begegnen wir auch bei Kwant (1968, S. 22, 33), der Arbeit nicht allein vom Individuum, sondern ebenso vom Sozialverband her bestimmt wissen will (was nicht ausschließt, daß individuelle Bedürfnisse und gesellschaftliche Interessen in der nicht-entfremdeten Arbeit zusammen fallen können). Da Arbeit unter dem Blickwinkel der "gesellschaftlichen Relevanz" (Heller) oder sozialen Notwendigkeit offenbar – um mit Kofler zu sprechen – dem "apollinischen Prinzip" (Ratio) näher steht als dem "dionysischen Prinzip" (Lust, Genußtätigkeit), ist Schillers Befürchtung nicht unbegründet, daß der Genuß all zu häufig von der Arbeit geschieden wird (X a, S. 16; VIII b, S. 57) und daß sie sich zu sehr "im Zwang zu zweckbestimmter Produktivität, dem jedes Subjekt unterstellt ist", äußert (Grimminger 1984, S. 169). Überdies fällt uns bei der Arbeitsdefinition von Marx auf, daß emotional-affektive Aspekte sowie Momente eines lustvollens Erlebens gegenüber der kognitiven Dimension des Handelns eine untergeordnete Rolle spielen. Zurecht meldet deshalb auch Scarbath (1979, S. 29 f.) Bedenken an, wenn der Arbeitsbegriff vorbehaltlos (wie in der materialistischen Pädagogik oft festzustellen ist) "auf den Umgang des Menschen mit seinen Mitmenschen und mit seiner eigenen Natur" übertragen wird. "Zwar stellt Marx die Selbstentfaltung des Menschen im Arbeitsprozeß nicht in gleicher Modalität dar wie die Produktion von dinglichen Gebrauchswerten. Menschliche Natur wird hinsichtlich der in ihr schlummernden Potenzen entwickelt (a.a.O. 192), ein klassisch idealistisches Motiv. Sie wird nicht als Produkt, sondern in der Form eines Arbeitsmittels eingeführt. Auch der Umgang des Menschen (genauer wohl des menschlichen Geistes) mit seinen eigenen Naturkräften Arme und Beine, Kopf und Hand (ebenda) bleibt herrschaftlich-verfügend: Er unterwirft das Spiel ihrer Kräfte seiner eignen Botmäßigkeit (ebenda). Eine Sicht menschlicher Physis und menschlicher Emotionalität, sowohl der eigenen wie der des Mitmenschen, als eines bloßen Naturstoffs, eine analoge Sicht auch des Kindes der frühkindlichen Situation (Lorenzer 1974) oder des Geistigbehinderten und des nicht mehr arbeitsfähigen alten Menschen, ist von diesem Konzept her nicht hinreichend ausgeschlossen" (ebenda, S. 30).

Der Begriff des ästhetischen Spiels steht dagegen weder abseits allen Genusses (vgl. Schiller Xa, S. 82) noch aller Emotionalität und scheint aufgrund seines "geselligen Charakters" im Sinne einer beziehungsstiftenden "schönen Mitteilung" (ebenda, S. 93; auch Richter 1975, S. 53) eher als der Begriff der Arbeit "das spezifische Humanum" (Scarbath 1979, S. 29) darzustellen. Schließlich impliziert das ästhetische Spiel Elemente des kindlichen Spielverhaltens wie auch der zielgerichteten, angepaßten Arbeit. Nach Schiller (Xa, S. 82) läßt sich nur im ästhetischen Spiel die Versöhnung des Subjekts erreichen: "Hier allein werden sich Sinne und Geist, empfangende und bildende Kraft in dem glücklichen Gleichmaß entwickeln, welches die Seele der Schönheit und die Bedingung der Menschheit ist". Um Mißverständnissen vorzubeugen sei gesagt, daß wir mit diesem kritischen Einwand freilich nicht die Absicht haben, die generelle Bedeutung des Arbeitens "für die Personbildung" (Riedel 1962, S. 116) abzuwerten. Vielmehr geht es uns um die Skizzierung von Idealen, die für die pädagogisch-therapeutische Arbeit mit schwerstgeistig- und mehrfachbehinderten Erwachsenen handlungsbestimmende Funktion haben können. In diesem Zusammenhang gehen wir von der Prämisse aus, daß das Erlernen und Ausüben einer zweckmäßigen Tätigkeit "zum Grundbedürfnis auch des geistigbehinderten Menschen" (Speck 1980, S. 287) gehört. Eine sinnvolle Verbindung von ästhetischem Spiel und Arbeit als Vehikel zur Persönlichkeitsentwicklung kann uns in der Praxis wohl weiterhelfen.

Eine allseitige Entwicklung der Persönlichkeit kann allerdings nur unter Bedingungen gedeihen, die ästhetisches Spiel oder Arbeit (in unentfremdeter Form) wirklich zulassen. Wir wissen (vgl. Kap. 9.1; Theunissen 1985 a), daß dies in manchen Institutionen, in denen schwerstgeistig- und mehrfachbehinderte Erwachsene leben, nicht der Fall ist. Folglich muß die Gesellschaft durch Schaffung entsprechender Einrichtungen einer allseitigen Persönlichkeitsentwicklung hospitalisierter, geistigbehinderter Menschen zu Hilfe kommen. Den Zusammenhang von situativen Bedingungen und ästhetischem Spiel als Mittel zur Selbstverwirklichung oder Harmonisierung des Subjekts stellt Schiller in seinen philosophisch-anthropologischen Schriften leider nicht her. Deswegen bleibt ihm an dieser Stelle seiner Theorie (bei der Frage nach der Realisierung des ästhetischen Spiels auf handlungspraktischer Ebene) der Vorwurf des Ideologieverdachts (i.S.e. falschen Bewußtseins) und einer undialektischen Betrachtungsweise des Verhältnisses von Gesellschaft und Individuum nicht erspart (vgl. hierzu Rohrmoser 1984, S. 319 ff.; Kofler 1968, S. 160 f.).

Auf Wunsch unserer Mitarbeiter nach vertieften Informationen über die Bedeutung der Spieltätigkeit für Lernprozesse, die unsere Bewohner dazu befähigen, ihre Umwelt und ihr Leben besser zu verstehen, zu bewältigen und zu gestalten, haben wir im folgenden Abschnitt entwicklungspsychologische Aspekte skizziert, die eine Art Orientierungshilfe für die Planung und Durchführung pädagogisch-therapeutischer Maßnahmen bei schwerstgeistig- und mehrfachbehinderten Erwachsenen sein sollen. Anschließend werden wir auf die den vorausgegangenen theoretischen Ausführungen zugeordnete ästhetische Praxis eingehen und beispielhaft aufzeigen, wie schwerstgeistig- und mehrfachbehinderte Erwachsene durch ästhetisches Spiel und Arbeit zur Entfaltung ihrer Persönlichkeit gelangen können. Aufgrund der gebotenen Kürze mußten wir im folgenden Exkurs unterschiedliche Standpunkte über kindliches Spielverhalten einebnen; somit konnten über alle Differenzierungen hinweg nur die wichtigsten Momente des Spiels herausgegriffen und zu einer theoretischen Gestalt zusammengefaßt werden. Ferner war es unsere Absicht, Aussagen zur Entwicklung des Spiels, die wir bereits an anderer Stelle gemacht haben (Theunissen 1985 a, S. 42ff., 83 ff.), nicht zu wiederholen, sondern praxisrelevant und beispielhaft zu ergänzen.

7.2. Exkurs: Zur Bedeutung des (ästhetischen) Spiels für Lernprozesse unter Berücksichtigung entwicklungspsychologischer Aspekte

Bei der Darstellung entwicklungspsychologischer Aspekte des Spielverhaltens stützen wir uns im wesentlichen auf Piaget (1975 b), dessen Theorie nach Auffassung vieler Autoren, die sich mit der Entwicklung des (kindlichen) Spiels befassen, die wohl geeignetste Bezugsbasis darstellt, "die wir zur Verfügung haben" (Levy 1978, S. 122; vgl. auch Stuckenhoff 1983; v.d. Kooiy 1983; Schenk-Danzinger 1983).
Piaget (1975 b, S. 146, 150) unterscheidet in seiner Theorie des kindlichen Spiels drei zentrale (aufeinanderfolgende) Typen: sensomotorische Übungsspiele, Symbolspiele und Regelspiele. Darüber hinaus führt er die sog. Konstruktionsspiele an, die zwischen den genannten Formen stehen und in Richtung auf Arbeit tendieren (vgl. hierzu Abb. 1).

I. Zu den sensomotorischen Übungsspielen:

Das wohl charakteristischste Merkmal dieser Spiele ist es, daß "sie eine vielfältige Gesamtheit von Verhaltensweisen ins Werk (setzen, G.T.), ohne aber ihre Struktur zu verändern, wie das bei einer aktuellen Anpassung der Fall wäre" (S. 146). Nach Piaget (vgl. S. 120 ff.) bilden die sensomotorischen Übungsspiele die Gesamtheit dessen, "was man die nicht-aktuellen Adaptionen nennen könnte im Gegensatz zur Intelligenz im Handlungsvollzug und in der Arbeit". Bei den Übungsspielen werden Handlungen "aus dem Vergnügen heraus" zur Beherrschung des eigenen Bewegungsapparates, zur Sensibilisierung oder Differenzierung der Sinne und der Motorik sowie zur Aneignung von Dingen und dem Verständnis von Welt durch immer wiederholende Aktivitäten ausgeführt. Hierbei findet kein Lernen "im engeren Sinne statt", weil die Aktivitäten nicht aus der Notwendigkeit heraus, neue Verhaltensweisen zu erlernen, ausgeführt werden (vgl. auch Ginsburg/Opper 1975, S. 221). Allerdings beinhalten die Spielformen einen Lerneffekt, indem die den Übungsspielen zugrundeliegenden "intelligenten" Anpassungsleistungen (bereits erworbene sensomotorische Schemata) zu einer Stabilisierung und Vervollkommnung gelangen (vgl. auch Piaget 1975 b, S. 151, 197 f., 204).
Die sensomotorischen Übungsspiele lassen sich nach Piaget in drei Grundformen unterscheiden:

1. Einfache Übungsspiele:

Etwa ab dem 3. Lebensmonat sind bei Säuglingen bereits einfache Spiele der "Funktionslust" (Bühler) zu beobachten, bei denen die Kinder interessante oder schon bekannte Ereignisse wiederzufinden versuchen (vgl. Chateau 1969, S. 345). Derartige Tätigkeiten, die sich auf Spiele mit den eigenen Gliedmaßen, mit der Stimme oder mit Dingen, die Aufforderungscharakter haben, beziehen, werden "aus reinem Vergnügen" heraus (Piaget 1975 b, S. 121) ausgeführt und "aus Freude daran, die Fähigkeiten zu üben" (ebenda, S. 152) immer wieder wiederholt.
Hierzu einige Beispiele:

"Wir erinnern uns, wie T. vom Alter 0;2 an die Angewohnheit angenommen hat, seinen Kopf nach hinten zurückzubeugen, um die vertrauten Bilder aus dieser neuen Lage heraus zu betrachten. Im übrigen scheint er vom Alter 0;2 an dies mit immer mehr Vergnügen und immer weniger Interesse am äußeren Resultat zu wiederholen: er richtet seinen Kopf auf, beugt ihn dann erneut nach hinten, tut das mehrmals hintereinander, wobei er laut

Entwicklungsstadien des (kindlichen)Spiels

Sensomotorische Übungsspiele
- einfache Formen
- Explorationsspiele

Konstruktionsspiele
- Kombinationsspiele mit Ziel

Symbolspiele
- Symbolische Schemata
- Symbolisches Spielritual
- symbolische Kombinationen
- Projektionen
- geordnete, imitative symbolische Kombinationen

Regelspiele
- Rollenspiele
- Spiellieder/Abzählreime/Tanzspiele
- Wettspiele
- Gesellschaftsspiele

Ästhetisches Spiel

Kreative Arbeit

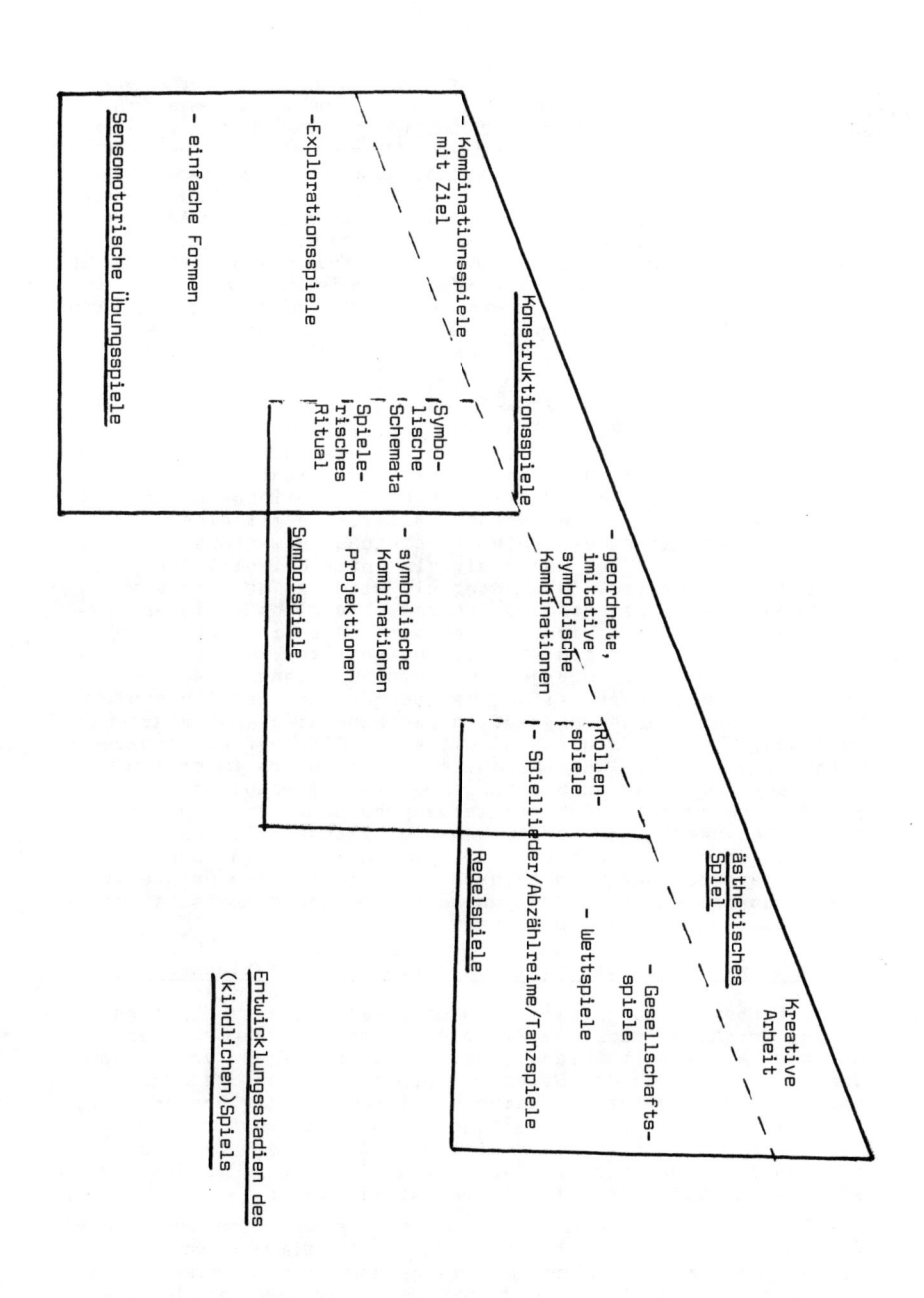

103

lacht. Anders ausgedrückt: Die Zirkulärreaktion ist nicht mehr ernsthaft oder informativ, sondern wird zum Spiel, wenn man eine solche Aussage für ein Baby von nicht einmal drei Monaten wagen kann. Von 0;3 an spielt T. mit seiner Stimme, nicht allein aus phonetischem Interesse, sondern aus Funktionslust, wobei er über seine eigenen Fähigkeiten vor Freude lacht. ... Nachdem T. im Alter von 0;7 gelernt hat, ein Hindernis wegzustoßen, um ein Objekt greifen zu können, beginnt er gegen 0;8 bis 0;9 Gefallen an dieser Art von Handlungen zu gewinnen. Nachdem ich mehrere Male hintereinander meine Hand oder ein Stück Pappe zwischen seiner Hand und das Spielzeug, das er ergreifen will, geschoben habe, vergißt er schließlich momentan das Spielzeug, um das Hindernis wegzustoßen, wobei er in Lachen ausbricht. - Das also, was intelligente Anpassung war, ist zum Spiel geworden durch eine Verschiebung des Interesses auf die Handlung selbst, unabhängig von ihrem Ziel" (Piaget 1975 b, S. 122, 124).

Im Zusammenhang mit den frühen Übungsspielen, die nach Schenk-Danzinger (1983, S. 371) auch als "materialunspezifische Funktionsspiele" bezeichnet werden, "spielt die 'ewige' Klapper eine besondere Rolle, denn ihre Form kommt nicht nur den Greifbewegungen entgegen, sie vermittelt auch akustische und optische Erfahrungen. Das Kind führt allerdings mit einer Uhr, einem Kamm oder einem Baustein die gleichen Bewegungen aus wie mit einer Klapper. Hier haben wir ein gutes Beispiel von Assimilation: die Realität (das Material) wird an den Bedürfnissen des Organismus untergeordnet. Geformt wird nicht - wie später - das Material, geformt wird die Bewegung. Das Kind kann sich vorerst noch nicht an den Objekten orientieren, die ihm in die Hände fallen, sondern muß jene Bewegung mit ihnen ausführen, die die neuromuskuläre Reifung gerade möglich macht und die jeweils 'geübt' werden müssen: in den Mund stecken, betasten, ergreifen, klopfen, schütteln, mit einem Ding auf ein anderes schlagen, werfen, fallen lassen. Aber während es im ersten Lebensjahr primär seine Bewegungen ausformt, macht es mit Dingen, die ihm zuerst angeboten werden und deren es sich auch bald selbst bemächtigt, erste sensomotorische Erfahrungen in bezug auf Gestalten, Größen, Farben, Schwere, Geräusche, Oberflächencharakter der Objekte, genügend Erfahrungen jedenfalls, um am Ende des ersten Lebensjahres erste sensomotorische Intelligenzleistungen zu vollbringen."

2. Kombinationsspiele aus Neugierde heraus (Explorationsspiele):

Die einfachen Übungsspiele gehen unmerklich über zu Spielen, die aus Neugierde oder dem Bedürfnis heraus, Objekte zu erforschen, ausgeführt werden. "Ab dem 2. Lebensjahr verschiebt sich der Akzent von der Bewegung zur Beobachtung des Objektes. Das Kind richtet nun seine Neugierde auf die Gegenstände, sucht sie durch Begreifen zu 'begreifen', hantiert mit ihnen, will herausbekommen, wie sie sind und was man mit ihnen anfangen kann" (Schenk-Danziger 1983, S. 371). Oftmals werden hierbei neue, zufällige Kombinationen strukturiert:

"J. mit 3;2 reiht z.B. Kegel zwei zu zwei hintereinander und kommt schließlich (ohne das angestrebt zu haben) zu einer Reihe, die senkrecht zu einer anderen steht; dann konstruiert sie einfache Reihen ohne irgendein Gesamtziel. ... P. mit 3;11 amüsiert sich lange damit, die Kugeln in die Stäbe der Rechenmaschine einzufädeln, aber ohne Plan noch Ordnung, und indem er die Farben vermischt. Gleichermaßen knetet und verformt er die Plastilinmasse, ohne etwas zu konstruieren oder darzustellen. Er türmt die Klötze eines Baukastens aufeinander und zerstört das wieder ohne Plan. J. (4;2) beginnt damit, den Inhalt einer Schachtel mit Klötzen auf die Erde zu schütten und die Klötze dann wieder zurückzutun. Dann amüsiert er sich damit, einen Klotz gegen den anderen zu stoßen, wobei er die meisten Klötze gleichzeitig mit verschiebt. Dann setzt er einen Klotz auf den anderen und stößt das Ganze um" (Piaget 1975 b, S. 153 f.).

Bei diesen Aktivitäten handelt es sich um assimilatorische Probierhandlungen, die aus Freude heraus ausgeführt werden und keine gezielten Anpassungsleistungen beinhalten. Allenfalls deutet sich ein zielorientiertes Handeln zur Erforschung oder zum Kennenlernen der Umwelt an. "Während beim materialunspezifischen Funktionsspiel vor allem motorische Übungseffekte wirksam werden, kommen beim Explorationsspiel Informationseffekte zum Tragen (Erfassen und Beobachten von Zusammenhängen, Formunterscheidungen, Umgang mit Mengen, Lagen und Gestalten, Erfahrungen in bezug auf Beweglichkeit, Zerbrechlichkeit, Gewicht, Plastizität, Genießbarkeit, Zerlegbarkeit, Unterscheiden von Farben, Größen, Längen etc.). Nun wird mit Sand geschaufelt und gefüllt, Bausteine werden aneinandergereiht oder übereinander getürmt, Plastillin wird geklopft, gewalzt und geknetet, mit dem Bleistift werden Striche und Kreise gezogen, die Löcher der Matadorsteine werden mit Stäbchen vollgesteckt, alles ohne jede Gestaltungsabsicht. Das Kind probiert, was sich machen läßt. Aber immer noch steht die Tätigkeit selbst im Vordergrund. ... Diese materialspezifischen Funktionsspiele schaffen ein 'Grundmaterial' an einfachen sensomotorischen Fähigkeiten und Erfahrungen, auf denen sich komplexere, zielgerichtete Verhaltensweisen aufbauen können. Sie leisten einen wesentlichen Beitrag zur kognitiven Entwicklung des Kindes. Ihr spontanes Auftreten sichert ein 'vorbewußtes Wissen' über Materialqualitäten und Materialbeziehungen, das bald in größeren Zusammenhängen sinnvoll eingesetzt werden kann. ... Eine Form des Explorationsspiels im 2. Lebensjahr hat große Bedeutung für die Orientierung des Kindes in der Umwelt. In zahllosen Explorationsspielen wird die Beziehung von Elementen, von denen eines in das andere oder auf das andere paßt, erprobt. Kinder fühlen sich magisch angezogen von Schachtel und Deckel, Knopf und Knopfloch, Schlüssel und Schlüsselloch, Glocke und Klöppel, Stift und Loch eines Ringes, Kästen und deren Inhalten. ...'Nebeneinander', 'Ineinander' und 'Aufeinander' sind offenbar ganz elementare Raumbeziehungen, die das Kind durch exploratives Spiel erlernen muß, um sich im Nahraum zurechtzufinden. Mit Hohlwürfeln, Einsetzspielen und Spielen, bei denen Formen auf Stifte gesteckt werden, trägt die Spielzeugindustrie diesem Bedürfnis Rechnung" (Schenk-Danzinger 1983, S. 372 f.).

3. Kombinationsspiele mit Ziel:

Als dritte Klasse der sensomotorischen Übungsspiele nennt Piaget Aktivitäten, die zielgerichteter sind sowie Prozesse des Veränderns oder des Umformens beinhalten:

"P., Y. und N. gelangen ... rasch dazu, das Niveau der zwecklosen Bewegungskombinationen zu überwinden, um sich damit zu beschäftigen, die Klötze, die Flächen und die Kugeln auf verschiedene Art und Weise zu ordnen: so werden die Elemente einer Rechenmaschine in der Ordnung ihrer abnehmbaren Größe aufgereiht, oder als Ordnungsgesichtspunkt werden die Farben gewählt; die Klötze werden horizontal oder im Kreis aufgereiht usw. Aber diese Kombinationen, die rein spielerisch erfunden werden, entwickeln sich ständig in zwei verschiedene Richtungen: Entweder trägt das Spiel den Sieg davon und die Kombinationen werden symbolisch 'das ist eine

Brücke!', 'ich habe ein Haus gebaut...' usw., oder das Interesse an der
Konstruktion selbst gewinnt die Überhand und das Kind gibt die spielerische Haltung auf, um zu experimentieren oder um sich Aufgaben zu stellen, die Bezug zur praktischen Intelligenz haben oder die eine regel-
rechte Anpassungsleistung beinhalten" (Piaget 1975 b, S. 155).

Dieses Beispiel zeigt auf, daß sich die sensomotorischen
Übungsspiele einerseits in Richtung auf Symbolspiele verändern, andererseits aber auch in Konstruktionsspiele übergehen
können, die planvolles Handeln, "Lernen durch Problemlösen"
(Schenk-Danzinger 1983, S. 373) sowie Adaptionen erforderlich
machen, durch die sich die praktische Intelligenz oder "Arbeit im eigentlichen Sinn" (Piaget 1975 b, S. 149) auszeichnet. Spätestens an dieser Stelle (ungefähr im Alter von drei
Jahren) wird dann der Bereich des kindlichen Spiels aus einfacher Funktionslust verlassen. Generell gibt es zwischen
der spielerischen Konstruktion und der konstruktiven Tätigkeit im Sinne von Arbeit "die feinsten Übergänge" (ebenda,
S. 186). Typisches Merkmal der Konstruktions- oder Bauspiele
ist es, daß hier "nicht mehr die Bewegung, sondern das zielgerichtete Handeln, das durch den Gegenstand hervorgerufen
wird und das auf den Gegenstand gerichtet ist, also ein sinnvolles gegenständliches Handeln, zur Spieltätigkeit" wird
(Rubinstein 1977, S. 736 f.), die wir unter der Voraussetzung,
daß lustvolles Agieren und Genußtätigkeit gleichermaßen wie
planvolles, ergebnisorientiertes Handeln zur Geltung kommen,
unter dem eingangs genannten Begriff des "ästhetischen Spiels"
fassen können.

II. Zu den Symbolspielen:

Nach Piaget (1975 b) haben die Symbolspiele, die vom zweiten
bis siebten Lebensjahr dominieren, für die Entwicklung der Persönlichkeit einen sehr wichtigen Stellenwert. Das wesentlichste
Merkmal symbolischer Aktivitäten besteht darin, daß sie den
Spielern Gelegenheit bieten, ein "aktuelles Lebensgeschehen"
(Piaget 1975 b, S. 171) aufzuarbeiten, indem Widersprüche
zwischen personalen Ich-Ansprüchen und Anforderungen der Umwelt
sowie der Begrenztheit eigener operativer Möglichkeiten spielerisch-fiktiv durch das Schaffen von "Phantasiesituationen"
(Rubinstein) bewältigt werden. Somit ist nach Ginsburg/Opper
(1975, S. 105) das Symbolspiel "ein angemessenes Mittel bei
dem Versuch, sich der Wirklichkeit anzupassen. Bei dieser Inter-
aktionsform kann das Kind die Außenwelt beinahe vollständig
seinen Wünschen assimilieren, statt diese der Welt akkommodieren
zu müssen. Es kann die Welt also nach Maßgabe der eigenen Bedürfnisse verändern. Weiterhin kann es im Symbolspiel die
realen Konfliktsituationen so reproduzieren, daß sie befriedigend
ausgehen und daß es selbst in ihnen die Oberhand behält, statt
- wie in Wirklichkeit - meist zu unterliegen. Dadurch, daß das
Symbolspiel also diese wichtige kathartische Funktion erfüllt,
sorgt es für die emotionale Stabilität des Kindes und hilft
ihm, sich auf die Realität einzustellen". Eine ähnliche Auffassung finden wir auch bei Rubinstein (1977, S. 732); der Autor
betont, daß bei den mit Phantasietätigkeit verbundenen Spielen
sowohl eine "Entfernung von der Wirklichkeit" als "auch ein
Eindringen in sie" sowie eine schöpferische Umwandlung der Realität erfolgt. Unter diesem Gesichtspunkt findet eine Entwicklung der Persönlichkeit statt, die eng mit einer "Vorbereitung
für das fernere Leben" (ebenda, S. 735) verknüpft ist (vgl.
hierzu auch Hetzer 1973, S. 12).

Nach Piaget (1975 b) lassen sich auch die Symbolspiele in verschiedene Typen aufgliedern:

1. **Spielerisches Ritual und symbolische Schemata:**

   Den Übergang zwischen den sensomotorischen Übungsspielen und den symbolhaften Aktivitäten bilden zwei Zwischenformen, zum einen das Ritual und zum anderen "symbolische Schemata" (Piaget 1975 b, S. 125 ff., 148, 158). Zunächst ein Beispiel einer rituellen Handlung:

   "Im Alter von 1;1 amüsiert sie sich damit, eine auf dem Tisch liegende Orangenschale zum Schaukeln zu bringen. Da sie aber unter die Schale schaute, bevor sie sie in Bewegung setzte, wiederholt sie diese Handlung rituell mindestens zwanzigmal: sie nimmt die Schale, dreht sie um, legt sie zurück, bringt sie zum Wackeln und beginnt wieder" (ebenda,S.126).

   Das Merkmal der Ritualisierung besteht im wesentlichen darin, "daß ein Kind sich bei einem zufälligen Ereignis damit vergnügt, die verschiedenen Handlungen zu kombinieren, ohne eine Beziehung zwischen ihnen herzustellen und ohne einen wirklichen Versuch zum Experimentieren zu machen. Das Kind wiederholt dann einfach rituell diese Handlungen und macht daraus ein Spiel motorischer Handlungskombinationen" (ebenda, S. 125). Auf Dauer (im Alter von 16 - 24 Monaten) entwickeln sich solche spielerischen Ritualisierungen in Richtung auf symbolische Darstellungen, die sich zunächst als "symbolische Schemata" repräsentieren, indem beispielsweise das Kind aus Freude heraus ihm vertraute Tätigkeiten simuliert (z.B. so tun, als ob man schläft, sich wäscht, sich Zähne putzt etc.); in diesem Falle werden bekannte sensomotorische Schemata symbolisch dargestellt. Bei derartigen Übergangsformen werden keine neuen Verhaltensweisen gelernt, vielmehr werden individuelle Fähigkeiten phantasievoll gebraucht und an das Ich des Kindes assimiliert.

2. **Formen von Projektionen:**

   Der zuletzt genannten Übergangsform folgt eine "Projektion der symbolischen Schemata auf neue Objekte" (Piaget 1975 b, S. 160). (Als Beispiel wäre hier zu nennen, daß das Kind seiner Puppe die Haare kämmt, ihr zu essen gibt, sie ins Bett zum Schlafen legt etc.) Ergänzt werden diese Symbolspiele durch "Projektion der Nachahmungsschemata auf neue Objekte" (ebenda, S. 161). Hierzu zwei Beispiele:

   "J. zieht sich mit 1;9 die Haare nach hinten, indem sie sich im Spiegel betrachtet und lachend 'Papa' sagt ... Mit 1;8 tut sie so, als ob sie telefoniere, läßt dann ihre Puppe telefonieren... An den folgenden Tagen telefoniert sie mit irgendwelchen Objekten (mit einem Blatt anstelle des Hörers)" (S. 161).

   Neben der Imitation enthalten auch diese Spiele wieder das Element der spielerischen Assimilation.

3. **Assimilation von Dingen an andere Objekte:**

   Eine weitere Form von Symbolspielen, die ungefähr mit zwei Jahren auftreten, sind die "Assimilation eines Objektes an ein anderes" (z.B. dient eine Schachtel oder ein Bauklotz, der hin- und hergeschoben wird, als Auto; eine Orangenschale wird als Kartoffel der Puppe zum Essen angeboten etc.)sowie die "Assimilation des eigenen Körpers an den Körper eines anderen oder an irgendwelche Objekte" (Piaget 1975 b, S. 164); (z. B. tut das Kind so, als ob es wie die Mutter

bügelt und bringt dies später mit den Worten "hier ist
Mutti, Mutti bügelt" zum Ausdruck). Diese Spieltypen basieren sowohl auf Imitation als auch auf symbolischer Assimilation (Bauklotz = Auto). Spätestens an dieser Stelle
wird deutlich, daß die Symbolspiele eine Erweiterung des
Denkens, vor allem im Vorstellungsbereich, beinhalten und
Fähigkeiten der Nachahmung erforderlich machen; überdies
muß das Kind über ein Repertoire an Begriffen verfügen,
d.h. über ein System von Zeichen und Bedeutungen. Die zuletzt genannten Formen der symbolischen Assimilation und
Nachahmung (auch Identifikation) von Erwachsenen dienen vor
allem der Ich-Stabilsierung des Kindes.

4. Formen symbolischer (und kompensatorischer) Kombinationen:

Die vorausgegangenen Spiele führen zur Konstituierung verschiedener "symbolischer Kombinationen" (Piaget 1975 b,
S. 167), die sich vom dritten bis vierten Lebensjahr an entfalten. Zunächst dominieren "einfache Kombinationen", die
die symbolische Assimilation fortsetzen und in eine Konstruktion ganzer Spielszenen allmählich übergehen. Hierzu
folgende Beispiele:

"L. reproduziert ebenfalls vom Ende des zweiten Lebensjahres an ganze
Szenen mit ihren Puppen: sie kleidet sie an, sie läßt sie laufen und
sie hält Gespräche mit ihnen; sie gibt ihnen zu essen, zu trinken und
hält ihnen bei ihren Mahlzeiten Gesellschaft, dann räumt sie alles in
den Schrank. Diese Spiele entwickeln sich rasch in den folgenden Monaten durch Anleihen an die Spiele Jaquelines, was ihr früheres Auftau-
chen erklärt. Mit 2;7 erfindet sie die eine lange Szene des Waschens,
Trocknens und Bügelns der Bettlaken ihrer Puppen, dann ein allgemeines
Bad der Puppen selbst, wobei das Detail sehr gut imitiert wird" (Piaget
1975 b, S. 169).

Viele Szenen dieser Spiele sind aus dem realen Leben entnommen, kopieren Ausschnitte von Wirklichkeit, die von subjektiven Interpretationen, individuellen Zielen oder Vorstellungen wie auch imaginären Episoden durchdrungen und zugleich
verändert werden. "Was den Inhalt (also das Symbolisierte)
angeht, so handelt es sich nur um das eigene Lebensgeschehen
des Kindes: Ebenso wie das Übungsspiel durch funktionelle
Assimilation jede der Neuerwerbungen des Kindes reproduziert,
ebenso reproduziert das Phantasiespiel alles Erlebte, aber
in symbolischer Darstellung, und in beiden Fällen ist diese
Reproduktion vor allem Bestätigung des Ich durch das Vergnügen, seine Fähigkeiten zu erproben und die flüchtigen Erfahrungen wieder zu durchleben. Ganz besonders fällt auf, daß
die fiktiven Personen (das Spiel gestattet es dem Kind,
sich solche als Kameraden zu geben) nur in dem Maße Existenz
erhalten, als sie als wohlwollende Zuhörer oder als Spiegel
für das Ich dienen. ... Zweifellos sind diese imaginären Be-
gleiter auch beeinflußt von der moralischen Erziehung der
Eltern, aber nur insofern, als es sich darum handelt, die
moralische Erziehung auf angenehmere Weise zu internali-
sieren als in der Wirklichkeit" (ebenda, S. 171). Dieser zuletzt genannte Gesichtspunkt führt uns von der einfachen Reproduktion der Wirklichkeit symbolischer Darstellung hin zu
sog. "kompensatorischen Kombinationen" (ebenda, S. 172),
die in erster Linie dazu beitragen, unangenehm erlebte Situationen spielerisch-fiktiv zu bewältigen. Gerade für diese
Symbolspiele ist es charakteristisch, daß das Wirkliche den
Bedürfnissen des Ich angepaßt wird und somit kein umgekehr-

ter Vorgang, eine Adaption an das Wirkliche, stattfindet (vgl. hierzu auch Piaget/Inhelder 1978, S. 49). Symbolische Kombinationen wie auch eng verknüpfte Symbolspiele mit kathartischem Effekt haben bekanntlich aus tiefenpsychologischer Sicht für die psychosoziale Entwicklung des Kindes eine eminent wichtige Funktion, wie die zahlreichen Konzepte einer analytischen Spieltherapie belegen (vgl. hierzu Klein 1932; Berna 1959; Dührssen 1960; Zulliger 1963; Ginott 1979 u.v.a.). Symbolische Kompensationsspiele bieten Gelegenheit dazu, psychische Konflikte auszuleben, gegen Ängste anzukämpfen, sich Mut zu machen oder sich von Bedrückendem zu befreien. Hierzu zwei Beispiele:

"L. hat im Alter von 2;9 Angst vor dem Traktor auf einem Feld, das neben dem Garten liegt. Sie erzählt danach ihrer Puppe, daß 'Puppa mir gesagt hat, daß sie gerne auf einer solchen Maschine führe' ... Mit 4;2 hat sie nicht gewagt, wie J. allein in eine benachbarte Scheune zu gehen, wo die Kinder Theater spielten. Sie arrangiert darauf mit ihren Puppen ein ausgedehntes Theaterspiel, gleichzeitig um zu kompensieren und um sich von der Angst zu befreien" (Piaget 1975 b, S. 173).

Somit geht es bei diesen Spielen "häufig um affektgeladene Situationen, um Wünsche, Ängste, angstvoll Erlebtes und ängstlich Erwartetes. Oft übernimmt das Kind die Rolle dessen, vor dem es sich fürchtet, es spielt den bösen Hund, den Krampus oder den Vater, der es schlägt. Mit Hilfe der Reproduktion oder oft auch der Vorwegnahme von Situationen, die mit negativen Affekten aufgeladen sind, kann das Kind Spannungen abbauen, Aggressionen abreagieren, unerfüllte oder unerlaubte Wünsche in konkreter oder in symbolischer Form realisieren und auf diese Art sein seelisches Gleichgewicht stabilisieren, die Nachwirkungen angstbesetzter Situationen neutralisieren. Bei besonders belastenden Erlebnissen besteht ein Wiederholungszwang. Das Kind spielt sie so oft, bis es sich von ihnen innerlich befreit hat" (Schenk-Danzinger 1983, S. 378).

5. <u>Geordnete symbolische Kombinationen und Tendenzen zur genauen Imitation von Wirklichkeit:</u>

Ungefähr ab dem vierten Lebensjahr kommt es nach Piaget (1975 b, S. 177) allmählich zu einer Rückentwicklung der bisher genannten Symbolspiele, indem sich die Kinder in zunehmendem Maße bemühen, die Wirklichkeit möglichst exakt zu reproduzieren und nachzuahmen, wobei die Thematik der Spiele symbolisch bleibt (z.B. werden Familienszenen mit Puppen in ein Puppenhaus, welches "richtig" mit Möbeln wie Tisch, Bett oder Stuhl ausgestattet sein muß, verlagert). Piaget (S. 177 f.) weist in diesem Zusammenhang auf Verbindungen von sensomotorischer Übung, intellektuell-konstruktiver Tätigkeit (Bau eines Puppenhauses) und symbolischer Kombinationen (Spiel mit Puppen im Puppenhaus) hin. Diese Formen des kindlichen Spiels beinhalten assimilatorische wie akkommodatorische Prozesse.

6. <u>Kollektive Symbolik und Rollenspiele:</u>

Eine weitere für die Persönlichkeitsentwicklung wichtige Spielform, die ein gewisses Maß an geordneter spielerischer Aktivität beinhaltet, bilden die kollektiven Rollenspiele, die etwa ab dem vierten Lebensjahr zu beobachten sind. Über den Wert dieser Spiele ist oft nachgedacht worden (vgl. hierzu Krappmann 1972; Leontjew 1973; Rubinstein 1977;

Chateau 1969; Brachaus/Otto 1972). Nach Schulz (1972, S. 73f.) erfüllen diese Spiele offenbar "eine ganze Reihe von Funktionen, die für die Sozialisation bedeutsam sind: Sie dienen etwa der Triebabfuhr, indem sie es erlauben, Aggression, die durch Konflikte mit den Ansprüchen Stärkerer hervorgerufen wurde, wenigstens im Spiel legitim auszuleben, die Stärkeren bezwingend oder sich mit ihnen identifizierend (kompensatorische Funktion von Rollenspielen oder symbolische Kompensationsspiele, G.T.). Im Rollenspiel gelingt es dem Kind, sein Verständnis für die Welt der Erwachsenen zu zeigen, indem es sie imitiert, es erweitert dabei sein Inventar an Verhaltensmustern, seinen Sprachbesitz, es interagiert als Spielgefährte, Sozialpartner von seinesgleichen, bewährt sich als Kumpel und sichert sich damit seinen Status in der peer-group". Und an anderer Stelle heißt es: Im Rollenspiel "werden die Fesseln der sozialen Realität nicht wirklich abgestreift, aber es ist möglich, in ihm die Befähigung zu wecken, zu stärken und zu differenzieren, durch die Kinder den Abstand von ihrer Lage gewinnen, der sie davon befreit, nur ein einmal angesonnenes Verhalten nachvollziehen zu müssen" (S. 74 f.). Auf diese Weise können die Spieler zu einer "Rollendistanz" gelangen: "Dadurch, daß sie erfahren, daß man eine Rolle in der gleichen Situation unterschiedlich spielen kann, dadurch, daß sie die gleiche Situation als Träger verschiedener Rollen durchspielen, wird ihnen der Spielraum für Handlungsalternativen vermittelt" (ebenda, S.75). Darüber hinaus werden im kollektiven Rollenspiel noch weitere "Grundqualifikationen" sozialen Handelns erlernt, so z.B. Ambiguitäts- oder Frustrationstoleranz, Empathie oder kommunikative Kompetenz (vgl. Krappmann 1972 b, S. 42 f.). Von seiten mehrerer Autoren wird betont, daß kollektive Rollenspiele in eine kreative, zielgerichtete Theaterarbeit übergehen können (vgl. hierzu ebenda, S. 53; Molenaar 1972; Brandes/Nickel 1971). Auch Piaget (1975 b, S. 181f.) sieht solche Übergänge, wenn er schreibt:

"Was die kollektive Symbolik anbelangt, begnügen wir uns festzustellen, wie J. und L., wenn sie nach dem 7. und 8. Lebensjahr ihre dann systematisch gewordene ... Zusammenarbeit in den Puppen- und Familienspielen fortsetzen, wie sie ständig für sich selbst oder für T. (später mit T.) eine Art von 'Komödien' oder Theaterdarstellungen organisieren. Zu Beginn war alles improvisiert, und die Komödie bestand nur in einem kollektiven Symbolspiel mit Zuschauern. In der Folge wurde der Gegenstand aber von vornherein festgelegt und in großen Zügen besprochen (gelegentlich sogar mit einer detaillierten Vorbereitung des Anfangs). Wenn aber der vorbereitete Teil gespielt war, blieb immer noch ein weiter Spielraum für improvisierte Entwicklungen. Vor allem wurde das Ende niemals in endgültiger Form vorher konzipiert.
Diese Verhaltensweisen geben uns ein erstes Beispiel des Übergangs von den Symbolspielen zu dieser Art von spontanen Kreationen oder freiem Arbeiten, die die zweite Periode der Kindheit charakterisieren und die die aktive Pädagogik so weidlich genutzt hat".

Nach unseren einleitenden Bemerkungen zur Terminologie könnte man hier auch von "ästhetischem Spiel" sprechen, welches lustbetont ud gleichzeitig intellektuell-künstlerisch ist.

III. Zu den Regelspielen:

Bereits in den Spielen der "kollektiven Symbolik" (Piaget) spielt die Entfaltung des Sozialverhaltens eine immer größer werdende Rolle. In zunehmendem Maße lernen die Heranwachsenden Verhaltensweisen, die zum Zusammenleben in der Gruppe bzw. zum spielerischen Zusammenwirken, "für das zwangsläufig geforderte Miteinander im täglichen Leben" (befähigen, G.T.), an dem das Kind ja teilnimmt, und wo ihm schließlich der Schonraum von Kindheit und Jugend genommen wird bzw. es diesem Schonraum entwächst" (Stuckenhoff 1983, S. 189). Im Laufe dieser Entwicklungsphase werden nach Piaget (1975 b, S. 183) sog. Regelspiele bedeutsam, die dann lebenslang bestehen bleiben und sich noch weiter ausdifferenzieren (Sport, Schach, Kartenspiele etc.). Piaget (1975 b, S. 183, 185 ff.) betont, daß im Zuge der Entwicklung der Regelspiele Reste der vorausgegangenen Spielformen (Übungs- und Symbolspiele) noch bestehen bzw. erhalten bleiben. Nach Chateau (1969), auf den sich Stuckenhoff (1983) stützt, lassen sich bezüglich der Regelspiele drei Grundformen unterscheiden:

1. Spiellieder, Kreisspiele, Abzählreime, Tanzlieder:

   Hierbei handelt es sich um die einfachste Form von Regelspielen, deren Anfänge bis zum Alter von drei bis vier Jahren zurückreichen und die gerne sowohl in der Vorschulerziehung als auch in der Arbeit mit Geistigbehinderten (Krenzer) genutzt werden. Im Rahmen derartiger Spiele lassen sich nach Krenzer (1975; 1978) auf sehr einfache Weise sozial erwünschte Verhaltensweisen erproben, die aufgrund des lustbetonten Charakters dieser Spielformen emotional und erlebnishaft aufgenommen werden. Überdies beinhalten Spiellieder oder Kreisspiele, die zugleich auch einfache Formen des Theaterspielens darstellen, intellektuelle Anforderungen (z.B. Konzentrationsbereitschaft, Aufnahme von Text oder Melodie), die in einer gelockerten, heiteren Atmosphäre erlernt werden können. Außerdem sollte nicht unerwähnt bleiben, daß "moderne Spiellieder ... die reale Umwelt einsichtiger machen" können (Krenzer 1979, S.160). "Auch im Kreisspiel werden vielfach Situationen der Umwelt einbezogen und nachgeahmt, wobei Einzelheiten im Spiel begriffen werden können. Die pädagogischen Möglichkeiten des Kreisspiels sind deshalb so groß, weil hier Situationen geschaffen werden, in denen Geistigbehinderte (und dies gilt selbstverständlich auch für alle übrigen Kinder, G.T.) bestimmte Verhaltensweisen üben können. Sie lernen im Spiel, die Umwelt zu begreifen und vermögen vereinzelt sogar Einblicke in ästhetische und ethische Zusammenhänge zu erhalten" (ebenda). Leider gehen diese einfachen Spielformen mit zunehmendem Alter verloren. "Wenn im frühen Alter noch scherzhafte Spiele zu finden sind, die die Kinder lieben und über die sie sich freuen, dann verschwinden diese Spiele im späteren Alter aus dem Leben des Kindes" (Wetlugina 1975, S. 319). Stattdessen interessieren sich die Heranwachsenden eher für die beiden anderen Formen der Regelspiele.

2. Kooperative Wettspiele:

   Hierbei handelt es sich im wesentlichen um Spiele mit "bindender Regelung" (Stuckenhoff), zum Beispiel Ball- oder Laufspiele, Reise nach Jerusalem, Räuber und Gendarm etc., Spiele also, bei denen "Mannschaften" Wettkämpfe austragen (vgl. Chateau 1969, S. 351). Oftmals stellen derartige Spiele hohe Anforderungen an die Teilnehmer, so daß häufig Fähigkeiten im motorischen und intellektuellen Bereich sowie der Leistungsaspekt einen höheren Stellenwert haben als spieltypische Momente

wie Lust, Freude und Genußtätigkeit. Deswegen stellt sich hier
die Frage, ob derartige Aktivitäten noch als "Spiele" angesehen werden sollten (vgl. hierzu Piaget 1975 b, S. 187 ff.).
Zweckmäßiger scheint es zu sein, Tätigkeiten, bei denen die
Assimilation nicht mehr über die Akkommodation dominiert (die
nicht mehr primär aus Freude oder Vergnügen heraus stattfinden),
als "angepaßte Handlungen" (i.S.v. Arbeit) zu bezeichnen (vgl.
auch ebenda, S. 193). Ebenso wäre es verfehlt, hier den Begriff
des "ästhetischen Spiels" in die Diskussion zu bringen.

3. Gesellschaftsspiele:

Bei dieser dritten Grundform (z.B. Karten-, Brett-, Würfel-
spiele) sind "intellektuelle Kombinationen" erforderlich: "und
zwar mit einem Wettstreit zwischen Individuen (ohne dies wäre
die Regel sinnlos), und sie sind reglementiert entweder durch
Normen, die von Generation zu Generation überliefert werden
oder durch im Augenblick getroffene Übereinkommen" (Piaget
1975 b, S. 185). Überdies lassen solche Spiele aufgrund des
festgeschriebenen Regelcharakters keine spontanen Veränderungen zu, stattdessen sind Formen einer Selbstregulierung wie
auch Selbstdisziplinierung erforderlich, weswegen auch in diesem Zusammenhang nicht der Begriff des "ästhetischen Spiels"
benutzt werden sollte (vgl. hierzu auch Schiller X a, S. 47).

IV. Zu den Konstruktionsspielen:

Bereits zu Beginn unserer Ausführungen über kindliches Spielverhalten wurde betont, daß Konstruktionsspiele sich nicht auf ein
eng umgrenztes Entwicklungsstadium beziehen, sondern zwischen den
bisher genannten Spielphasen sowie den "angepaßten Verhaltensweisen" stehen (Piaget 1975 b, S. 146, 150 f.). Nach Rubinstein
(1977, S. 736 f.) entwickeln sich Konstruktionsspiele aus dem zielgerichteten, planvollen und gegenständlichen Handeln gegen Ende
der sensomotorischen Entwicklungsphase. In unserem Exkurs wurden
bereits Vor- oder Übergangsformen zur konstruktiven Tätigkeit genannt, die den entwicklungsgemäßen Verlauf dokumentieren. Vor allem tragen die Explorationsspiele und "Kombinationen mit Ziel"
(Piaget) aus der sensomotorischen Periode sowie die geordneten,
imitativen "symbolischen Kombinationen" (Piaget 1975 b, S.186) zur
Aneignung von Kenntnissen über Konstruktionsobjekte und zur Entwicklung von Fertigkeiten oder Fähigkeiten zum konstruktiven Umgang mit Dingen bei. Zum Beispiel lernen die Heranwachsenden durch
diese Spiele wie Bausteine exakt übereinandergesetzt werden müssen, wie die Fugen zu versetzen sind, welche statischen Gesetzmäßigkeiten beim Bauen eines Turmes zu beachten sind... Damit werden bei diesen Spielhandlungen zugleich Denkleistungen im Sinne
akkommodativer Prozesse vollbracht, die in der von Marx charakteri-
sierten Arbeit die wesentlichste Rolle spielen. Der Unterschied
zwischen Konstruktionsspielen und Arbeit (sofern es sich nicht um
"künstlerische Arbeit" handelt) dürfte darin bestehen, daß die
konstruktiven Spiele aus Vergnügen heraus ausgeführt werden und
in Produkte münden, die vom Gestalter oder Spieler als "schön"
empfunden werden. Zurecht schreibt Bühler (1962, S. 172), daß diese Bedeutung der Konstruktionsspiele "von vielen Erwachsenen nicht
immer richtig eingeschätzt (wird, G.T.). ... Man erkennt im allgemeinen nicht hinreichend an, daß in den spielerischen Handlungen
des Kindes, angefangen vom ersten mit anderthalb Jahren selbstge-
bauten Turm bis zur technischen Konstruktion, bis zum künstlerischen Gemälde, bis zu dichterischer oder musikalischer Kompo-
sition im Schulalter sich eine freiwillig übernommene Verantwort-
lichkeit einer selbstgestellten Aufgabe gegenüber dokumentiert,

für die es keine Parallele in anderen Strebungen gibt. Was das Kind sich bei diesen Tätigkeiten erwirbt, ist die Fähigkeit der Hingabe an ein Werk, mit Einsatz von Geduld und Ausdauer, mit dem Willen, Schwierigkeiten zu überwinden und das Gebilde fertigzustellen, mit dem Reichtum an Ideen und der Lust am Schaffen, die durch kein anderes Tun im menschlichen Leben ersetzbar ist." Die Idee des "ästhetischen Spiels" dürfte bei dieser Form spielerischer Tätigkeit somit voll zur Geltung kommen.
Schroeter (1964, S. 13 ff.) unterscheidet bei den Konstruktionsspielen vier Arten:

1. **Spiele mit Bausteinen oder technischem Spielzeug:** Anfänge solcher Spiele reichen zurück bis zum 16. Lebensmonat der sensomotorischen Entwicklung (z.B. Auftürmen von Bausteinen); hierbei handelt es sich noch nicht um echte Bauspiele, sondern um ein einfaches Konstruieren oder Kombinieren (sensomotorische Übungen). Diese Aktivitäten gehen allmählich über in ein zielgerichtetes, gegenständliches Bauen. Im 4. Lebensjahr kann beim Spiel mit Bausteinen eine "Werkreife" (Schenk-Danzinger) erreicht werden (Turmbau mit fünf Elementen, Hausbau, Brückenbau), mit Material wie Lego im 6. Lebensjahr, mit Matador im 7. Lebensjahr etc. (vgl. auch Würpel 1968, S. 41 ff.).

2. **Spiele mit Sand, Wasser, Naturmaterial, Farben, Knete etc.:** Der entwicklungsgemäße Wandel dieses Spielverhaltens entspricht dem Zuvorgesagten. Eine "Werkreife" beim Sandspiel (Kuchen backen) kann im 3. Lebensjahr erreicht werden, beim Umgang mit Knete sowie beim Malen (Mann-, Haus-, Baumschemata) im 5. - 7. Lebensjahr (vgl. Würpel 1968, S. 14, 36).

3. **Basteln und Spiele mit Abfallmaterial:** Das Basteln setzt planvolles Handeln, spezifische Fertigkeiten sowie Materialkenntvoraus, die durch sensomotorische Übungsspiele angebahnt werden müssen; ein sachadäquater, selbständiger Umgang mit Klebstoff, Schere und Schablonen kann im 5. - 6. Lebensjahr erreicht werden.

4. **Spiele mit Möbeln, Brettern, Decken (Großraumbaumaterial):** Der Hauptcharakter dieser Spiele liegt zunächst im prozeßorientierten Lernen; mit zunehmendem Alter gewinnt das Spielprodukt (z.B. in Bauprojekten) an Bedeutung. Was für die Spiele mit Baumaterialien, Sand, Wasser oder Naturmaterialien zutrifft, gilt gleichermaßen auch für "Großraumbauspiele": sie tragen allesamt zur besseren Erkenntnis und Aneignung von Wirklichkeit bei - und dies auf dem Hintergrund der Entfaltung emotionaler, lustbetonter, phantasiemäßiger, körperlicher, intellektueller und sozialer Kräfte.

Zusammenfassend ist festzuhalten, daß sensomotorische Übungsspiele, die am Anfang der Entwicklung des Spielverhaltens stehen und primär Assimilation sind, vor allem dem "Vertrautwerden mit dem eigenen Körper", der "Ausformung der zur Reifung gelangenen Bewegungen", der Entwicklung der Wahrnehmungstätigkeiten und des Gefühlslebens (vgl. Piaget 1974, S. 163) sowie "ersten sensomotorischen Erfahrungen mit Materialqualitäten" (Schenk-Danzinger 1983, S. 376) dienen. Bei der Variante der Explorationsspiele findet ein "Einüben von Fertigkeiten ... mit verschiedenen Materialien" (ebenda) statt; ferner werden hier "Informationen über Material- und Gegenstandsqualitäten sowie über Verwendungsmöglichkeiten von Materialien und Objekten" gewonnen (ebenda, S. 376). Zugleich tragen diese Spiele auch zur "Ausformung der Großmuskelbewegung" und zur "Bewältigung der Raumbeziehungen" (ebenda) bei.

Der Wert der Symbolspiele, insbesondere des Rollenspiels, liegt
unter anderem in der "Verarbeitung von Verhaltensmodellen in der
Umwelt durch Imitation" sowie in der "Entwicklung der Kreativität im
Bereich der Symbolsetzungen" (ebenda, S. 380). Ferner kommt diesen
Spielen eine für die Persönlichkeitsentwicklung bedeutsame kompen-
satorische Funktion zu, die der Stabilisierung des psychischen
Gleichgewichts dient.
Ein wichtiges Merkmal der Regelspiele ist das Erlernen sozialer Ver-
haltensweisen sowie das Befolgen von Regeln, die für ein Zusammen-
sein in einer Gruppe erforderlich sind. Ferner verschiebt sich der
Akzent bei diesen Spielen von der Freude an der Bewegung auf Arbeits-
haltungen und Leistungsaspekte.
Konstruktive Spiele verlangen planvolles, zielgerichtetes Handeln,
Problemlösungsverhalten, Materialkenntnisse, Kreativität im Umgang
mit Materialien, Ausdauer, Konzentration sowie Leistungsmotivation
und stehen der Akkommodation näher als der Assimilation.
Insgesamt läßt sich sagen, daß durch diese breite Palette an Spielformen motorische, sensomotorische, kognitive, emotionale und soziale Lernprozesse in starkem Maße begünstigt werden, die zur Bewältigung und Gestaltung von Lebenssituationen bedeutsam sind. Zurecht schreibt Schenk-Danzinger (1983, S. 370), daß Spiele den "fundamentalen Entwicklungsbedürfnissen" des Menschen entsprechen."Jede
Form des Spiels" - so bemerkt die Autorin - sei "ein unbewußter
Lernvorgang, determiniert einerseits von den Bedürfnissen des rei-
fenden Organismus, andererseits von den Angeboten der Umwelt und
von den Aufgaben, die diese stellt". Diese letzten Worte signalisieren, daß die Entwicklung des (kindlichen) Spiels zweifelsohne
nicht voraussetzungslos geschieht, sondern von den gegebenen gesellschaftlichen Rahmenbedingungen (häusliches Milieu, Wohnverhältnisse,
Spielangebote, Einstellungen der Eltern zum Spiel, Erzieherverhal-
ten) formbestimmt ist.In diesem Zusammenhang betont Schenk-Danzinger (1983, S. 384), daß nur auf der Grundlage eines Urvertrauens
(Erikson), einer fühlbaren Ich-Du-Beziehung (Buber), die auch ein
Mit-Erleben und gemeinsames Spiel impliziert, das heranwachsende
Kind zu den genannten Spielformen und damit verknüpften Lernprozessen gelangen kann: "Die entwicklungspsychologische Bedeutung des
Spiels kann nur dann voll zum Tragen kommen, wenn Freiräume für vielfältige Betätigungen gegeben sind, wenn sich das Kind emotional geborgen fühlt, wenn es die richtigen Anregungen - auch in Form geeigneten Spielzeugs - zur richtigen Zeit bekommt und wenn es nicht
an der nötigen Beachtung und Zuwendung seitens der Erwachsenen
fehlt" (ebenda).

Wirft man einen Blick auf die Lebensgeschichte hospitalisierter,
schwerstgeistig- und mehrfachbehinderter Erwachsener, so ist festzustellen, daß viele der Betroffenen bereits seit früher Kindheit,
spätestens aber seit Einweisung in eine (psychiatrische) Institution kaum gespielt haben bzw. wenig zum Spielen angeregt wurden.
Aufgrund dessen haben wir es bei den von uns betreuten Bewohnern
mit einer "Spielschwäche" (Wurst 1984, S. 226) oder einem erheblichen Spieldefizit zu tun, der sich ungünstig auf Lern- und Entwicklungsprozesse auswirkt sowie Chancen, Lebenssituationen zu begreifen, relativ autonom zu bewältigen oder mitzugestalten, in starkem Maße verringert. Die angesprochene Auffälligkeit im Spielverhalten schwerstgeistig- und mehrfachbehinderter Erwachsener, die hospitalisiert wurden,drückt sich z.B. aus in:
- einem gehemmten, passiven Spielverhalten (vgl. Wurst 1984,S.226);
anstatt aktiv mit Material umzugehen oder zu spielen zeigen die Betroffenen "nur sehr geringen Anteil an allem, was um sie herum vor-
geht, sie dämmern vor sichhin. Wenn man versucht, sie zum Spielen
anzuregen, so lassen sie es mit sich geschehen - ohne Widerstand

zu leisten -, daß man mit ihren Händen klatscht oder ihnen ein Spielzeug in die Hand gibt. Ihre passive Rolle geben sie oft nur sehr zögernd und nur für kurze Zeit auf. Entfällt ein Spielzeug ihren Händen, so bleiben sie untätig sitzen und verlangen nicht, daß es ihnen wiedergegeben wird" (Hetzer 1967, S. 1f.);
- einem destruktiven Spielverhalten mit hoher Aktivität (vgl. Wurst 1984, S. 229 f., 231 f.); die betreffenden Behinderten werden als "dranghaft unruhig" (Hetzer 1967, S. 2) beschrieben, weil sie viel in ihrer Gruppe hin- und herrennen, ungesteuerte Bewegungen (also ein hohes Maß an Aktivität) zeigen, sich Dingen nur kurzzeitig zuwenden, dabei weniger konstruktiv als destruktiv (i.S.e. "dranghaften Abreagierens innerer Spannungen") mit Materialien umgehen (anstatt zu malen werden ständig Ecken von Papierblättern abgerissen und in der Gegend verstreut); ein solches Spiel kann durch Zwangsmechanismen (i.S.e. Ritualisierung) festgelegt sein (vgl. Wurst 1984, S. 232);
- einem "autistischen Spielverhalten" (Wurst 1984, S. 234); gemeint ist hier der sich ständig wiederholende, stereotype wie intelligente Umgang mit Objekten, den Kanner (1968, S. 128, 130 ff.) als ein Symptom des frühkindlichen Autismus beschreibt. Die betreffenden Behinderten gehen auf Spielangebote kaum ein, stattdessen zeigen sie eine Vorliebe für bestimmte Dinge, mit denen sie sich stundenlang beschäftigen können (z.B. in Schnürsenkel Knoten machen und damit wedeln, mit Bauklötzen an verschiedenste Objekte klopfen, Knöpfe routieren lassen). "In diesen pseudospielerischen stereotypen Tätigkeiten kommt die Abneigung gegen jede Variation und Veränderung zum Ausdruck... An ein frühes Spielen im Sinn des Experimentierens erinnern auch Bewegungsmechanismen (Schaukelbewegungen, Wippen mit dem Oberkörper, Flatterbewegungen mit den Händen, komplizierte Spreizbewegungen der Finger" (Wurst 1984, S. 234);
- einem Wechsel von Passivität zu unkontrollierter Aktivität; oftmals treten die bisher genannten Formen "im Wechsel auf. Das ist insofern verständlich, als beides - Untätigkeit und Abreaktion - Folgen des geringen Einsatzes von steuernder Aktivität sind" (Hetzer 1967, S. 2);
- einförmigen, einfachen Spielformen; viele Geistigbehinderte neigen - so Hetzer (1967, S. 3 f.) - zu einfallsarmen, einfachen Formen sensomotorischer Spiele, wie sie für Kleinkinder charakteristisch sind. Häufig werden "einfache Spielabläufe in unveränderter Weise durch lange Zeit hindurch (wiederholt, G.T.). Wenn der Erzieher nicht eingreift, spielt ein Kind wochen- und monatelang jeden Tag einige Stunden mit der Puppenwiege. Es geschieht in diesem Spiel nichts anderes, als daß das Püppchen aus der Wiege herausgenommen und wieder in sie zurückgelegt wird" (ebenda, S. 4); aus den Arbeiten von Gottschaldt (1954, S. 44 f., 65, 73, 75) geht beispielsweise hervor, daß nicht nur schwerstgeistigbehinderte sondern auch imbezille Kinder im Alter von 8 Jahren erhebliche Schwierigkeiten haben, beim Spiel mit Bauklötzen (Turmbau) zielgerichtet, planvoll und ergebnisorientiert vorzugehen; ähnliche Probleme ergeben sich auch beim "struktureinsichtigen Handeln" (ebenda, S. 122, 127, 156, 187 f., 196), bei Aufgaben, die von normalentwickelten Kindern im Alter von 3 Jahren in der Regel gelöst werden (z.B. Gebrauch oder Herstellung einfacher Werkzeuge). Ferner zeigen Geistigbehinderte kaum Symbolspiele (ebenda, S. 75) und halten "sehr lange an Spielen fest, bei denen einfache Bewegungen oder Hantieren in geordneter Weise fortlaufend wiederholt werden" (Hetzer 1967, S. 2). Die Schwierigkeiten Geistigbehinderter, symbolhaft zu spielen oder in eine andere Rolle zu schlüpfen, begründet die Autorin damit, daß häufig die Phantasie nicht ausreiche, "um Dinge dem Spielinhalt entsprechend umzuschaffen oder sich selbst der geforderten Rolle gemäß zu benehmen.

Die Übernahme einer Rolle scheitert aber auch oft daran, daß die Kinder sich selbst als agierende Wesen noch nicht erfahren haben. Ihr Ich-Bewußtsein ist nicht so weit entwickelt, daß sie sich als Träger einer Rolle im Leben erfaßt haben. Sie wissen auch noch nichts von der Ich-Bezogenheit ihres Handelns. Daher können sie einen Rollentausch oft noch nicht vollziehen" (ebenda, S. 3). Derartige Probleme sind in der Regel multifaktoriell bedingt; bei dem von uns betreuten Personenkreis hospitalisierter Erwachsener dürfte allerdings der Anteil des sozialen Faktors, gekennzeichnet durch ein extrem anregungsarmes Milieu, durch das Fehlen "stimulierender Interaktionen" (Piaget/Inhelder 1978, S. 28) und emotionaler Gratifikationen (Liebe, Geborgenheit, Vertrauen), an den Beeinträchtigungen im Spielverhalten erheblich sein.

Im nächsten Abschnitt unseres Beitrages wollen wir nun eine Konzeption vorstellen, die die anskizzierten Auffälligkeiten im Spielverhalten zu kompensieren verspricht und auf eine allseitige Entfaltung der Persönlichkeit hin angelegt ist.

7.3. Überlegungen zur Didaktik eines handlungsbezogenen Ansatzes bei hospitalisierten, schwerstgeistig- und mehrfachbehinderten Erwachsenen

Unsere bisherigen Ausführungen signalisieren, daß Spielen und Arbeiten "als eine Form der tätigen Auseinandersetzung" (Hetzer 1973, S. 13) in "realen Lebenssituationen" (vgl. Speck 1980, S. 246; Mühl 1983, S. 113 ff.) motorische, schöpferisch-lustbetonte, kognitive, emotionale und soziale Kräfte voll entfalten können. Das aktive Tätigsein trägt zum Erwerb von Kompetenzen bei, die zur Kontrolle und Verfügung über die eigenen Lebensumstände, zur Entwicklung eines selbständigen, autonomen Handelns sowie zur Selbstverwirklichung des Individuums in sozialer Bezogenheit erforderlich sind. Die hervorragende Bedeutung des Spiels für menschliches Lernen (vgl. hierzu auch Hetzer 1973, S. 7, 11, 18; Callies 1975 a, S. 18; 1975b, S. 183 ff.) hat man in der Behindertenarbeit schon seit langem erkannt (Montessori; Fröbel); so finden wir inzwischen eine nahezu unüberschaubar gewordene Anzahl an Veröffentlichungen oder Anregungen zum Themenbereich "Spielen mit Geistigbehinderten" (vgl. hierzu die zahlreichen Arbeiten von Krenzer; vgl. auch Hetzer 1967; 1973; Mühl 1979). Viele dieser Beiträge sind nützlich, konstruktiv und von hohem Erfahrungswert, allerdings gibt es auch Konzeptionen oder Vorstellungen, die zumindest aus philosophisch-anthropologischer Sicht einen pädagogisch-therapeutischen Fehlansatz implizieren. Dies betrifft vor allem jene Ansätze, die "dem Spiel eine Reihe von Lernzwecken unterschieben", so daß "das Spiel nicht mehr Spiel bleibt" (Hetzer 1973, S. 18 f.). In der Regel handelt es sich hierbei um planmäßig organisierte Lernspiele oder um den gezielten Umgang mit didaktischem Material (vgl. Kluge 1972; v. Oy/Sagi 1979), der leicht

Gefahr laufen kann, daß Geistigbehinderte wie auch normal entwickelte Kinder "etwas gegen ihre Neigung tun sollen ... (und, G.T.) zu einer Beschäftigung gzwungen werden" (Hetzer 1973, S. 16,19). Deswegen könne nach Auffassung der Autorin (S. 21) hier nicht mehr von Spiel die Rede sein (vgl. hierzu auch Mühl 1979, S. 177). Diese Kritik betrifft besonders den unreflektierten Einsatz sog. heilpädagogischer Übungsbehandlungen, des Montessori-Materials oder der Frostig-Programme in der Arbeit mit schwerstgeistigbehinderten Personen. Häufig ist zu beobachten, daß Sonderpädagogen oder Erzieher "mit bester Absicht" bei schwerstgeistig- oder mehrfachbehinderten Menschen spezifische Rückstände in einzelnen Wahrnehmungsbereichen oder in der Motorik durch das isolierte Trainieren von Fertigkeiten mit "systematischen Entfaltungshilfen" oder Programmen zur Funktionsübung zu kompensieren versuchen. Entwicklungsgemäße Voraussetzungen, individuelle Interessen oder Neigungen, basale Kommunikation oder körpernahes, beziehungszentriertes Arbeiten sowie Überlegungen, ob die vom Erwachsenen ausgehenden Absichten und eingesetzten (Spiel) Mittel dem betreffenden Behinderten liegen oder nicht, gehen in eine solche Förderarbeit oftmals nicht ein. Klein (1982 b, S. 38 f.) ist der Ansicht, daß durch bloße Programme zur Funktionsübung Schwerstgeistigbehinderte wohl kaum "in sinnvolle Zusammenhänge des Lebens eingeführt und so zum Selbstdeuten der Wirklichkeit, zum sinnerfüllten Gebrauch (ihrer, G.T.) körperlich-geistigen-seelischen Kräfte, zum 'Gebrauch des Lebens' befähigt" werden können. Und an anderer Stelle heißt es: "Die Entwicklung eines Kindes ist die Entwicklung seiner Gesamtperson und nicht lediglich die Entwicklung einzelner ihrer Aspekte, wie etwa der Sensomotorik, der Sprache oder sozialen Interaktion. Deshalb müssen sich Erziehung und Förderung, auch wenn ein Kind vorwiegend in einem einzelnen Aspekt seiner Person beeinträchtigt ist, an die Gesamtperson richten. Diese These besagt ferner: Das Kind hat eine Tendenz, isolierte Funktionsübungen, die mit ihm durchgeführt werden, in den ganzheitlichen Zusammenhang seiner Selbstgestaltung zu integrieren, und nur wenn dem Kind diese Möglichkeit gegeben ist, ist isoliertes Funktionstraining u.E. pädagogisch vertretbar" (S. 39). Überdies warnt Hetzer (1967, S. 4) vor der Gefahr, daß Erziehungsmaßnahmen auf der Grundlage eines planmäßig organisierten Fördermaterials einseitig zur "Ausbildung von Anpassungsgewohnheiten" oder Dressurakten führen können (z.B. auch monotone Werkstattarbeit), wodurch die "Ganzheit" des Individuums nicht allseitig erfaßt sondern "pervertiert" oder "zerstückelt" wird. Fer-

ner ist zu bemerken, daß - so Schmidtchen (1978, S. 231 f.) - Hinweise dafür vorliegen, daß ein Zusammenhang zwischen dem Einsatz von didaktischem Spielmaterial und der Ausbildung der Entwicklung bestimmter Fähigkeiten und Fertigkeiten wissenschaftlich schwer nachzuweisen ist. "Eine psychologische Analyse des didaktischen Spielzeugs macht zudem deutlich, daß sich das Kind (dies gilt gleichermaßen auch für hospitalisierte, schwerstgeistigbehinderte Menschen, G.T.) durch den einseitigen Aufforderungscharakter des Spielzeugs häufig nicht motiviert genug fühlt, die gewünschten Lernprozesse vorzunehmen. Vielmehr lehnt es das Spielzeug ab oder spielt unwillig, d.h. ohne lernmäßige Beteiligung, mit ihm" (S. 231 f.). Somit betont Hetzer (1973, S. 22) zurecht, daß beim Einsatz von Programmen zur Funktionsübung oder sog. Lernspiele nur dann "wirklich" gespielt wird, "wenn das angebotene spielende Lernen dem Bedürfnis und dem Leistungsstand eines Kindes (oder auch eines schwerstgeistigbehinderten Erwachsenen, G.T.) entspricht" und wenn die Betreffenden genügend Möglichkeiten haben, nach individuellen Bedürfnissen und Voraussetzungen mit dem Spielmaterial umzugehen und sich selbst Lernaufgaben zu stellen.
Bei vielen hospitalisierten, schwerstgeistig- und mehrfachbehinderten Erwachsenen kommt es in der pädagogisch-therapeutischen Arbeit wohl aber zunächst darauf an, Voraussetzungen zum Spielen oder Arbeiten zu schaffen oder "auch Fähigkeiten zum Spielen" (Hetzer 1973, S. 11; 1967, S. 7) zu entwickeln. Der Aufbau einer Ich-Du-Beziehung (Buber), beziehungsstiftende, körperorientierte Arbeitsformen oder basale Kommunikation (Mall) haben hier ihren Stellenwert. Auf dem fühlbaren Hintergrund dieser kommunikativen Vorgehensweise zur "Förderung des Spielens" (Mühl 1979, S. 174) lassen sich Spiel- oder Arbeitsprozesse anbahnen, die einerseits "spezifischen Zielen" (Schmidtchen 1978, S. 230 f.) dienen sollen und andererseits "viele zufällige und beiläufige Lernerfahrungen komplexer Art eröffnen" (Mühl 1979, S. 177), so daß Lernrückstände oder Entwicklungsdefizite affektiver, kognitiver, pragmatischer oder sozialer Art ausgeglichen, Kreativität, Genußtätigkeit, Selbsttätigkeit und Autonomie gefördert oder Änderungen im Verhalten angebahnt werden können. In diesem Zusammenhang sprechen wir in unserer pädagogisch-therapeutischen Arbeit gerne von Prozessen einer Nacherziehung und Umerziehung. Ferner ist Spielen (auch Arbeiten) unter diesem Aspekt als eine Art "Lernhilfe" aufzufassen (vgl. auch Mühl 1979, S. 174).

Ein wesentlicher Leitgedanke unseres Ansatzes ist zweifelsohne die Befähigung zum "selbstinitiierten Handeln" (vgl. hierzu auch Hetzer 1973, S. 56 ff., 82 f.). Um dieses Ziel zu erreichen, ist es wichtig, die Behinderten im Rahmen der Förderung so zu motivieren, daß sie zunächst Freude am Spiel gewinnen und aus Vergnügen heraus spielerische Aktivitäten ausführen können. "Im Hinblick auf den Geistigbehinderten bedarf es (hierbei, G.T.) jedoch der geplanten und dennoch indirekten pädagogischen Führung ... und der Berücksichtigung der Erfahrung, daß oft erst eine intensive Zuwendung das Spielen in Gang setzt und hält" (Mühl 1979, S. 176; vgl. auch Hetzer 1967, S. 7). Eine ebenso bedeutsame pädagogische Intention ist die Evozierung des "produktiven Bedürfnisses" (Holzkamp-Osterkamp 1976, S. 23 f.), im (alltäglichen) Spiel wie auch in der Arbeit etwas zu leisten oder "Schönes" herzustellen. Hier stoßen wir im Rahmen unserer Arbeit auf die Nahtstelle von prozeßorientiertem und produktorientiertem Handeln. Hat der Behinderte die Erkenntnis impliziert, daß das Ergebnis seiner (anstrengenden) Tätigkeit sowohl für sich selber als auch für andere Menschen "etwas Positives", Schätzenswertes" sein kann (Hetzer 1973, S. 56) (bei Behinderten, bei denen die Schwere der geistigen Behinderung dominiert, bleibt oftmals die Bildung solcher "Leistungsziele" aus; vgl. hierzu Gottschaldt 1954, S. 137), sollten die bisherigen pädagogischen Absichten und die "Fremdbestimmtheit des Handelns" (Hetzer 1973, S. 75 f.) behutsam zurückgenommen und Prozesse des zielorientierten, planmäßigen Tuns in Richtung auf selbständiges Spielen und Arbeiten voll unterstützt werden, so daß die Betroffenen auf Dauer befähigt werden, sich selbst (Spiel)aufgaben zu stellen und diese auszuführen. Zurecht betont die Autorin (1967, S. 8), daß in diesem Zusammenhang die Höhe der Leistung "nicht der einzige Gesichtspunkt für die Beurteilung des ... Spielverhaltens sein (sollte, G.T.). Einfache Verhaltensweisen, die das Kind (oder der Schwerstgeistigbehinderte, G.T.)sich so weit angeeignet hat, daß es selbständig über sie in den verschiedenen Situationen verfügen kann, stellen trotz ihres niedrigen Niveaus unter Umständen einen viel größeren Gewinn dar als komplizierte Leistungen, die nur mit allen möglichen Hilfen ausgeführt werden können". Mit der Erreichung dieses Ziels wäre ein wichtiger Schritt in die Richtung auf selbstinitiiertes, (relativ) autonomes Handeln erreicht und zugleich ein Weg zur Kontrolle und Verfügung über die eigenen Lebensumstände, zur Daseinsgestaltung und Daseinserweiterung, geebnet.

Unsere Vorstellungen lassen sich auf handlungspraktischer Ebene am ehesten in einem "integrativen Förderprogramm" umsetzen, welches der "Einheit des Individuums" sowie der damit verknüpften Idee der "Harmonisierung" der "gemischten Natur" (Schiller) Rechnung tragen soll. Der Begriff des "Integrativen" drückt aus, daß in der pädagogisch-therapeutischen Arbeit im Sinne einer ästhetischen Erziehung bei schwerstgeistig- und mehrfachbehinderten Erwachsenen (vgl. hierzu auch Theunissen 1985 a, S. 75 ff.) verschiedene Bereiche mit ästhetischer und therapeutischer Relevanz zur Geltung kommen und miteinander verknüpft zu einer allseitigen Entwicklung der Persönlichkeit führen können. Folglich schlagen wir für die ästhetische Erziehung ein Verknüpfungsmodell von didaktischen Einheiten vor (s. Abb. 2), welches sichtbar macht, daß in der ästhetischen Praxis verschiedene Elemente aus unterschiedlichen Konzepten sowie eine Vielzahl von inhaltlichen wie auch materialen Aspekten eingesetzt werden können, um der Subjektivität, den positiven Zeichen wie auch den Entwicklungsrückständen oder - irregularitäten der Behinderten zu entsprechen. Selbstverständlich werden im Einzelfalle nicht sämtliche Verfahren berücksichtigt, und es lassen sich auch noch andere Konzepte, welche hier nicht aufgeführt sind, einsetzen: Dies hängt in erster Linie von den individuellen Voraussetzungen der betreffenden Person und den situativen Verhältnissen (Raumbedingungen, vorhandenes Material) ab. Im Zuge der pädagogisch-therapeutischen Arbeit sollten sämtliche didaktischen Einheiten, auf die im Rahmen der Förderung schwerpunktmäßig zurückgegriffen wird, in eine zusammenfassende ästhetische Praxis einmünden, in der das "ästhetische Spiel" Kulminationspunkt ist.

Das von uns skizzierte Verknüpfungsmodell kann in einem phasenspezifisch angelegten Kompaktprogramm, welches Raum läßt für "offenes Agieren in realen Lebenssituationen"(Speck 1980, S. 246; vgl. auch Mühl 1983, S. 105 ff.),erfolgreich realisiert werden. Hierzu wurden in den vergangenen Jahren an der erziehungswissenschaftlich-heilpädagogischen Fakultät der Universität zu Köln im Seminar für heilpädagogische Kunsterziehung mehrere Erziehungs- und Unterrichtskonzeptionen für verhaltensauffällige, benachteiligte und behinderte Schüler entwickelt und erprobt (vgl. hierzu Richter 1977; 1981 a, b, c; 1984; Konrath 1977; Theunissen 1980 a,b; 1981; 1984 a,b). (Vergleichbare Phasenmodelle finden wir übrigens auch in Petzolds Konzept der "integrativen Körpertherapie",1979, S. 312.) Da es sich bei diesen vorgestellten Entwürfen zumeist um Idealtypen möglicher Planungen handelt, muß der Pädagoge oder Therapeut in der Regel

Verknüpfungsmodell von didaktisch-methodischen Einheiten bei pädagogisch-therapeutischen Maßnahmen im Rahmen der (stationären) Betreuung schwerstgeistigbehinderter Erwachsener

- Verhaltenstherapeutische Methoden
- körperbezog. Verfahren (z.B. Festhaltetherapie)
- psycho motorische Übungsverfahren (Bewegungstherapie)
- beziehungsstiftende Arbeitsformen
- ästhetische Praxis
- Freizeitaktivitäten (Turnen, Schwimmen, Basteln)
- Wahrnehmungsförderungsprogramme
- basale Stimulation
- systematische Entfaltungshilfen (z.B. Beidhandmalen)
- spieltherapeutische Verfahren

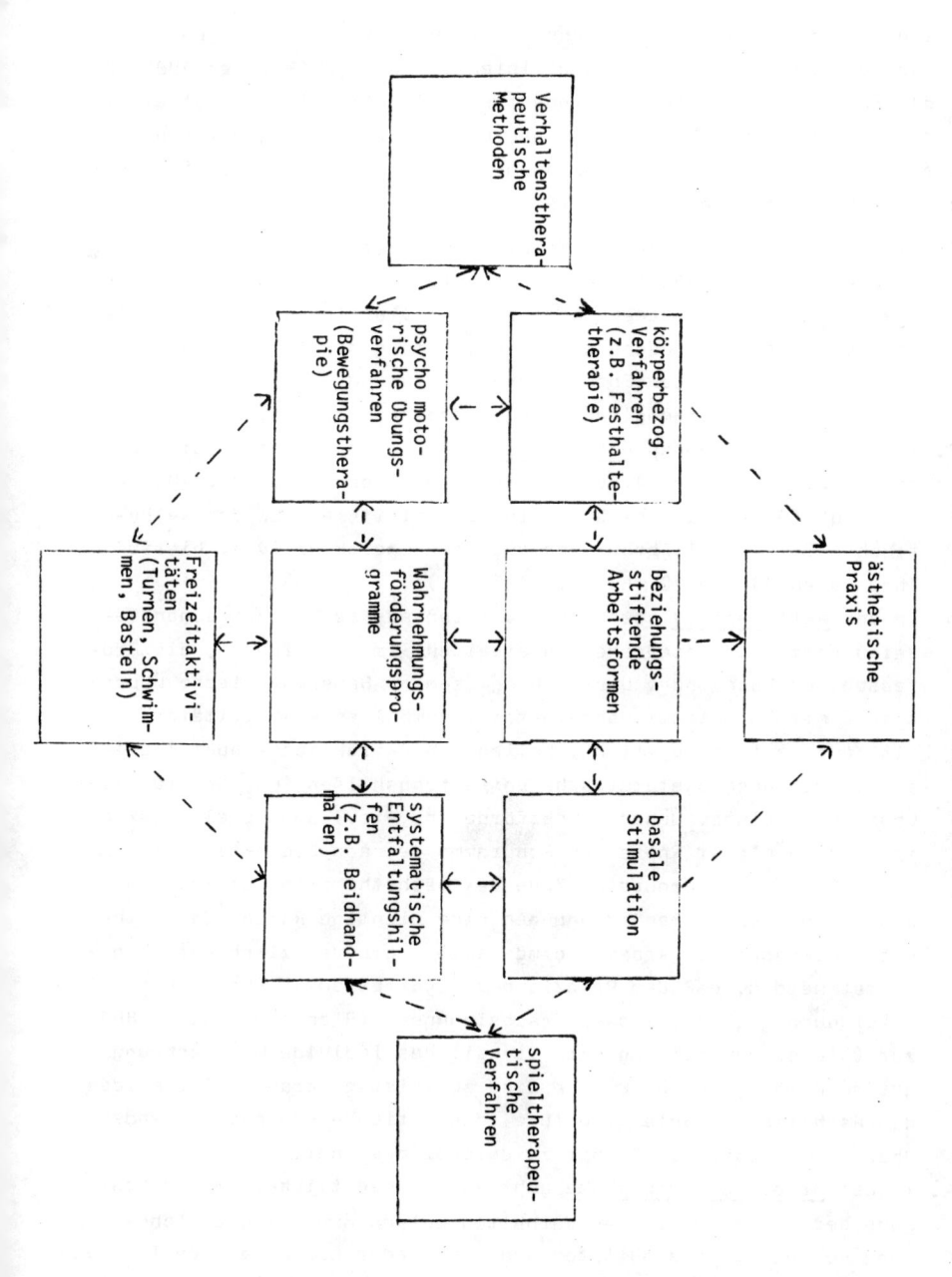

"eine Umformung vorgegebener Ansätze im Hinblick auf die jeweilige Gruppe von Behinderten/Benachteiligten vornehmen" (Richter 1984, S. 138). Für die pädagogisch-therapeutische Arbeit mit schwerstgeistig- und mehrfachbehinderten Erwachsenen haben wir ein Langzeitprogramm vorgestellt (vgl. hierzu Theunissen 1985 a, S. 57 ff., 80 ff.), welches sich in mehrere Phasen unterteilt:

1. Als Einstieg in die auf "ganzheitliches Lernen durch Handeln" (Speck 1980, S. 167 ff.) hin angelegte Förderung ist eine <u>Orientierungsphase</u> vorgesehen, in der es um Zielfindung, Lebenslaufanalyse, Verhaltensbeobachtung, Bestimmung der Zone der aktuellen Leistung und nächsten Entwicklung, Erfassung der situativen Bedingungen, Programmplanung und -vorbereitung geht.
2. In der anschließenden <u>Aufbauphase</u> dominieren beziehungsstiftende sowie körperbezogene Arbeitsformen zum Aufbau einer "Ich-Du-Beziehung" (Buber) und darüber hinaus Aktivitäten aus dem ästhetischen Bereich mit basalpädagogischem Charakter (vgl. hierzu Theunissen 1985 a, S. 83 ff., 163 ff.).
3. In der <u>Aktionsphase</u> stehen Aktivitäten aus dem ästhetischen Bereich (oder auch einfache Hausarbeiten) im Mittelpunkt, die Prozessen der Nach- oder Umerziehung dienen. Sensomotorische Übungsspiele mit "Kombinationscharakter", symbolische Aktivitäten mit "Kompensationsfunktion", Rollen-, Konstruktions- oder Regelspiele wie auch systematische Entfaltungshilfen (psychomotorische Übungsbehandlung, Wahrnehmungsförderung etc.) und Spielprojekte spielen in dieser Phase des Programms je nach Subjektivität, Interessenlage, Lernbasis, Zone der nächsthöheren Entwicklung und situativen Rahmenbedingungen eine wichtige Rolle. Beim Einsatz der genannten Arbeitsformen sollte grundsätzlich darauf geachtet werden, daß dem Prinzip des "Synkretismus" (Vermengung, Verbindung gegensätzlicher Erscheinungen) (Richter 1984, S. 86) zur (Wieder)Herstellung der "Einheit des Individuums" Rechnung getragen werden kann. Gerade dies zu leisten verspricht die Idee des ästhetischen Spiels, welche die Aktions- und nachfolgende Phase des Programms fühlbar zu durchdringen hat.
4. In der <u>Stabilisierungsphase</u> geht es im wesentlichen um die Festigung der zuvor erworbenen Verhaltensweisen oder um die Sicherung von einst verschütteten und nun wieder neu geweckten Interessen, Fähigkeiten, Einsichten oder Kenntnissen. Spätestens in dieser Phase des Modells soll allmählich eine Akzentverschiebung von den prozeßorientierten, subjektzentrierten Aktivitäten hin

Phasenspezifisches Kompaktprogramm einer ästhetischen Erziehung bei schwerstgeistig- und mehrfachbehinderten Erwachsenen

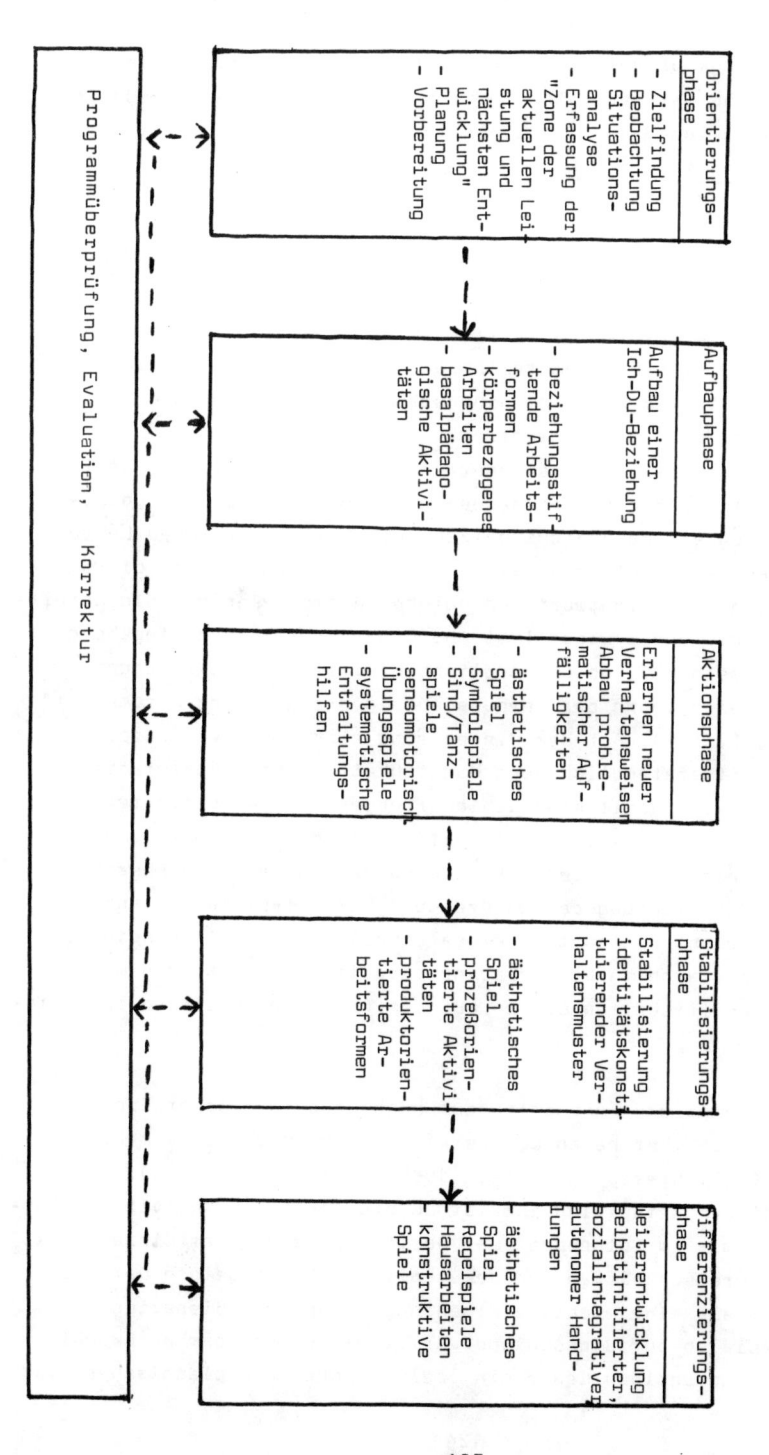

Orientierungsphase
- Zielfindung
- Beobachtung
- Situationsanalyse
- Erfassung der aktuellen Leistung und nächsten Entwicklung "Zone der aktuellen Leistung und nächsten Entwicklung"
- Planung
- Vorbereitung

Aufbauphase
Aufbau einer Ich-Du-Beziehung
- beziehungsstiftende Arbeitsformen
- körperbezogenes Arbeiten
- basalpädagogische Aktivitäten

Aktionsphase
Erlernen neuer Verhaltensweisen, Abbau problematischer Auffälligkeiten
- ästhetisches Spiel
- Symbolspiele
- Sing/Tanzspiele
- sensomotorische Übungsspiele
- systematische Entfaltungshilfen

Stabilisierungsphase
Stabilisierung identitätskonstituierender Verhaltensmuster
- ästhetisches Spiel
- prozeßorientierte Aktivitäten
- produktorientierte Arbeitsformen

Differenzierungsphase
Weiterentwicklung selbstinitiierter, sozialintegrativer, autonomer Handlungen
- ästhetisches Spiel
- Regelspiele
- Hausarbeiten
- konstruktive Spiele

Programmüberprüfung, Evaluation, Korrektur

zu den produktorientierten Arbeitsformen stattfinden. Die ästhetische Sache ist dann nicht mehr bloßes Vehikel der Persönlichkeitsentwicklung, sondern zugleich auch Zweck der Arbeit, um "mehr Autonomie" (Speck) auf dem fühlbaren Hintergrund der "Harmonisierung des Individuums" durch "ästhetisches Spiel" zu erreichen.

5. Die abschließende <u>Differenzierungsphase</u> dient der "Neuorientierung" (Petzold) von Verhalten und "steht im Dienste der Übertragung von erlernten Fähigkeiten/Einsichten auf soziale und sozio-kulturelle Problemstellungen" (Richter 1984, S. 136). Selbstinitiiertes Handeln, eigenständiges Spielen und Arbeiten haben hier ihren Stellenwert.

Damit der von uns skizzierte Ansatz nicht zur Beliebigkeit gerinnt, ist es wichtig, ihn einer phasenbegleitenden Reflexion zu unterziehen. "Offenheit kann nicht heißen, der Beliebigkeit des Lehrers (Therapeuten oder Erziehers, G.T.) Tür und Tor zu öffnen; die Grenzen liegen in der verantwortlich durchgeführten Planung, die detailliert und individuell abgestimmt und daher jederzeit dahingehend überprüfbar sein muß, ob die mögliche Breite der Zielsetzungen unter Berücksichtigung der Lernausgangslage angestrebt worden ist" (Mühl 1984, S. 106). Auf dem Hintergrund einer solchen Überprüfung sollten selbstverständlich auch Möglichkeiten der Programmkorrektur gegeben sein, damit eine behindertengerechte Arbeit erreicht werden kann. Ferner sei, um Mißverständnissen vorzubeugen, an dieser Stelle gesagt, daß die fünf aufeinander aufbauenden Phasen einerseits die Richtung des Langzeitprogramms typisieren, andererseits aber selbst Bestandteil eines einzelnen Abschnitts sein können, indem sie sich in verschiedenen Arbeitsformen ständig wiederholen (die gestrichelten Linien auf der Abbildung sollen darauf hinweisen).

Wie sich eine solche Konzeption auf handlungspraktischer Ebene umsetzen läßt, darüber haben wir bereits an anderer Stelle mehrfach berichtet (vgl. hierzu Theunissen 1982 a, b; 1983; 1985 a). Da es sich bei diesen Beispielen zumeist um gruppenbasale Aktivitäten handelt, haben wir im folgenden zwei Berichte aus unserer Einzelarbeit erstmalig herausgegriffen und dokumentiert. Diese beiden Darstellungen sind als eine wichtige Ergänzung zu unseren bisherigen Praxisbeispielen aufzufassen und vermitteln sowohl dem sachkundigen wie sachunkundigen Leser ein realistisches und plastisches Bild über Möglichkeiten der Förderung hospitalisierter, schwerstgeistigund mehrfachbehinderter Erwachsener. Im ersten Beispiel werden Prozesse einer Verselbständigung und eines selbstinitierten Handelns auf der Grundlage der pädagogisch-therapeutischen Arbeit im ästhetischen Bereich bei einem Bewohner mit schwerer geistiger Behinderung und Cerebralparese darstellt. Das zweite Beispiel dokumentiert eine durch das Erlernen und Ausüben sinnvoller Tätigkeiten (vor allem im Bereich der Hausarbeiten) erreichte Entwicklung einer Bewohnerin mit schwerer geistiger Behinderung und autistischen Verhaltensauffälligkeiten. Aus äußerlichen Gründen (Platz- und Zeitmangel) war es uns leider nicht möglich, noch weitere Beispiele über Bewohner darzustellen, bei denen entweder die Schwere der geistigen Behinderung oder Hospitalisierungsschäden wie auch Anfallsleiden im Vordergrund stehen; dies bleibt einer späteren Arbeit (vgl. hierzu Theunissen 1985 c) vorbehalten.

7.3.1. Geschichte einer Förderung - 1. Beispiel

Herr J.*, geb. 1947, stammt aus einer Arbeiterfamilie. Über die Entwicklung in den ersten vier Lebensjahren gibt es keine genauen Angaben. Es wird berichtet, daß die Geburt normal gewesen sei. Gegen Ende des ersten Lebensjahres war bei Herrn J. ein geistiger Rückstand festgestellt worden. In seinem zweiten und vierten Lebensjahr mußte er wegen beidseitiger Hüftgelenkserkrankungen für einige Wochen stationär behandelt werden. Aufgrund dieser Körperbehinderung habe er nie Stehen oder Laufen gelernt.
Da sich seine Eltern in zunehmendem Maße bei der alltäglichen Pflege überfordert fühlten, folgten sie im Jahre 1952 dem ärztlichen Rat, Herrn J. in eine orthopädische Kinderklinik für eine dauerhafte stationäre Betreuung einzuweisen. Dort wurde eine sogenannte Little'sche Krankheit, ein Befall beider unterer Extremitäten, der Rückenmuskulatur wie auch der oberen Gliedmaßen, festgestellt. Ferner diagnostizierte man multiple Kontrakturen beider Knie- und Hüftgelenke, außerdem waren die Füße in Fehlstellung fixiert. Da mehrere orthopädische Versuche (durch Behandlung mit Beinschienen oder Spreizlagerungsschale), ein gewisses Maß an Steh- oder gar Gehfähigkeit zu erreichen, fehlschlugen, wurde Herr J. spätestens nach seinem sechsten Lebensjahr nur noch im Bett gehalten, überdies galt er seit jener Zeit als "völlig pflegebedürftig", "schwachsinnig vom Grade der Idiotie" und "bildungsunfähig".
Faßt man die ersten 10 Jahre seines Klinikaufenthaltes zusammen, so läßt sich sagen, daß Herr J. trotz sehr ungünstiger äußerer Bedingungen (überfüllte Stationen, wenig Pflegepersonal, ständige Bettlägerigkeit) keine extrem ungünstige Entwicklung durchgemacht hat - so wie sie bei der großen Mehrheit der von uns betreuten Bewohner nachgezeichnet werden kann (vgl. hierzu auch Theunissen 1985 b;c). So machte er beispielsweise in den ersten Jahren seines Aufenthaltes noch Fortschritte in der Sprachentwicklung, indem er immer gesprächiger wurde und sich einen "recht erheblichen Sprachschatz" aneignete. Ferner beobachtete er seine Umgebung immer sehr genau und konnte Geschehnisse aus dem Alltag seinen Mitarbeitern oder auch seinen Eltern, die ihn regelmäßig besuchten, recht gut

* Namenszeichen geändert

erzählen. Sämtliche Mitarbeiter sowie die meisten seiner Mitbewohner kannte er auch mit Namen. Gelegentlich erhielt er an seinem Bett Bauklötze, mit denen er planvoll umgehen konnte (Klötze aneinanderreihen, Türme aufbauen). Was das psychische Verhalten betrifft, so galt er zunächst während dieser Zeit als "unauffällig". Erst 1963 kam es zu "gelegentlichen Verstimmungszuständen mit lautem Schreien", die in den nachfolgenden Jahren drastisch zunahmen. So machte er sich immer häufiger durch lautes Schreien vor allem dann bemerkbar, wenn er bei den Mahlzeiten nicht unmittelbar gefüttert wurde.
In den Jahren von 1964 bis 1967 fand offenbar eine leichte "Rückentwicklung" statt, indem er weniger sprach, stattdessen häufiger laut schrie und sich völlig hilflos und unselbständig bei sämtlichen pflegerischen Prozessen verhielt. So mußte er stets gefüttert werden und war ständig unsauber.
Gegen Ende des Jahres 1968 wurde Herr J. aus äußerlichen Gründen (Platzmangel, Renovierung) in eine andere psychiatrische Anstalt verlegt. Seit diesem Anstaltswechsel kam es zu einem rapiden Abbau im psychischen und kognitiven Verhalten von Herrn J. Von nun an bot er jahrelang das Bild eines völlig unselbständigen "schwierigen Pflegefalls", der ständig durch "störendes Verhalten" (durch lautes, unartikuliertes Schreien, Abwehrhaltungen bei verbalem Zuspruch) auffiel. Aufgrund dessen erhielt er sedierende Arznei (Prothipendyl 0-0-80 mg). Gegen Ende der 70er Jahre wurde er von seiten der Betreuer als völlig apathisch und inaktiv beschrieben und bezeichnet. Nach Auffassung der Mitarbeiter konnte man "psychisch keinen Kontakt mehr zu ihm herstellen". Ferner habe er auch "keine einfachen Begriffe oder Aufforderungen mehr erfassen können" und sich nur noch äußerst selten sprachlich (in unartikulierten Zwei -Wortsätzen) geäußert.

Seit 1980 ist Herr J. Bewohner eines Heilpädagogischen Heimes.Dort wurden sein psychisches Verhalten als auch sein körperlicher Zustand im ersten Jahr des Heimaufenthaltes als unverändert erlebt. Herr J. verbrachte seine ganze Zeit im Bett und mußte ständig gefüttert und geregelt werden. Während dieser Zeit gab es zunächst keine bemerkenswerten Unterschiede zu der bisherigen Psychiatrieversorgung. Zur Ruhigstellung erhielt er auch weiterhin die gleiche sedierende Arznei wie in den Jahren zuvor.
Erst im April des Jahres 1981 rückte er erstmalig (wieder) ins pädagogische Interesse. Ausschlaggebend hierfür war u.a. die Aussage eines Orthopäden, daß Herr J. "niemals einen Rollstuhl erhalten könne, weil er zu stark körperlich behindert und nur aufs Liegen angewiesen sei". Da wir von seiten der Abteilungsleitung diesbezüglich anderer Auffassung waren, fühlten wir uns herausgefordert, mit Herrn J. gezielt pädagogisch-therapeutisch zu arbeiten.
Eine Gymnastiklehrerin des Heimes zeigte damals großes Interesse, mit Herrn J. "bewegungstherapeutisch" zu arbeiten. Der Schwerpunkt ihrer Arbeit lag auf Krankenmassage, die sie vier mal wöchentlich etwa 10 Minuten lang durchführte. Leider ging die Fachkraft gleich zu Beginn ihrer Arbeit zu "schulmäßig" vor, und versäumte es, zu Herrn J. eine emotional fundierte Beziehung herzustellen. Die Tatsache, daß er bei ihrer Arbeit ständig Zeichen einer "muskulären Panzerung" (Reich) sowie damit verknüpfte tiefgreifende Ängste zeigte, seine Arme fest um den Kopf klammerte und laut schrie, war für uns ein Beleg dafür, daß die therapeutische Arbeit der Gymnastiklehrerin durch einen anderen Ansatz abgelöst werden mußte.
Von Oktober 1981 bis April 1982 bemühten sich zunächst die Mitarbeiter der Station stärker als bisher um Herrn J. Immer häufiger wurde er tagsüber nicht mehr im Schlafraum isoliert, sondern mit seinem Bett in den Tagesraum zu den meisten anderen Mitbewohnern geschoben. Gegen

Ende des Jahres 1981 kam es auch zur Verkleinerung der bisherigen
Station mit 25 Männern auf eine Gruppengröße von 14 Bewohnern, die
später sogar auf 8 Behinderte reduziert werden konnte. Diese verbesserten Rahmenbedingungen trugen dazu bei, daß Herr J. von seiten
seiner Mitarbeiter mehr Zuwendung erhalten konnte. Damit kam es zu
einer leichten Veränderung in seinem Verhalten, indem er sich häufiger in Form einer Echolalie sprachlich äußerte. Ferner wirkte er auf
seine Betreuer nicht mehr so apathisch, außerdem nahm er in zunehmendem
Maße am Geschehen des Alltags durch aufmerksames Beobachten teil.
Ab April 1982 kam es dann zu intensiven, langfristig angelegten pädagogisch-therapeutischen Bemühungen, über die wir im folgenden näher
berichten möchten.
Der Entwicklung, Durchführung und Reflexion unseres Förderprogramms,
welches vom Verfasser durchgeführt wurde, ging zunächst die Erstellung einer Ist-Lage voraus. Die hier zusammengefaßten Angaben basieren im wesentlichen auf Verhaltensbeobachtungen und Reflexionen im
Mitarbeiterteam unter Berücksichtigung des S/P-P-A-C (Günzburg), des
Entwicklungsprofils nach Doman (1971), des sensomotorischen Entwicklungsgitters nach Kiphard (1976) sowie der bisherigen Lebensgeschichte.

Ist-Lage (April 1982)

- Psychosoziales Verhalten:
reagiert mit tiefgreifenden Ängsten, wenn Mitarbeiter oder Mitbewohner auf ihn zukommen, ihn berühren oder pflegen (schreit laut,
hält sich mit den Händen die Ohren und mit Ellbogen die Augen zu
(Armeklammern) und verspannt sich), zeigt nur äußerst selten Ausdruck von Freude (durch Lächeln oder Lachen), wirkt gelegentlich
apathisch; ist völlig isoliert von Mitbewohnern, fast ständiger
Aufenthalt Schlafsaal; versucht durch Echolalie (Ein- oder Zweiwortsätze, die den Stationsalltag betreffen) Aufmerksamkeit seiner
Mitarbeiter auf sich zu lenken; reagiert auf Ansprache durch Mitarbeiter ebenfalls mit Echolalie in Form von Zwei-Wortsätzen, deren
Inhalt nicht in Verbindung mit den gegebenen Situationen steht;

- Motorik und körperlicher Bereich:
ist völlig unbeweglich, liegt ständig auf Rückenlage im Bett,
Beugekontrakturen an Hüften und Knien; klammert mit Armen und versteift sich aus Angst heraus, wenn man ihn auf Bauchlage dreht,
aus dem Bett hebt oder badet; im Bereich der oberen Extremitäten
besteht medizinisch gesehen keine nennenswerte Bewegungseinschränkung; leichte Athetose; dreht sich nicht von Rücken auf Bauch oder
von Bauch auf Rücken; bewegt seine Beine nicht; sitzt nicht;greift
mit zwei oder drei Fingern;
- Selbständigkeit:
braucht bei allen Verrichtungen des täglichen Lebens Hilfe, benötigt zwei Mitarbeiter beim Heben aus dem Bett, bei der Toilettenregelung, beim Baden, beim An- und Ausziehen; wirkt interessiert
an Geschehnissen des Alltags, beobachtet intensiv seine Umkreispersonen, nimmt Ereignisse aus der Umgebung wahr; spricht kurze,
stereotype Zwei-Wortsätze (Gardine kaputt), die er ständig wiederholt; geht nicht auf Spielangebote ein, schiebt Spielmaterialien
(z.B. Bauklötze) beiseite oder wirft Spielzeug weg.

Um Mißverständnissen vorzubeugen sei gesagt, daß die Kategorien der
og. Ist-Lage auf der Basis eine konsequent subjektzentrierten, entwicklungsgemäßen Ansatzes zusammengestellt wurden. Das heißt, es
wurden Bereiche unterschieden, die für Herrn J. besonders bedeutsam
und zugleich auch als Anknüpfungspunkt für ein pädagogisch-therapeu-

tisches Konzept äußerst effizient zu sein schienen. Selbstverständlich wurde die Aufteilung nur als ein "methodisches Hilfsmittel" verstanden: in der Praxis gab es zweifelsohne Überschneidungen, da eine "ganzheitlich" orientierte ästhetische Praxis realisiert werden sollte. Auf die o.g. Ist-Lage bezogen wurden nun spezifische Ziele ins Auge gefaßt. Die wichtigsten Intentionen waren: Aufbau und Entfaltung einer Ich-Du-Beziehung, Angstabbau und emotionales Wohlbefinden, physisch-psychische Entspannung; Förderung der Mobilität im Oberkörperbereich, Entwicklung von Kraft, Aufbau und Förderung selbständigen, selbstinitiierten Handelns und eigenständiger Fortbewegung; Herstellung und Ausbau von Sozialkontakt, Abbau isolierender Bedingungen. Ausgangspunkt der pädagogisch-therapeutischen Arbeit, die durch eine behutsam angelegte Reduktion der sedierenden Arznei voll unterstützt wurde, war zunächst eine Phase der Kontaktaufnahme, indem ich (der Verfasser) in der Regel viermal wöchentlich für 30 bis 45 Minuten Herrn J. an seinem Bett im Schlafsaal besuchte und bestrebt war, durch leises, freundliches Zureden, behutsames Streicheln und vorsichtiges Stimulieren der Haut mit weichen, samtenen Stoffen eine emotional fundierte, kommunikative Beziehung herzustellen und ein körperlich-seelisches Wohl- und Entspanntsein zu bewirken. Hierzu nahm ich mir anfangs oft über eine Stunde Zeit. Diese ausgedehnten Formen der basalen Kommunikation, die mit ruhiger, meditativer Musik untermalt wurden, fanden in einer "Schmuseecke" auf dem Boden statt, wozu Herr J. stets von zwei Betreuern aus seinem Bett gehoben werden mußte. Bereits nach einer Woche intensiver Kontaktaufnahme war zu beobachten, daß er nicht mehr tiefgreifende Züge von Angst erkennen ließ, indem er z.B. nicht mehr bei meiner Anwesenheit mit seinen Armen klammerte sowie dem Blickkontakt auswich; überdies wurde er gesprächiger, indem er mich beispielsweise mit Namen nannte und Fragen wie: "Wie geht es Dir heute, Anton?" mit "gut" und Lächeln oder freudigem Murmeln beantwortete.

Aufgrund dieser Veränderung in seinem Verhalten und Erleben war es nach der 6. Kontaktstunde möglich, auch Spielmittel in die pädagogische Arbeit einzusetzen.(Damit wurde die basale kommunikationszentrierte Arbeit, an der ich auch in der nachfolgenden Zeit grundsätzlich festhielt, allmählich zeitlich reduziert und nur noch in bestimmten Situationen, z.B. bei starker Verspannung, Unwohlsein oder Ängsten von Herrn J., intensiviert.) Neben dem "gemeinsamen" Betrachten, Erzählen und Lesen von Bilderbüchern bzw. Bildergeschichten wurde das regelmäßige Ballspielen zu dem wichtigsten Bestandteil der fast täglichen Arbeit. Zunächst fanden die Ballspiele vom Bett aus statt, indem Herr J. mir verschieden große und schwere Bälle zureichen und später zuwerfen mußte. Hieraus entwickelte sich ein Wechselspiel, welches ihm von Tag zu Tag mehr Vergnügen bereitete, was er beispielsweise schon morgens früh seinen Betreuern freudig mitteilte ("Georg kommt, Ball spielen, Anton will Ball haben...").

Seit Juni 1982 fand die gesamte Arbeit nur noch in der sog. Spiel- und Schmuseecke im Schlafsaal am Boden statt. Zum damaligen Zeitpunkt konnte Herr J. noch nicht in Bauchlage auf dem Boden liegen. In dieser Lage zeigte er massive Ängste, indem er seinen Kopf zwischen seinen Armen verschränkte, sich in starkem Maße verkrampfte (muskuläre Panzerung), anhaltend laut schrie oder sich in eine "Schnauferei" steigerte. Ziel der Ballspiele war es nun, nicht nur psychisches Wohlbefinden zu stabilisieren, sondern auch eine verbesserte Mobilität im Oberkörperbereich zu erreichen. So mußte Herr J. beispielsweise seine Arme immer seitwärts, hinterrücks oder nach vorne strecken, um überhaupt an einen Ball zu gelangen. Das Zuwerfen der Bälle wurde so manipuliert, daß er gezwungen war, sich immer mehr beim Erreichen eines

Balles zu strecken. Diese Manipulation mit den Bällen führte auf Dauer dazu, daß er im Oberkörperbereich beweglicher wurde sowie in seinen Armen Kräfte entwickelte. War er beispielsweise im Mai 1982 noch nicht in der Lage gewesen, einen 2 kg schweren Ball hinterrücks mit beiden Armen abzuwerfen, so konnte er bereits im Juli des gleichen Jahres diesen Ball in einem Zeitraum von ca. 30 Minuten 10 mal hintereinander hinterrücks nach vorne werfen. Überdies wurde er auch mit seinen Händen geschickter, indem er immer besser verschieden große Bälle mit der ganzen Hand ergreifen sowie auch kleine, 1 kg schwere Bälle mit einer Hand abwerfen konnte.

Aufgrund seiner verbesserten Handgeschicklichkeit wurde Anfang August (1982) der Versuch gestartet, Herrn J. das selbständige Essen beizubringen. Innerhalb nur weniger Tage war er in der Lage, selbständig mit dem Löffel zu essen. Ebenso brauchte er nicht mehr zu den Frühstücks- oder Abendbrotmahlzeiten gefüttert zu werden. Zu bemerken ist, daß sich Herr J. zum selbständigen Essen sehr gut motivieren ließ, überdies war er auf diese eigenständige Leistung sehr stolz.

Im Sommer des gleichen Jahres bildete ich auf dem Hintergrund der Arbeit mit Herrn J. eine sog. Spielgruppe, an der noch drei weitere schwerstgeistigbehinderte Bewohner, die sich nur kriechend fortbewegen konnten, teilnahmen. Diese Spielgruppe fand in der Regel dreimal wöchentlich für 30 bis 45 Minuten statt, im wesentlichen ging es bei dieser Arbeit um die Anbahnung und Entfaltung von Sozialkontakt durch gemeinsames Spiel. Auch hierbei hatte das Medium "Ball" einen zentralen Stellenwert, weil sich bekanntlich Bälle herumreichen, zuwerfen, abgeben oder zurollen lassen. Ferner spielten wir gemeinsam mit Bausteinen, stellten aus einfachsten Materialien (Styroporkugeln, Reißzwecken, Stöcken, Tüchern) kleine Fingerpuppen her, die zu einer lebendigen, heiteren Atmosphäre der Spielgruppe beitrugen. Ferner sangen wir gemeinsam Kinderlieder und waren bemüht, die Musik mit Trommeln, Tambourins und Schellen zu begleiten. Was das gemeinsame Bauen eines Turmes oder einer Mauer mit Bauklötzen betraf, so fand hierbei immer auch sog. beiläufiges Lernen statt, indem die Behinderten gezielt nach Klötzen greifen und sie aufeinanderstecken mußten, was Herrn J. anfangs noch erhebliche Schwierigkeiten bereitete, nach etwa 2 Monaten war er aber in der Lage, mit großen Bauklötzen einen Turm selbständig zu bauen. Während dieses Zeitraumes gelang es uns, die sedierende Arznei bei Herrn J. völlig abzubauen.

Da Herr J. inzwischen kaum mehr Ängste zeigte und nur noch selten mit den Armen klammerte, hielt ich im November 1982 den Zeitpunkt für günstig, ihn im Rahmen der pädagogischen Arbeit erstmalig auf Bauchlage zu drehen, um einen wichtigen Schritt in der nächsten Entwicklung einzuleiten. In der Tat ließ er sich recht willig auf Bauchlage drehen; im Unterschied zu früher hatte er hierbei keine sichtbaren Ängste mehr, überdies schrie er nicht, machte keinen finsteren oder grimmigen Gesichtsausdruck und war kaum verspannt. Somit war für uns ein wichtiger Entwicklungsabschnitt erreicht, denn von nun an wurde Herr J. täglich auf Bauchlage gedreht, zunächst für ein bis zwei Minuten, dann fünf Minuten, später (nach drei Wochen) ca. 30 Minuten lang. Von nun an fanden sämtliche Ballspiele nur noch auf Bauchlage statt. Um Unbehagen, Unsicherheiten oder unnötigen Ängsten in dieser für ihn noch wenig vertrauten Situation vorzubeugen, legte ich mich ebenfalls ihm gegenüber auf den Boden und rollte ihm die Bälle so zu, daß er sie mühelos abstoßen konnte. Nachdem er sich an die neue Lage gewöhnt hatte, steigerte ich die Ballspiele wieder behutsam im Niveau.

Zum Beispiel mußte Herr J. wieder in zunehmendem Maße seine Arme weit ausstrecken, um überhaupt zu einem Ball zu gelangen. Während dieser Zeit fand die Einzelarbeit wieder in verstärktem Maße statt, die Spielgruppe wurde allmählich von den Betreuern der Gruppe übernommen und weitergeführt. Zu bemerken ist, daß erstmalig auch die Mitarbeiter darüber berichteten, daß Herr J. nun beim Baden weniger Angst habe und nur noch selten schrie. Dies wurde auf sein psychisches Wohlbefinden durch die intensiven Beschäftigungen zurückgeführt.

Im Dezember 1982 wurde das Ballspielen erneut modifiziert, von nun an rollte ich Herrn J. die Bälle so zu, daß er gezwungen war, nicht nur seine Arme weit auszustrecken, sondern sich zugleich auch wenige Zentimeter selbständig vorwärts zu bewegen, um einen Ball überhaupt zu erreichen. Da er grundsätzlich sehr motiviert war, Ball zu spielen, gelang es ihm, erstmalig alleine wenige Zentimeter vorwärts zu rutschen, indem er sich auf seine Arme abstützte und vorwärts drückte. Da diese Spiele mit großer Anstrengung verbunden waren (Schweißausbrüche bei Herrn J.), war es wichtig, ihn hierbei nicht zu überfordern. So wurde er zunächst veranlaßt, sich für nur fünf bis zehn Zentimeter fortzubewegen. Allmählich wurden jedoch die Abstände zwischen Ball und Herrn J. immer größer. Gegen Ende des Jahres 1982 war er dann in der Lage, über einen halben Meter selbständig zu robben und sich umzudrehen.

Etwa zur gleichen Zeit wurde er erstmalig von den Betreuern auch an den Esstisch zusammen mit den anderen Bewohnern gesetzt - ein Ereignis, mit dem nur wenige Mitarbeiter gerechnet haben. Erinnert sei diesbezüglich auch an die Aussage des Orthopäden, der Herrn J. im Jahre 1981 untersuchte und das Sitzen auf einem Stuhl für "unmöglich" gehalten hatte. Herr J. schien von Anfang an das Sitzen bei den Mahlzeiten zu genießen und freute sich stets darauf, wenn er in der Folgezeit auch tagsüber öfters auf einen Stuhl gesetzt wurde. Vielfach äußerte er diesbezüglich den Wunsch: "Anton will auf Stuhl, Anton will auf Stuhl gehen". Überhaupt machte er während dieser Zeit weitere Fortschritte in seiner Sprache, indem er sich nur noch selten mit stereotypen Äußerungen artikulierte, statt dessen war er bemüht, kurze Sätze mit situationsadäquatem Inhalt zu sprechen.

Neben den Ballspielen wurden Herrn J. zum selbständigen Robben noch viele weitere Anreize geschaffen, so wurde er beispielsweise dazu motiviert, eine Spieltonne oder Schublade mit Spielzeug (Stofftieren, Bauklötzen, Autos) auszuräumen. Großes Vergnügen bereitete es ihm, Waggons einer großen Holzeisenbahn mit Steinen zu beladen. Immer häufiger äußerte er von sich aus das Bedürfnis, mit Bauklötzen zu spielen, die Tonne zu leeren oder die Spielkiste auszuräumen.

Im selbständigen Robben verbesserte er sich nun von Mal zu Mal, im Mai 1983 war er erstmalig in der Lage, vom Badezimmer zum Tagesraum zu seinen Mitbewohnern zu robben; seit jener Zeit hält er sich tagsüber zumeist nur noch bei seinen Mitbewohnern im Gruppenraum auf. Ferner erhielt er ein Rollbrett, welches er als "sein Auto" bezeichnete.

Inzwischen war Herr J. ein lebhafter, gesprächiger Bewohner geworden, der dadurch auch viel Sympathie beim Personal genoß. Überdies war er aber auch in zunehmendem Maße "pflegeleichter" geworden (z.B. war er beim Baden und Anziehen beweglicher, indem er auf die pflegerischen Prozesse mit Arme strecken etc. stärker einging und sich weniger verkrampfte). Dies brachte die Mitarbeiter auf die Idee, ein Selbständigkeitstraining im Bereich des An- und Ausziehens sowie bei der Toilettenregelung durchzuführen. Aufgrund seiner geistigen Fähigkeiten (Begriffsverständnis in bezug auf die alltägliche Pflege) waren hierzu günstige Voraussetzungen gegeben. Gegen Ende des Jahres 1983 war Herr J. in der Lage, sich selbst zu regeln

(Urinflasche anlegen und handhaben) sowie Unterhemd und Pullover alleine an- und auszuziehen.
Die wachsenden Sympathien zwischen Herrn J. und seinen Mitarbeitern veranlaßten mich, die zeitliche Dauer der bisherigen Förderung ganz behutsam einzugrenzen und die pädagogisch-therapeutische Arbeit allmählich durch Übernahme von seiten des Gruppenpersonals ausschleichen zu lassen. Der pädagogische Bezug zu Herrn J. hatte sich offenbar überflüssig gemacht, weswegen der Prozeß der Loslösung problemlos funktionierte. Allerdings ist es bis zum gegenwärtigen Zeitpunkt nicht zu einem völligen Bruch der Beziehungen gekommen. Noch heute gehe ich mit Herrn J. regelmäßig einmal wöchentlich ins Schwimmbad und besuche ihn mehrmals wöchentlich in seiner Wohngruppe. Günstig für den Ablösungsprozeß war es zweifellos auch, daß Herr J. im August 1983 einen Rollstuhl erhielt, so daß erstmalig auch eine "Öffnung nach außen" ins Auge gefaßt werden konnte (durch Ausflüge, Fahrten, Zoobesuche, Teilnahme an Ferienfreizeiten).
In den nachfolgenden Monaten kam es zu einer deutlichen Stabilisierung der bisher genannten Veränderungsprozesse im Verhalten und Erleben. Im Juli 1984 nahm Herr J. erstmalig an einer einwöchigen Ferienfreizeit seiner Wohngruppe teil, was ebenfalls ein Stück "Öffnung nach außen" für ihn bedeutete.
Seit November 1984 nimmt er regelmäßig einmal in der Woche am Schwimmen der Abteilung teil, was ihm viel Vergnügen bereitet. Hatte er vor Jahren noch massive Ängste beim Baden oder Liegen in der Badewanne, so läßt er sich heute gerne im Wasser auf Rückenlage ziehen und genießt dabei den engen Körperkontakt zu seinen Betreuern. Auf seiner Wohngruppe zählt er inzwischen zu den aktivsten Bewohnern, indem er beispielsweise von sich aus auf seinem Rollbrett durch die Gruppe fährt oder aber selbständig Spielmaterialien nimmt und damit hantiert. Ferner äußert er inzwischen auch eigene Wünsche ("Ich will Eis haben"), außerdem zeigt er seinen eigenen Willen, wenn ihm etwas nicht paßt (z.B. wenn er sein Spiel abbrechen muß, weil Essenszeit ist). Gelegentlich gibt er sich auch eifersüchtig (z.B. durch Verweigerung), wenn er den Eindruck gewinnt, daß sich die Betreuer zu sehr mit anderen Bewohnern befassen und ihm nur wenig Aufmerksamkeit schenken.
Bezüglich seiner Selbständigkeit hat es in der jüngsten Vergangenheit noch einen weiteren enormen Fortschritt gegeben, als er sich erstmalig auf einen Stuhl hochzog und damit lernte, sich alleine - ohne fremde Hilfe - zu setzen. Heute (April 1985) hat sich dieses Verhalten bereits stabilisiert, inzwischen ist Herr J. auch in der Lage, sich selbständig in ein niedriges Holzbett zu legen. Ebenso kann er eigenständig sein Bett verlassen, so daß auch hier keine Hilfen durch Mitarbeiter mehr erforderlich sind.
Seit Sommer des Jahres 1985 wird Herr J. einmal wöchentlich von einer Laienhelferin besucht. Inzwischen hat sich zwischen beiden Personen eine sehr herzliche, freundliche und lebendige Beziehung entwickelt. Die nahezu regelmäßige dreistündige Begegnung in der Woche gibt beiden ein wichtiges Stück Lebensfreude und Lebenssinn. Die Laienhelferin macht mit Herrn J. in der Regel Ausflüge in einen benachbarten Wald sowie in die Stadt, geht mit ihm ins Cafe oder einkaufen, spielt und unterhält sich viel mit ihm. Manchmal hören beide gemeinsam Musik und genießen die dialogische Beziehung.

7.3.2. Geschichte einer Förderung - 2. Beispiel

Frau F.[*], geb. im Frühjahr 1957, ist Einzelkind. Ihr Vater ist Kraftfahrer, ihre Mutter Hausfrau. Bei der Geburt gab es Komplikationen, der Kopf sei für ca. fünf Minuten stecken geblieben; das asphyktische Kind wog 9 1/2 Pfund. Nach Aussage der Eltern habe Frau F. bis zu ihrem 6. Lebensmonat eine normale Entwicklung durchgemacht. Danach bemerkten sie erstmalig, daß Frau F. "krampfte" (Blick-Nick-Salaam-Krämpfe). Außerdem verzögerte sich allmählich die Entwicklung, bis zu ihrem 2. Lebensjahr konnte Frau F. noch nicht laufen, darüber hinaus äußerte sie sich kaum sprachlich. Eine dreiwöchige Untersuchung in einer Universitätsklinik ergab ein "Anfallsleiden bei einem Schwachsinn mittleren bis höheren Grades infolge einer frühkindlichen Hirnschädigung".
Die Eltern seien nach ihren Angaben bei Bekanntwerden dieser Diagnose "geschockt" gewesen, und es sei für sie in der nachfolgenden Zeit besonders wichtig gewesen, für ihr Kind "alles zu tun".
Erst im Alter von drei Jahren lernte Frau F. ohne fremde Hilfe frei zu laufen. Den Eltern fiel in diesem Zusammenhang auf, daß sie gerne auf Zehenspitzen im Kreise lief oder sich immer wieder um ihre eigene Achse drehte.
Je älter sie wurde, desto weniger interessierte sie sich für Spielzeug. So rührte sie seit ihrem dritten Lebensjahr keine Puppen mehr an, stattdessen zeigte sie Vorliebe für einen ganz bestimmten Gürtel, mit dem sie tagsüber immer wieder vor sich her wedelte. Eineinhalb Jahre lang war dieser Gürtel ihr einziges Spielzeug. Die Sprachentwicklung war weiterhin verzögert, im Alter von 5 Jahren konnte sie jedoch kurze, abgehackte Sätze sprechen. Oft war es so, daß sie Zwei-Wort-Sätze wie "Schallplatte hören" immer wieder vor sich hin plapperte und ständig wiederholte. Was die Reinlichkeitserziehung betraf, so war sie mit 3 1/2 Jahren sauber. Im An- und Ausziehen sei sie nach Aussage der Eltern noch völlig unselbständig gewesen. Hierbei habe man ihr stets geholfen. Daraufhin habe sie den Eltern oft "Küßchen" gegeben oder sie umarmt.
Im Alter von 4 1/2 Jahren interessierte sie sich nicht mehr für das Wedeln mit dem Gürtel, stattdessen plätscherte sie lieber tagsüber mit Wasser. Überhaupt zeigte sie große Vorliebe für Wasser und bestand täglich darauf, vor dem Anziehen ausgiebig und lange gebadet zu werden. Von der Mutter wurde ihr dieser Wunsch immer erfüllt.
Bei der Einschulungsuntersuchung wurde Frau F. im Alter von 6 Jahren als "bildungsunfähig" und "nicht schulreif" beurteilt. Den Eltern wurde empfohlen, Frau F. in eine psychiatrische Einrichtung unterzubringen. Auch hierüber seien sie - so die Erziehungsträger - "entsetzt" gewesen, vielmehr wollten sie ihr Kind so lange wie möglich zu Hause halten.
In den nachfolgenden Jahren gab es keine wesentlichen Veränderungen in ihrem Verhalten und Erleben. Das Krampfen war bereits seit dem vierten bis fünften Lebensjahr aufgrund antikonvulsiver Therapie kaum mehr beobachtet worden.
Seit ihrem siebten Lebensjahr zeigte Frau F. besonderes Interesse für Kartenspiele. Außer Spielkarten rührte sie keine anderen Spielsachen an. Tagein, tagaus hatte sie immer ein Kartenspiel in der Hand, wobei sie die Spielkarten fast ständig vor sich hin mischte. In zunehmendem Maße machten die Eltern bei Einkäufen oder Kaffeebesuchen mit Frau F. negative Erfahrungen, weil sie in Situationen, in denen sie nicht ihren Willen bekommen konnte, so laut aufschrie, daß sich andere Gäste oder Personen über ihr Verhalten häufig massiv beschwerten. Darüber hinaus gab es Klagen aus der Nachbar-

[*] Namenszeichen geändert

schaft, was die Eltern dazu veranlaßte, sich allmählich von der Außenwelt abzuschirmen und zu Hause zurückzuziehen.
Als Frau F. 14 Jahre alt war ergab sich die Möglichkeit, sie in eine Schule für Geistigbehinderte aufzunehmen. Allerdings scheiterte dieser Versuch bereits am ersten Tag, da Frau F. in der Schule so geschrieen habe, daß sie dort "untragbar" gewesen sei. Zwei Jahre später bemühte man sich erneut um einen Schulbesuch. Es gelang, Frau F. zwei Jahre lang zu beschulen. Von seiten der Schule wurde berichtet, daß sie sich kaum am Unterricht beteiligt und überhaupt keinen Kontakt zu ihren Mitschülern gehabt habe. Immer wieder sei sie durch lautes "Herumplappern" und "Herumrennen" in der Klasse aufgefallen. Für "schulmäßiges" Lernen habe sie überhaupt kein Interesse gezeigt, allenfalls habe sie sich für "leichte lebenspraktische Tätigkeiten" (Tisch decken, abräumen, spülen, Teller und Bestecke sortieren) gelegentlich motivieren lassen. Während dieser Zeit half sie erstmalig auch zu Hause ein wenig mit, den Tisch zu decken oder abzuräumen.
Als Frau F. 18 Jahre alt war, wurde sie aus der Schule entlassen, von seiten der Lehrer wurde empfohlen, sie in eine Anstalt einzuweisen. Da die Mutter während dieser Zeit erhebliche Probleme mit Frau F. hatte (indem diese sich beispielsweise weigerte, morgens früh zur Schule Schuhe anzuziehen und stattdessen laut und penetrant "oh nee, oh nee" schrie) und sich in zunehmendem Maße "völlig machtlos und überfordert" fühlte, wurde Frau F. schließlich im August 1975 in einer psychiatrischen Anstalt stationär untergebracht.
In den ersten Wochen ihres Psychiatrieaufenthaltes hatte sie erhebliche Eingewöhnungsschwierigkeiten. Bei der Aufnahme wirkte sie bei weinerlicher Grundstimmung sehr abweisend, widersetzte sich massiv gegenüber Anforderungen des Personals, schlug bei allen pflegerischen oder ärztlichen Maßnahmen ziellos um sich herum und war den Mitarbeitern gegenüber in keiner Weise zugänglich. Erst durch eine hohe medikamentöse Sedierung (Pipamperon und Haloperidol) bei gleichzeitig einhergehender antikonvulsiver Therapie, habe man dieses Verhalten ein wenig eingrenzen können. Allerdings blieb Frau F. auch in den folgenden Jahren in ihrem gesamten Verhalten und Erleben sehr problematisch. Eine "sinnvolle Verständigung" sei mit ihr nicht möglich gewesen, weder zu Mitpatienten noch zum Pflegepersonal hatte sie Kontakt. Vielmehr hielt sie sich stets abseits und wehrte ab, wenn sich jemand mit ihr beschäftigen wollte. Tagaus, tagein hielt sie immer ein Kartenspiel in der Hand und mischte ständig Spielkarten vor sich hin. Zumeist stand sie an einer bestimmten Stelle im Wachsaal und war nicht bereit, diesen Platz bis auf Mahlzeiten und Toilettengang zu verlassen. Wenn man sie ansprach, schrie sie laut auf, wehrte ab und rief "oh nee, oh nee". Dabei drehte sie sich oft im Kreise und grimassierte. Bei mehrfachen Ansprachen steigerte sie sich zumeist in heftige Erregungszustände, die nur über zusätzliche sedierende Arznei eingegrenzt werden konnten.
Eine Sauberkeitsgewöhnung konnte weitgehend erreicht werden, allerdings mußte Frau F. täglich an- und ausgezogen sowie hinsichtlich der Körperpflege ständig überwacht werden.
Insgesamt gesehen galt Frau F. als ein "besonders schwieriger Pflegefall bei cerebralem Anfallsleiden und Schwachsinn mittleren bis schweren Grades" mit massiven Verhaltensstörungen (in Form schwerwiegender Unruhe- und Erregungszuständen mit tätlichen Aggressionen). Die Chancen einer Verbesserung dieses Verhaltens wurden "als absolut ungünstig" eingeschätzt.

Seit 1980 ist Frau F. Bewohnerin eines Heilpädagogischen Heimes. Bis zu Beginn des Jahres 1981 galt sie auch in dieser Einrichtung als eine der schwierigsten Bewohnerinnen auf ihrer Station. Die Probleme wurden darin gesehen, daß sie in starkem Maße führungsresistent war. Zum Beispiel wollte sie morgens früh nicht aus ihrem Bett, zog sich weder alleine an noch ließ sie sich anziehen, schrie ständig herum, befolgte keine Anweisung des Personals, zerriß Kleider, warf Kleidungsstücke in unbeobachteten Momenten in Müllsäcke oder in Toiletten, war nachts oft bettflüchtig oder störte Mitbewohner nachts durch langanhaltendes Kreischen. Zudem war sie den meisten Mitarbeiterinnen aufgrund ihres kräftigen Körperbaus physisch und kräftemäßig überlegen, weswegen viele Betreuer ihr zumeist "hilflos" gegenüber standen, wenn sie ihre Anweisungen völlig ignorierte. Aufgrund dieser Auffälligkeiten erhielt Frau F. auch im Heim zunächst eine Dauermedikation (September 1980 Pipamperon: 1 - 1/2 - 1;Bedarfsarznei: 15 Tr. Haloperidol, die drei- bis fünfmal wöchentlich zusätzlich gegeben wurde).

Frau F. war aufgrund ihres eigenwilligen und "störenden" Verhaltens bei fast allen Mitarbeitern sehr unbeliebt. Dies änderte sich erst, als im April 1981 eine neue, unausgebildete Mitarbeiterin,*) die Halbtagskraft war, großes Interesse zeigte, eine sog. Patenschaft (vgl. hierzu Theunissen 1985 a, S. 65) zu übernehmen und auf diesem Hintergrund ein individualbasales Förderprogramm durchzuführen. Der Entwicklung, Durchführung und Reflexion der pädagogisch-therapeutischen Einzelarbeit ging zunächst die Erstellung einer Ist-Lage voraus, deren Angaben (hier zusammengefaßt) im wesentlichen auf Verhaltensbeobachtungen und Reflexionen im Mitarbeiterteam unter Berücksichtigung des S/P-P-A-C nach Günzburg basieren.

Ist-Lage (April 1981)

-Erscheinungsbild im psychosozialen Bereich:
  Kein Blickkontakt, weicht körperlichen Berührungen aus; schreit, wenn sich Mitarbeiter ihr nähern; weicht bei Ansprache der Mitarbeiter aus, indem sie sich abwendet mit "oh nee, oh nee" oder Wünsche "Apfelsine essen", "Papa soll kommen, Mama soll kommen" ständig wiederholend laut verbalisiert; kein Kontakt zu anderen Bewohnern; zerreißt Kleider, wirft Kleidungsstücke in unbeobachteten Momenten in Müllsäcke; lang anhaltendes Schreien tagsüber; neigt dazu, übermäßig viel zu essen; weigert sich, an Aktivitäten wie z.B. Spaziergängen teilzunehmen; isoliert sich von anderen Bewohnern, indem sie tagein, tagaus an ein- und derselben Stelle im Tagesraum steht, hin- und herwippt und dabei ein Kartenspiel in der Hand hält; befolgt keine Anweisungen des Personals; wechselt häufig Emotionen (Lachen, Weinen in ein- und derselben Situation), äußert ihre Emotionen stereotyp und setzt sie oft situationsinadäquat ein;

- Erscheinungsbild im körperlichen Bereich und in der Motorik:
  Wippt ständig hin und her; Zehengang; Fächerbewegungen mit den Fingern; schaukelt mit dem Oberkörper beim Sitzen; dreht sich im Kreis; verzerrt ihr Gesicht und schaut oft in obere Ecken des Raumes; steife Körperhaltung, starre Mimik; hat einen kräftigen Körperbau; zeigt übermäßigen Krafteinsatz bei einfachen Tätigkeiten wie beim An- oder Ausziehen;

- Kognitives Verhalten und Sprache:
  Echolalie, äußert sich mit stereotypen Kurzsätzen wie "Papa soll kommen", die sie ohne Bezug auf die gegebene Situation mehrfach hintereinander (oft über 45 Minuten lang) ausruft; beobachtet aufmerksam ihre Umgebung; scheint Anforderungen oder Fragen zu verstehen, die sie jedoch nicht beantwortet, außerdem befolgt sie keine Anweisungen des Personals; kennt Mitarbeiter oder Bewohner mit Namen, die sie öfters tagsüber laut ausruft; ist örtlich und

*) Der Verfasser dankt Frau R. Zielinski für ihre Einzelarbeit.

zeitlich orientiert, sie kennt beispielsweise genau den zeitlichen Rahmen des Tagesablaufs;

- Selbständiges Verhalten und Interessen:
Regelt sich alleine, kann sich alleine an- und ausziehen, wenn auch diese Tätigkeiten von ihr nur selten ausgeführt werden; ißt alleine mit Löffel; benötigt beim Waschen und Baden kontrollierende Hilfe; bedient in unbeobachteten Momenten selbständig einen im Tagesraum befindlichen Plattenspieler; holt gelegentlich ohne Aufforderung morgens früh zum Baden ihre eigenen Schuhe wie auch Pantoffeln anderer Bewohnerinnen; holt gelegentlich eigene Kleidungsstücke zum Anziehen aus den Regalen; hört tagsüber gerne Musik, indem sie sich wippend oder schaukelnd dem musikalischen Rhythmus anpaßt; hält tagsüber ständig ein Kartenspiel in der Hand, welches sie nur zu den Mahlzeiten oder beim Baden beiseite legt; beschäftigt sich nicht mit Spielmaterialien.

Der Beginn einer emotional fundierten Ich-Du-Beziehung als Ausgangspunkt und Grundlage sämtlicher pädagogisch-therapeutischer Arbeit läßt sich bekanntlich nicht erzwingen. Zumeist beruht er auf spontanen Sympathiebeziehungen zwischen einem oder mehreren Mitarbeitern und dem Behinderten. Frau F. ist dafür ein typisches Beispiel. Unsere Mitarbeiterin, die die Patenschaft übernahm, schilderte den Beginn ihrer Beziehung in anschaulicher Weise: Üblicherweise wurden die Behinderten damals in zwei Schichten gebadet, danach erhielten alle immer Frühstück. Frau F. war in der ersten Schicht. Während die zweite Schicht (insbesondere schwerstgeistig- und körperbehinderte bzw. bettlägerige Bewohner) gebadet wurde, stand sie zumeist im Tagesraum und brüllte fortwährend: "Obst essen, Obst essen"; einer plötzlichen Eingebung folgend ging unsere Mitarbeiterin zu Frau F. und forderte sie auf, sich selbst eine Apfelsine in der Küche zu holen. Hierzu schloß die Mitarbeiterin die Küchentür auf. Frau F., die bisher fast nie ihren Platz im Tagesraum verlassen hatte, folgte dieser Aufforderung und holte sich eine Apfelsine aus der Küche, die sie sich dann an ihrem Stehplatz im Tagesraum mit den Fingern schälte und aß. Die Schalen brachte sie dann von sich aus in einen Papierkorb. Anschließend nahm sie sich wieder ihr Kartenspiel, welches sie zuvor beiseite gelegt hatte und wippte lächelnd auf ihrem Stammplatz im Tagesraum hin und her. Plötzlich ging sie "schnurstracks" auf die Mitarbeiterin zu, die gerade wieder eine andere Bewohnerin baden wollte, umarmte die Betreuerin und drückte sie fest mit den Worten: "Lieb haben". Dieses Erlebnis war für beide der Stein des Anstoßes. Für die Mitarbeiterin war klar, daß sie zu Frau F. eine herzliche Beziehung aufbauen konnte und daß sie sie mit Essen aus ihren Stereotypien herausholen bzw. die Selbststimulationen unterbrechen konnte. Für Frau F. war offenbar jemand da, der auf ihre Wünsche, die sie durch Schreien ständig äußerte, positiv reagierte und den sie "lieb" hatte.
In den nachfolgenden Wochen handelte die Mitarbeiterin noch mehrmals auf ähnliche Weise, wodurch sich die Sympathien verdichteten. Ferner ging die Betreuerin auch tagsüber auf Wünsche von Frau F. ein, indem sie mit ihr zusammen in einem Schlafsaal Musik hörte. Ausgangspunkt der pädagogisch-therapeutischen Arbeit waren somit die Bedürfnislage von Frau F. und ihre "positiven" Botschaften.
Da Frau F. zum damaligen Zeitpunkt tagsüber noch keineswegs leiser und nach wie vor in ihrem Verhalten sehr eigenwillig war, äußerten sich die meisten Mitarbeiter der Station gegenüber dieser Patenschaft zunächst ziemlich skeptisch. Der pädagogische Nihilismus, die Auffassung, daß man bei Frau F. nichts mehr machen könne, war bei der

Mehrheit des Personals noch weit verbreitet, so daß der Blick für
das Positive (Botschaften, die von Frau F. ausgingen) fehlte. Die
Mitarbeiterin ließ sich jedoch von diesen Bedenken ihrer Kolleginnen nicht beirren und ging den mit ihrem Abteilungsleiter und
Team vereinbarten Weg. An eine Reduktion der sedierenden Arznei dachte in diesem Zusammenhang jedoch noch niemand (Mai 1981: Copenthixol:
25 - 25 - 50 mg; Prothipendyl: 80 - 80 - 160 mg).
Durch die positiven Formen der Zuwendung, der ein deutliches Maß an
Echtheit zugrunde lag, öffnete sich Frau F. allmählich immer mehr
ihrer Bezugsperson gegenüber und ließ beispielsweise angenehme Körperberührungen für kurze Augenblicke zu. So fand die Mitarbeiterin
immer häufiger während des Musikhörens Gelegenheit, Frau F. in den
Arm zu nehmen, sie zu streicheln, zu drücken oder später auch zu
liebkosen. Wenn es sich bei diesem Körperkontakt auch nur um Minuten
handelte, so waren diese Bemühungen dennoch von ganz entscheidener
Bedeutung dafür, daß Frau F. nicht nur offener und zugänglicher der
Mitarbeiterin gegenüber, sondern auch ansprechbarer bei einfachen
Aufgabenstellungen wurde. Die Mitarbeiterin versuchte beispielsweise
Frau F. an kleine Handreichungen im Rahmen der alltäglichen Hausarbeiten auf der Station vorsichtig heranzuführen. In diesem Zusammenhang gingen wir davon aus, daß bei Frau F. entsprechende Fähigkeiten
und Voraussetzungen vorhanden waren, die bislang mehr oder weniger
brach lagen und in der Vergangenheit allenfalls während der zweijährigen Schulzeit zur Geltung gekommen waren. Gelegentliche Handlungen von ihr (z.B. Kleidungsstücke aus dem Schrank holen, Schuhe
für andere Bewohner holen) deuteten darauf hin, daß das vermutete
Potential an Fähigkeiten bloß auf "geeignete Weise" pädagogisch geweckt werden mußte. Durch die emotional fundierte Patenschaft waren
hierzu sehr günstige Voraussetzungen gegeben. Die Mitarbeiterin versuchte Frau F. immer mehr an ihre alltäglichen Arbeiten zu beteiligen, indem sie z.B. auf Aufforderung Kleidungsstücke holen sollte,
Schmutzwäsche in die Wäschekörbe bringen, Schmutzsäcke in den
Keller tragen oder mit ihr Geschirr abräumen, Tische abwischen
sowie den Essenswagen in die Küche schieben sollte. Von Mal zu Mal
zeigte Frau F. größeres Interesse bei diesen Hausarbeiten mitzumachen.
In aller Regel erhielt sie als Belohnung einen Apfel oder eine
Apfelsine, ferner wurde sie immer wieder von der Mitarbeiterin für
ihre Hilfe gelobt. Sozialer und materieller Verstärker waren in dieser Phase der Entwicklung ein sehr wichtiges Moment zum Aufbau von
Verhalten.
Dies wird auch an jenen Versuchen recht deutlich, die auf eine
systematische "Öffnung nach außen" zielten. Die Mitarbeiterin erinnert sich noch gut daran, als sie das erste Mal versuchte, Frau F.
aus der Station in eine angrenzende Parkanlage zum Spazierengehen
zu "locken". Etwa 20 Meter von der Station entfernt gibt es ein
Vogelhäuschen, welches die Mitarbeiterin auf die Idee brachte, mit
Frau F. dort hinzugehen und die Vögel mit altem Brot zu füttern. So
ging sie mit Frau F. in die Küche der Station, holte altes Brot
heraus und schlug vor, die Vögel im Käfig damit zu füttern. Sie gab
Frau F. das Brot in die Hand, und diese war bereit mitzugehen. Als
sie jedoch das Haus etwa zwei Meter verlassen hatte, aß sie plötzlich
sämtliches Brot auf und ging unmittelbar wieder zurück zur Station.
Frau F. war nicht mehr bereit gewesen mitzukommen. Damit war der
Versuch des gemeinsamen Fütterns gescheitert. Eine Woche später bemühte sich die Mitarbeiterin erneut, zusammen mit Frau F. hinauszugehen. Diesmals gab sie ihr wieder altes Brot, hielt jedoch selbst
einen Apfel in der Hand, der als Verstärker für das Füttern der
Vögel dienen sollte. Mit dem Hinweis, daß Frau F. den Apfel bekommen

und essen dürfte, wenn sie den Vögel Brutkrumen gebe, gelang es der Mitarbeiterin, zusammen mit Frau F. bis hin zum Vogelhäuschen zu gehen. Frau F. war bereit gewesen, die Vögel zu füttern und erhielt als Belohnung den Apfel. Diese "Spielchen" wiederholten sich in den nachfolgenden Wochen noch dreimal.

Der entscheidende Durchbruch zum Spazierengehen kam, als Frau F. im Mai 1981 ihrer Mitarbeiterin gegenüber den Wunsch äußerte, "Spitztüteneis" zu essen. Die Mitarbeiterin griff dieses Bedürfnis auf und ging mit ihr hinaus zu einem Cafe im Klinikgelände. Dort durfte Frau F. aus der Gefriertruhe Eis selbst aussuchen, was zur Folge hatte, daß sie vier Portionen Eis aß und darüber hinaus mehrere Stücke Kuchen. Von der Mitarbeiterin wurde berichtet, daß sie bei diesem Gang ins Cafe Ängste gehabt habe, weil sie nicht wußte, wie Frau F. in einer ihr völlig neuen Umgebung reagieren werde. So hatte die Betreuerin damit gerechnet, daß Frau F. womöglich im Cafe gleichermaßen wie auf ihrer Station viel schrie, nicht bereit war, sich zu setzen oder aber - und dies war die größte Befürchtung - nach dem Verzehren der Speisen keine Anzeichen mehr machte, das Cafe zu verlassen und zurück zur Station zu gehen. Glücklicherweise verhielt sich Frau F. jedoch im Cafe recht ruhig, außerdem hatte die Mitarbeiterin keine Schwierigkeiten, nach etwa einer Stunde wieder mit ihr zurück zur Station zu gehen.

In den nachfolgenden Monaten (zweite Hälfte des Jahres 1981) erfolgten nun zahlreiche Cafebesuche wie auch Einkäufe (bei denen sich Frau F. unter Begleitung der Mitarbeiterin Eis oder Obst kaufen durfte), die dazu führten, daß Frau F. gegen Ende des Jahres bereit war, auch ohne materielle Verstärker (Eis, Obst) zusammen mit der Mitarbeiterin im Klinikgelände spazieren zu gehen. Aufgrund dieser bisher erfolgreichen pädagogisch-therapeutischen Arbeit wurde im Zeitraum von Juli 1981 bis Februar 1982 die sedierende Arznei behutsam reduziert und umgestellt (Juni/Juli 1981: Copenphixol 25 - 25 - 25 mg; Prothipendyl 40 - 40-80 mg; Oktober 1981: Copenphixol 25 - 0 - 25 mg; Prothipendyl 40 - 0 - 80 mg; Februar 1982: Copenphixol 25 - 0 - 25 mg; Levomepromazin 50 - 0 - 50 mg). Die z.g. Dosierung wurde bis September 1983 beibehalten. Denn trotz der intensiven Bemühungen unserer Mitarbeiterin war Frau F. weiterhin zeitweise tagsüber wie auch nachts noch recht laut, wobei ihr langanhaltendes Schreien oft sowohl Mitarbeiter als auch Mitbewohner in starkem Maße nervlich belastete. Im Unterschied zu früher ließ sie sich jedoch immer häufiger durch Musikhören im Schlafsaal beruhigen; ferner ergab sich immer mehr die Möglichkeit, die Stereotypien bei Frau F. durch Beteiligung an Hausarbeiten auf der Station zu durchbrechen oder einzugrenzen. Frau F. war beispielsweise in zunehmendem Maße bereit, nicht nur ihrer Bezugsperson, sondern auch anderen Mitarbeitern zu helfen, indem sie zu den Mahlzeiten die Tische deckte, abräumte, Tische abwischte, Waschbecken säuberte, im Badezimmer aufräumte, Wäsche zusammenfaltete oder Butterbrote für andere Bewohner schmierte.

Zwischenzeitlich war zu Beginn des Jahres 1982 die Frauenstation mit 25 Bewohnerinnen in zwei Gruppen mit je 12 Behinderten unterteilt worden, die beiden Gruppen wurden je von zwei Mitarbeitern und einer zusätzlichen Praktikantin im Tagesdienst **betreut**. Die Aufteilung in Gruppen führte zugleich zu verbesserten Rahmenbedingungen. So wurde auf der ehemaligen Station beispielsweise eine Spiel- und Schmuseecke eingerichtet, um kommunikative und körperbezogene Prozesse mit den Bewohnerinnen zu intensivieren. Diese Möglichkeit wurde von unserer Mitarbeiterin sehr genutzt, die sich von nun an immer wieder mit Frau F. in die Schmuseecke begab, sich auf die

Matte legte, in Decken einrollte, Musik hörte, Frau F. in den Arm
nahm, hin- und herwiegte sowie bemüht war, die Körper- oder Zei-
chensprache zu dialogisieren. Wenn auch kein wechselhafter Austausch-
prozeß von Körperzeichen stattfand, so war Frau F. jedoch in unre-
gelmäßigen Abständen immer wieder bereit, von sich aus mit ihrer Bezugsperson kurzzeitig zu schmusen, sie fest an sich zu drücken oder
ihr mehrere Küsse zu geben.
Spätestens seit dieser Zeit war Frau F. in ihrem Verhalten ange-
paßter und selbständiger geworden, indem sie sich jetzt regelmäßig
alleine an- und auszog, ohne dazu entsprechend aufgefordert zu werden, ferner wusch sie sich alleine am Waschbecken und benötigte nur
noch wenig Hilfe beim Abtrocknen, überdies ließ sie sich inzwischen
gerne die Haare waschen und aufdrehen, zuvor war dies für sie immer
ein "Greul" gewesen. Ebenso zeigte sie jetzt auch Interesse für
Aktivitäten im ästhetischen Bereich, so tanzte sie häufig mit der
Mitarbeiterin zur Musik, nahm an Spielliedern teil, fädelte gerne
Perlen auf, malte mit Wachsmalkreiden oder Fingerfarben Bilder,
denen allerdings viel Stereotypes anhaftete (Frau F. malte immer
kreisförmige, ringelartige Gebilde); ein Jahr zuvor war es uns im
Rahmen eines Pilot-Projektes "Künstler-Behinderte" (vgl. hierzu
Theunissen 1985 a, S. 107 ff.; Theunissen/Seebauer/Domma 1982) noch
nicht möglich gewesen, Frau F. überhaupt an eine einzige Aktivität
zu beteiligen.
Ab April des Jahres 1982 arbeitete die Mitarbeiterin zusammen mit
einem Laienhelfer drei Monate lang in der abteilungsbezogenen Tagesstätte an vier Wochentagen für sechs Stunden täglich (vgl. hierzu auch Theunissen 1985 a, S. 145 ff.). Ziel dieser Tagesstättenar-
beit war es, bei vier schwerstgeistig- und mehrfachbehinderten Bewohnerinnen durch eine breite Palette an pädagogischen Angeboten
aus dem ästhetischen Bereich sowie durch lebenspraktisches Tun (Ausführung von Hausarbeiten) verkümmerte Fähigkeiten herauszufinden,
Interessen zu wecken sowie zu einer Prognose bezüglich geeigneter
pädagogisch-therapeutischer Anknüpfungspunkte und Beschäftigungsmöglichkeiten zu gelangen.
Bei Frau F., die an der Tagesstätte teilnahm, wurden spezifische
Schwerpunkte gesetzt, z.B. sollte sie lernen, alleine in ein auf
dem Klinikgelände nahegelegenes Lebensmittelgeschäft zu gehen und
einzukaufen, ferner sollte sie die Wege von der Station zur Tagesstätte alleine gehen, außerdem sollten ihre Fähigkeiten im Zusammenhang mit Küchenarbeiten (Spülen, Abtrocknen, Wegräumen, Geschirr
selbständig holen und Tisch decken) sowie bei anderen Haushaltstä-
tigkeiten (Staubsaugen, Blumengießen) erprobt werden.
Frau F. lernte innerhalb von zwei Monaten, sämtliche dieser Aufgaben
selbständig zu bewältigen. Von seiten ihrer Mitarbeiterin wurde berichtet, daß sie sehr ordnungsgemäß und exakt die Küchenarbeiten er-
ledigte. Aufgrund dieser positiven Erfahrungen waren wir überzeugt,
daß Frau F. auf Dauer eine geeignete Hausgehilfin in ihrer Wohngruppe sein könnte, wenn es allen Mitarbeitern gelänge, sie für die
entsprechenden Arbeiten zu motivieren. Denn bislang hatte Frau F.
nur eine enge Beziehung zu ihrer "Patin", sämtliche anderen Mitarbeiter hatten immer wieder jene Schwierigkeiten mit ihr, über die
wir eingangs berichteten.
Um eine Öffnung auch anderen Personen gegenüber zu erreichen, versuchte unsere Halbtagskraft, Frau F. soviel wie möglich an Gemeinschaftsaktivitäten zu beteiligen. Außerdem wurden Kolleginnen gelegentlich
in die pädagogisch-therapeutische Arbeit mit einbezogen. Auf diese
Weise gelang es uns, daß seit Beginn des Jahres 1983 Frau F. all-

mählich auch anderen Betreuern gegenüber offener und hilfsbereiter wurde.
Einige der in der Tagesstätte erprobten Tätigkeiten wurden nach Beendigung dieser Maßnahme auf der Wohngruppe über ein Jahr lang weitergeführt. Zum Beispiel spülte Frau F. nun täglich das Mittagsgeschirr sämtlicher Mitbewohnerinnen, es wurde in diesem Zusammenhang bewußt auf die Spülmaschine der Gruppe verzichtet, wichtiger für uns war es, möglichst viele Bewohner sinnvoll zu beschäftigen und zu aktivieren. Das tägliche Spülen sowie andere Aufgaben wie Tisch decken, abräumen, abwischen oder Wäsche zusammenfalten galten von nun an auf der Gruppe als ausgezeichnete pädagogische Betätigungsfelder, durch die einzelne unserer Bewohnerinnen zu einem wichtigen Schritt in Richtung auf Verfügung und Kontrolle über ihre eigenen Lebensumstände gelangen konnten.
Seit Oktober 1983 bis Juni 1984 nahm Frau F. erneut an einem Tagesstättenprogramm teil, welches von Studenten zweimal wöchentlich angeboten wurde. Während dieses Zeitraumes stabilisierte sie sich immer mehr in ihrem positiven Verhalten, Situationen, in denen sie sich führungsresistent verhielt, konnten inzwischen von mehreren Mitarbeitern pädagogisch bewältigt werden. Oftmals genügte es, mit knapper, prägnanter Ansprache und entsprechenden Hinweisgesten (z.B. durch Zeigen auf gemeinte Dinge, durch Blickkontakt auf Objekte) Frau F. zu einem sozial erwünschten Verhalten hinzuführen.
Übedies war auf der Gruppe auch die Regelung getroffen worden, Frau F. bei langanhaltendem lauten Schreien bis zum Zeitpunkt ihrer Beruhigung in ihrem Schlafraum zu isolieren (time-out). In der Regel dauerte es nur wenige Minuten, bis Frau F. ihr Schreien aufgab. Ferner nahmen ihr die Betreuer bei lautem,penetranten Schreien gelegentlich auch das Kartenspiel bis zum Zeitpunkt der Verhaltensänderung ab. Diese Sanktionen führten insgesamt zu einem begrenzten Erfolg. Günstiger schien es zu sein, Frau F. über modifizierte Formen des "Festhaltens" zu beruhigen (z.B. nahmen die Mitarbeiter Frau F. in Situationen, in denen sie ständig laut schrie, an die Hand, zogen sich mit ihr in ihr Zimmer zurück und versuchten, sie bei ruhiger Begleitmusik über Körpersprache zu entspannen). Heutzutage berichten die Mitarbeiter, daß Frau F. bereits bei einem bloßen Händehalten oder auch beim In-Den-Arm-Nehmen und leichten Streicheln über die Haare zu einer entspannten Haltung und psychisch-physischen Ausgeglichenheit gelangen kann. (Der Vollständigkeit halber sollte angemerkt werden, daß wir im Jahre 1983 bemüht waren, das langanhaltende Schreien von Frau F. durch Ignorieren abzubauen; diese Form hatte sich jedoch nicht in der Wohngruppe als praktikabel erwiesen, weil sowohl Mitarbeiter als auch Bewohner das aufdringlich, penetrante Brüllen psychisch nicht aushalten konnten; aufgrund dessen wurde nicht konsequent genug ignoriert, überdies gab es aber auch Bewohner, die von sich aus durch Ausschimpfen auf dieses Schreien eingingen, was zur Folge hatte, daß sich Frau F. in diesem Verhalten noch steigerte.)
Neben der körperbezogenen Arbeit waren die Betreuer in der Wohngruppe bemüht, Frau F. selbstverständlich so viel wie möglich tagsüber sowohl mit Hausarbeiten als auch mit Aktivitäten aus dem ästhetischen Bereich (z.B. Sing- oder Tanzspiele, Ballspiele, bildnerisches Gestalten, einfaches Basteln mit Papier und Pappe, Klebearbeiten, einfache Stickarbeiten) zu beschäftigen, da ihr lang anhaltendes Schreien nicht nur Ausdruck eines psychischen Unwohlseins, sondern oft auch Zeichen von Langeweile war.
Da die z.g. Auffälligkeiten in der ersten Hälfte des Jahres 1984 noch weiterhin abnahmen, ergab sich im August ddes Jahres die Möglichkeit, Frau F. in der heiminternen Werkstatt zwei Stunden täglich zu beschäftigen. Von Anfang an benötigte sie keine Begleitung auf dem

Weg zur Werkstatt - ein Zeichen dafür, wie erfolgreich die durch
ihre Bezugsperson eingeleitete und durch die in der Tagesstätte in-
tensivierte "Öffnung nach außen" gewesen war.
Aufgrund dieses erfreulichen Fortschritts wurde in den letzten drei
Monaten des Jahres 1984 erneut eine behutsam angelegte Reduktion
der Neuroleptika vorgenommen, was dazu führte, daß seit Januar 1985
Frau F. frei von sedierender Arznei ist und nur noch das notwendige
Antiepileptikum erhält. Ferner geht sie bis heute ihrer zweistün-
digen Arbeit regelmäßig nach, darüber hinaus hilft sie den Mitarbeitern in ihrer Wohngruppe und schreit nur noch sehr selten.
Immer häufiger legt sie ihr Kartenspiel tagsüber selbst zur Seite,
es gibt sogar Tage, an denen sie es überhaupt nicht mehr braucht.
Bei den meisten Mitarbeitern ist sie inzwischen sehr beliebt, auch
ihrerseits haben wir den Eindruck, daß sie heute viele ihrer Umkreispersonen gerne mag.
Inzwischen hat sich ihre enge Beziehung zu ihrer "Patin" nahezu
überflüssig gemacht, Frau F. geht heute auch von sich aus auf
andere Betreuer zu und zeigt sich nicht mehr führungsresistent. Von
seiten des Personals ist man gegenwärtig bemüht, eine noch stärkere "Öffnung nach außen" zu erreichen, indem Frau F. beispielsweise einmal wöchentlich bei einem Besuch in eine Disco mitgenommen
wird, außerdem soll sie für Botengänge angeleitet werden; überdies
ist ein Verselbständigungskonzept in bezug auf Einkaufen-Gehen und
Cafebesuch im Klinikgelände beabsichtigt.
Abschließend ist noch zu sagen, daß es seit einigen Monaten zum
festen Bestandteil der alltäglichen Arbeit von Frau F. gehört, beim
An- oder Ausziehen einiger schwerstgeistig- und körperbehinderten
Frauen behilflich zu sein. Hierzu benötigt sie in der Regel keine
besondere Aufforderung mehr, vielmehr führt sie einige Handreichungen oder Tätigkeiten (Schuhe ausziehen und in Regale stellen, Pan-
toffel holen und den Mitbewohnerinnen anziehen) von sich aus zuver-
lässig und ordnungsgemäß aus. Zumeist ist sie im Nachhinein sehr
stolz auf ihre Arbeiten und erwartet stets auch Lob und Anerkennung
von seiten ihrer Mitarbeiter. Überhaupt macht ihr das Arbeiten in
der Wohngruppe Spaß. Die Tätigkeiten geben ihr ein wichtiges Stück
Lebensfreude, Selbstbestätigung und Lebenssinn.

7.3.3. Zur Beurteilung der pädagogisch-therapeutischen Einzelarbeit

Bei einem Vergleich der beiden vorausgegangenen Beispiele läßt sich
eine gewisse Parallelität der Lern- und Entwicklungsprozesse erkennen, die unserem theoretischen Entwurf (phasenspezifisches Kompaktprogramm) entspricht: Am Anfang der Förderung stehen Bemühungen um
ein kommunikatives Verhältnis (Patenschaft), welches sämtliche Aktivitäten fühlbar zu durchdringen hat. Anknüpfungspunkt für Spiel- oder
Arbeitsprozesse sind die positiven Zeichen oder verkümmerten Fähigkeiten, die pädagogisch aufgegriffen, unterstützt, in neue Verhaltensweisen überführt, stabilisiert und schließlich in Richtung auf
selbst initiiertes, sozial orientiertes Handeln differenziert werden.
Während das erste Beispiel für eine erfolgreiche ästhetische Praxis
steht, geht es im zweiten Bericht um den Stellenwert der Arbeit als
Mittel der Persönlichkeitsentfaltung.

Beide Beispiele stammen aus einer breit angelegten individualbasalen Förderarbeit, die nicht von sog. therapeutischen Diensten in "klinischen Situationen" oder sog. Therapiezentren, sondern primär von Mitarbeitern im Stations- bzw. Gruppendienst, die für diese sonderpädagogische Tätigkeit auf abteilungsbezogenen Fortbildungen geschult werden, durchgeführt wird (vgl. hierzu auch Theunissen 1985 c).

Im folgenden haben wir nun für die zusammenfassende Beurteilung unserer Beispiele drei zentrale, eng miteinander verknüpfte, Prinzipien besonders herausgegriffen, nach denen sich die pädagogisch-therapeutische Arbeit mit hospitalisierten, schwerstgeistig- und mehrbachbehinderten Erwachsenen zu richten hat.

7.3.3.1. Zur kommunikativen Vorgehensweise

Ausgangspunkt und Grundlage unserer pädagogisch-therapeutischen Einzelarbeit ist das Bemühen, mit den Bewohnern eine emotional-fundierte zwischenmenschliche Beziehung herzustellen und zur Entfaltung zu bringen. Dieses Ziel unserer Arbeit, welches als ein "Werden in der Begegnung" (Simon) aufgefaßt werden kann, fußt im wesentlichen auf Gedanken und Vorstellungen über Erziehung und Bildung, die wir aus den philosophischen Schriften M. Bubers entnommen haben.

Der Kerngedanke, welcher sich in nahezu sämtlichen Schriften Bubers wiederfindet, ist das "dialogische Prinzip". Nach Buber kann der Mensch nicht als ein bloßes Individuum verstanden werden, vielmehr ist er nur "in der Beziehung zum Mitmenschen, zum Du" (Klafki 1974, S. 74) zu begreifen. "Der Mensch wird am Du zum Ich" (Buber 1962 a, S. 97). Und an anderer Stelle heißt es: "Es gibt kein Ich an sich, sondern nur das Ich des Grundwortes Ich-Du und das Ich des Grundwortes Ich-Es" (S. 79).

Mit dieser Unterscheidung wird die zwiespältige Haltung zum Ausdruck gebracht, die der Mensch gegenüber Mitmenschen oder Dingen einnehmen kann. Beim Vorgang des Distanzierens (vgl. Buber 1962 b, S. 412 ff.) erfährt und gebraucht der Mensch Dinge und Mitmenschen als Es, beim Akt der Beziehung werden Dinge und Personen zum Du. Das Ich-Du-Verhältnis meint eine "unmittelbare Begegnung", in der der Mensch seinem "Gegenüber", sei es eine Person oder eine Sache, "ganz inne" wird (Buber 1962 a, S. 84 f.), zugleich soll diese Fähigkeit des Du-Sagens verhindern, daß der Mensch die Welt völlig verobjektiviert oder dem Objekthaften, der Es-Welt verhaftet bleibt. Buber weist diesbezüglich allerdings darauf hin, daß eine solche Beziehung nur für einen begrenzten Zeitraum möglich ist und somit immer wieder in ein Ich-Es-

Verhältnis umschlägt (vgl. Buber 1962 a, S. 144 f.). Da aber die Begegnung als Möglichkeit weiterhin latent vorhanden bleibt, kann zu gegebener Zeit das zum Es gewordene Du wieder neu belebt werden. Dieser Wechsel von Aktualität und Latenz bietet dem Menschen Gelegenheit, ausspannen oder entspannen zu können, denn schließlich ist eine "unmittelbare Begegnung" zugleich auch immer mit Anstrengung oder Anforderungen verbunden (vgl. hierzu Caselmann 1974, S. 118). Dieser Gesichtspunkt ist zweifellos für unser pädagogisch-therapeutisches Anliegen bedeutsam, so eröffnet er uns in bezug auf die Betreuung schwerstgeistig- und mehrfachbehinderter Erwachsener den Blick für eine realoptimistische Einschätzung der Möglichkeiten, im Rahmen alltäglicher Situationen in einer Wohngruppe personale Begegnungsprozesse anzubahnen. Bekanntlich wird die stationäre Arbeit oft maßgeblich von organisatorischen oder hauswirtschaftlichen Arbeiten bestimmt, so daß häufig die Mitarbeiter nur wenig Zeit haben, sich auf intensive Begegnungen mit unseren Bewohnern einzulassen. Was somit bleibt, ist die Chance, "augenblickhafte Begegnungen" (Buber) mit den Behinderten zu realisieren und die emotionalen Beziehungen als latenten Hintergrund bei alltäglichen Arbeiten (z.B. pflegerischen Tätigkeiten) spürbar werden zu lassen. Der Wechsel von Aktualität und Latenz der Begegnung kommt in unserem zweiten Beispiel zum Ausdruck. "Augenblickhafte Begegnungen" können beim Umgang mit Dingen, z.B. bei der Bewältigung von Hausarbeiten stattfinden, indem die Betreuer beispielsweise mit den Bewohnern zusammen Tätigkeiten wie Essen vorbereiten oder Tisch decken ausführen. In der Arbeit mit Frau F. wurde diese Möglichkeit der Begegnung beim gemeinsamen Tun als beziehungsstiftende Komponente der pädagogisch-therapeutischen Arbeit voll genutzt. Den Gedanken, Begegnungsprozesse beim gemeinsamen Tun anzubahnen, finden wir übrigens in mehreren heilpädagogischen Konzeptionen wieder, so entwickelte beispielsweise Lenzen (1976, S. 147) den Ansatz der "Konviktion", einem "innig-gemeinsamen quasi identischen Miterleben und Mittun von Erzieher und Kind". Nach Pfeffer (1983, S. 360) sollte bei der Förderung Schwerstgeistigbehinderter darauf geachtet werden, den Umgang mit Gegenständen "in einen affektiv-emotionalen Bezug" einzubinden, so daß ein "gemeinsames Erleben von Welt" stattfinden kann (vgl. hierzu auch Pfeffer 1984).
Das Sich-Einlassen auf solche Begegnungen sowie die Entfaltung dieser Prozesse hängt nach Buber im entscheidenden Maße von der Gestaltung des dialogischen Verhältnisses in der Erziehung ab, "das sich seiner Art nach nicht nur zur vollen Mutualität entfalten darf, wenn

es in dieser seiner Art dauern soll" (1962 a, S. 166). Damit die zu erziehende Person sich selbst verwirklichen kann, soll der Erzieher seinen Partner" nicht als eine bloße Summe von Eigenschaften, Strebungen und Hemmungen kennen", sondern ihn vielmehr "als einer Ganzheit inne werden und ihn in dieser seiner Ganzheit bejahen. Das aber vermag er nur, wenn er ihn jeweils als seinen Partner in einer bipolaren Situation begegnet" (S. 167). Dies bedeutet, daß der Erzieher sein Handeln von der Seite seines Partners aus erfahren und verstehen soll - ein erzieherischer Akt, den Buber als "Umfassung" zu kennzeichnen versucht. Heutzutage spricht man in diesem Zusammenhang gerne von "Empathie" und meint damit die Fähigkeit, "den anderen und seine Welt mit seinen Augen zu sehen" (Rogers 1973, S. 51). Buber geht mit seinem Begriff der "Umfassung" aber über ein "Einfühlungsvermögen" hinaus. Seiner Auffassung nach hat der Erzieher als "Repräsentant von Welt" den ihm anvertrauten Menschen in seinem "gesamten Sein" zu umfassen, d.h. die Einzigartigkeit wie auch die Würde des anderen anzuerkennen und zu wahren sowie den Partner in seinen Möglichkeiten zu erschließen.

Was das erzieherische Wirken betrifft, so soll nach Buber (1969, S. 14) der Pädagoge durch geeignete Rahmenbedingungen der zu erziehenden Person dazu verhelfen, ihren "Urhebertrieb" (den Drang, etwas selber zu machen) zu entfalten; zugleich soll er aber auch seinem Partner mit "Kritik und Anleitung" (ebenda, S. 19) entgegentreten, um den Anspruch der Welt an den Zögling zu vertreten. In dem "Meister"der früheren Zeiten sieht Buber (1969, S. 21) zur Bewältigung dieser Aufgabe ein geeignetes Vorbild. Seiner Meinung nach verstand es der Meister, "den Schüler an seinem Leben teilnehmen und so das Geheimnis des Tuns erfassen" zu lassen (Buber zit. n. Simon 1965, S. 323; vgl. auch Röhrig 1978, S. 512). Um diesem Anspruch gerecht zu werden, sollte der Erzieher um "Selbsterziehung" (Buber 1969, S.30) bemüht sein, die sowohl ein "Selbst-Verstehen als Weg zum Du-Verstehen" (Schumacher 1985, S. 11 ff.) als auch eine Reflexion der Rolle des Erziehers als "Vermittler von Welt" beinhalten soll. Ferner bedarf es nach Buber (1962 b, S. 189 f.) der Vergegenwärtigung des Momentes der Verantwortung im Vorgang der Umfassung, um "die ganze Wirklichkeit von Leib, Seele und Geist" (Faber 1974, S. 160) des zu erziehenden Menschen zu erreichen.

Die bereits oben genannte Freisetzung des "Urhebertriebs" (heute würde man hier von der Unterstützung sensomotorischer Aktivitäten, symbolischer Handlungen oder konkreter Operationen sprechen), die ihren Ausdruck im ästhetischen Spiel, in der Kunst oder in der Arbeit findet, ist nach Buber aber nur Teil einer "Erziehung als ein Werden in der Begegnung" (Simon); denn ein Mensch, der bloß Urheber ist und in einem werkhaften Tun, in der Ich-Es-Beziehung, verharrt, bleibt einsam und sozial isoliert (vgl. Buber 1969, S. 16 f.; vgl. auch Simon 1965, S. 32). Vielmehr wartet - so Buber (1962 a, S.94 ff.) - jeder Mensch insgeheim darauf, auch angesprochen zu werden, weil es "eine reine naturhafte Verbundenheit" gibt, die jedem Individuum "angeboren" ist. Dieser "Trieb der Verbundenheit" steht nach Buber (S. 96) am Anfang menschlichen Werdens und macht Erziehung erst möglich. Bubers Auffassung deckt sich hier weitgehend mit den Ansichten Alfred Adlers über das Zärtlichkeitsbedürfnis oder Gemeinschaftsgefühl des Menschen, worunter zwar kein Trieb aber eine "angeborene Disposition für ein positives Verhältnis zur sozialen Umwelt" (Ansbacher/Ansbacher 1975, S. 151) zu verstehen ist, indem beispielsweise "das Kind die Nähe des Erwachsenen sucht... (und, G.T.) Zärtlichkeitsbestrebungen auf andere richten will" (Adler 1971, S. 5o, 15o f.; vgl. auch Piaget 1974, S. 144; Spitz 1973 a, S. 46, 48; Erikson 1974, S. 65). Um zu einer solchen emotional fundierten, dialogischen Basis, gekennzeichnet von Verbundenheit, Geborgenheit und Vertrauen, zu gelangen, bedarf es der Entwicklung jener Kräfte des Menschen, die ein Du-Sagen ermöglichen. Adler geht es hierbei um die "bewußte" Entwicklung des Gemeinschaftsgefühls (vgl. hierzu Ansbacher/Ansbacher 1975, S. 141), und Faber (1974, S. 13 f.) betont unter Hinweis auf Buber, daß es pädagogisch notwendig sei, die zu erziehende Person "für die Hinwendung zum Du" zu befähigen. Diesbezüglich bedarf es eines behutsamen "Führens" (Litt) - einer pädagogischen Einflußnahme, durch die die zu erziehende Person dazu veranlaßt werden kann, sich auf "eine Verbindung ihres unverbundenen Urhebertriebes" (Buber) einzulassen, d.h. sich über das Du der Welt zu öffnen, ihr zu antworten und sich zugleich ihr zu verantworten (vgl. 1962 b, S. 189 f.). Somit wird mit dem Begriff der "Verbundenheit" nicht nur eine Ich-Du-Beziehung thematisiert, sondern zugleich auch der Weg für eine Öffnung nach außen, zu einem Ich-Wir-Verhältnis, zur Gemeinschaft und somit zu einer Weltbegegnung geebnet. Bemerkenswert sind in diesem Zusammenhang Spiels (1948, S. 4) weiterführende Gedanken über das Gemeinschaftsgefühl im Sinne A. Adlers:"Gemeinschaftsgefühl umfaßt sowohl das Evidenzerlebnis des Eingebundenseins und des Verpflichtetseins als auch das Tatverhalten im Sinne der Verantwortung, im Sinne der Mitarbeit, des Mitspielens und - der Liebe".

Unsere beiden Beispiele zeigen auf, daß wir in der pädagogisch-therapeutischen Arbeit bemüht sind, eine solche Hinwendung zum Du, die zugleich auch ein Interesse für die Gemeinschaft sowie Weltbegegnung impliziert, über körperbezogene, beziehungsstiftende Arbeitsformen zu erreichen (behutsames Streicheln, vorsichtiges Berühren, leise Ansprache...). Formen einer "basalen Kommunikation" (Mall 1984) oder "Körpertherapie" (Besems/Vugt 1983) bieten in diesem Zusammenhang gute Möglichkeiten, einen Zugang zu schwerstgeistig- und mehrfachbehinderten Erwachsenen zu finden.

Abschließend sei noch gesagt, daß wir bei unserer pädagogisch-therapeutischen Arbeit von sog. Patenschaften ausgehen (vgl. hierzu auch Theunissen 1985 a, S. 65), die auf Sympathiebeziehungen zwischen Betreuer und Behinderten beruhen sollen und nicht von "oben herab" verordnet werden können. Solche Patenschaften können sich - wie unsere beiden Beispiele zeigen - trotz intensiver Beziehungen auf Dauer überflüssig machen, indem die Bewohner gegenüber anderen Mitarbeitern oder Umkreispersonen emotional offener, wacher sowie kontaktfreudiger werden und sogar nach Loslösung der Patenschaft noch zu weiteren Fortschritten gelangen. Ein Grund für diese Entwicklung ist darin zu sehen, daß wir bei der Entfaltung einer Patenschaft auch immer bestrebt sind, die Ich-Du-Beziehung über Prozesse des sozialen Lernens in Ich-Wir-Beziehungen zu überführen. Diese Entwicklung sozialer Beziehungen ist ein sehr wesentlicher Gesichtspunkt, wenn es darum geht, Bewohner in die Gemeinschaft zu integrieren.

7.3.3.2. Zur ganzheitlich-integrativen Vorgehensweise

Unser erster Bericht über Herrn J. ist ein hervorragendes Beispiel dafür, wie über einen "ganzheitlichen" Ansatz einer ästhetischen Erziehung Lern- und Entwicklungsprozesse in Gang gesetzt und entfaltet werden können. Der von uns hier benutzte Begriff des "Ganzheitlichen" bezieht sich auf ein Verständnis vom "Menschen als ein Leib-Seele-Geist-Subjekt in einem sozialen und physikalischen (ökologischen) Umfeld" (Petzold 1977 b, S. 452). Eine auf die "ganze Person" hin angelegte Erziehung wird auch von Speck (1980, S. 163) favorisiert, der gleichermaßen wie Piaget (1974, S. 163) davon ausgeht, daß biologische Vorgänge, Wahrnehmung, Bewegung, Gefühle, Gedächtnis und Sprache im Menschen "untrennbar verbunden" sind.

Bei Herrn J. liegt die Vermutung nahe, daß er jahrzehntelang unter der psychiatrischen Anstaltspraxis zu leiden hatte. Aus Erzählungen von Mitarbeitern wußten wir beispielsweise, daß er bei alltäglichen Pflege- oder Badeprozessen oftmals wenig einfühlsam und unpersönlich behandelt wurde. Diese Form des Umgangs war für Herrn J. unangenehm, was sich in seiner Gestik (Verklammerung der Arme) und seinem Gesichtsausdruck (finster, angstbesessen) ausdrückte. Weitere Folgen waren Verspannungen im muskulären Bereich und Störungen im Atemrhythmus (vor Furcht den Atem anhalten). Häufig werden solche "negativen Erfahrungen auch auf Situationen übertragen, in denen keine oder nur geringe Bedrohung vorhanden ist. Angemesenes Ausdrucks-, Aggressions- und Fluchtverhalten wird damit nicht mehr möglich. Stattdessen werden ... Vermeidungs- oder Vorsorgereaktionen ausgebildet, Ängstlichkeit, Unsicherheit, überschießende, destruktive Aggressivität oder manipulatives Verhalten" (Petzold 1977 b, S. 271). Da Herr J. bereits bei Annäherungsversuchen durch leichte Körperberührung Abwehrhaltungen zeigte und zugleich ängstlich reagierte, war es für unsere pädagogisch-therapeutische Arbeit ganz entscheidend, zunächst an diesen "Mustern der Sicherung" (Petzold) durch körperbezogenes, beziehungsstiftendes Arbeiten (freundliches Zureden, leichtes Berühren, Umarmen, Schaukeln in einer mit ruhiger Musik untermalten Atmosphäre) anzuknüpfen, bevor gezielte Spielprozesse oder Entwicklungshilfen ins Auge gefaßt werden konnten. Anfangs verhielt sich Herr J. bei dieser Form der basalen Kommunikation noch recht zurückhaltend und abwartend, aber schon bald spürte er, daß seine Ängste unnötig waren, was zur Folge hatte, daß er in zunehmendem Maße den Körperkontakt annahm. Dadurch, daß ihm in angenehmen Situationen seine Verspannungen und Ängste immer mehr bewußt wurden, machten sich die Abwehrhaltungen bei der Kontaktaufnahme auf Dauer überflüssig; zugleich wurde damit auch die Tendenz zur Generalisierung gestoppt, was als ein wichtiger Schritt in Richtung auf ein angemessenes Ausdrucksverhalten in Gefahrensituationen wie aber auch auf eine adäquate Realitätsbewältigung aufgefaßt werden kann.

Ein geradezu typisches Beispiel für die Vernachlässigung des emotionalen Faktors in Verbindung mit Körperreaktionen sowie der Ignoranz der Erkenntnis, daß oftmals psychische Probleme komplexe Lernprozesse behindern (vgl. hierzu Sarason u.a. 1960), liefert uns im ersten Bericht die Arbeit der Gymnastiklehrerin, die es nicht verstanden hatte, den Körper und die körperlichen Erfahrungen als Teilbereich eines "Ganzen", d.h. in der Einheit von Leib, Seele und Geist auf den Hintergrund einer sozialen Bezogenheit, pädagogisch-therapeutisch aufzubereiten.

Spätestens an dieser Stelle wird sichtbar, daß eine ganzheitliche Vorgehensweise auch ein "integratives" Moment beinhaltet (vgl. hierzu auch Speck 1980, S. 164), welches sich auf die Auswahl und Umstrukturierung von Verfahren oder didaktischen Einheiten erstreckt, so daß Lern- und Entwicklungsprozesse motorischer, affektiver, kognitiver, pragmatischer und sozialer Art evoziert werden können. Wie bewegungstherapeutische Intentionen mit emotionalen und sozialen Lernprozessen verknüpft und integriert werden können, macht unser erstes Beispiel besonders deutlich. Im Mittelpunkt der Arbeit mit Herrn J. stand das ästhetische Spiel, welches diese unterschiedlichen Aspekte in sich vereint (Synkretismus). Wichtig in der pädagogisch-therapeutischen Arbeit mit Herrn J. war es, daß über die Gefühls-, Erlebnis- und Ausdrucksphäre Wahrnehmungs- und Handlungsmöglichkeiten behutsam erweitert und Prozesse eines selbständigen Tuns und selbstinitiierten Lernens erreicht werden konnten.Folglich ging das ästhetische Spiel nicht planlos oder ziellos vonstatten, vielmehr kam es darauf an, in dem alltäglichen Spielen das "therapeutische Potential" in bezug auf eine Verbesserung der Motorik von Herrn J. zu erspüren und entsprechend zu nutzen (indem Herr J. seine Arme zum Erreichen des Balles strecken mußte, wurde im Spiel, welches ihm Spaß und Freude bereitete, eine Förderung im motorischen Bereich angestrebt). In diesem Zusammenhang wird verständlich, daß es nicht genügt, bloß mit dem Behinderten "frei" zu spielen . Vielmehr muß sich der Betreuer darüber im klaren sein, was er durch das alltägliche Spiel erreichen möchte und welchen funktionellen Wert seine Arbeit haben soll (wofür soll Herr J. lernen, seinen Arm hochzuheben? - um sich vielleicht später das Unterhemd besser über den Kopf ziehen zu können).

Auch in unserem zweiten Beispiel wurde das "therapeutische Potential" im Spiel oder in der alltäglichen Arbeit einer bloßen Übungsbehandlung vorgezogen. Im Mittelpunkt der Förderung von Frau F. standen einfache Hausarbeiten,die auf dem fühlbaren Hintergrund einer Patenschaft und eines ganzheitlich-integrativen Konzeptes (unter Berücksichtigung verhaltenstherapeutischer Prinzipien und ästhetischer Aktivitäten) so aufbereitet wurden,daß affektive,kognitive, pragmatische und soziale Lernprozesse angebahnt, gefestigt und zu einem relativ selbständigen, autonomen Handeln weiterentwickelt werden konnten.

7.3.3.3.Zur entwicklungsgemäßen, subjektzentrierten Vorgehensweise
Bis vor kurzem war die psychiatrische Auffassung weit verbreitet, daß man bei schwerstgeistig- und mehrfachbehinderten Erwachsenen "nichts mehr machen könne" (vgl. hierzu Theunissen 1985 a, S.24f.). So hat Moser (1971, S. 85), der die langfristige Entwicklung Oligo-

phrener zum Gegenstand seiner Forschungen machte, bei einer Analyse von Krankengeschichten Geistigbehinderter festgestellt, "daß der untersuchende Arzt sich oft auf die Beschreibung des Intelligenzdefektes konzentrierte und die weiteren Störungen, die zur jeweiligen Hospitalisation geführt hatten, in hohem Maße mit dem Intelligenzmangel in Zusammenhang brachte. Da der letztere gewöhnlich als irreversibel betrachtet werden mußte, ergab sich in vielen Fällen fast von selber eine relativ düstere Prognose und eine entsprechende Resignation in bezug auf therapeutische Maßnahmen". Theoretisches Kernstück dieses therapeutischen Nihilismus war somit ein "defektorientiertes Entwicklungsmodell" (vgl. hierzu auch Speck 1980, S. 55 ff.), welches die organisch-genetischen Schädigungen als Determinanten in den Vordergrund stellt und bei Menschen mit geistiger Behinderung eine "bestimmt geartete, pathologische Persönlichkeitsentwicklung" sowie eine "im Ganzen endgültige Entwicklungsbeschränkung" (Lutz 1961, S. 156) annimmt (vgl. hierzu auch Zigler 1969; 1975; 1982). Heutzutage hat sich dagegen in Anbetracht verschiedener empirischer Untersuchungen, Longitudinalstudien oder Pilot-Projekte (vgl. Gunzburg 1974; Nihira 1976; Thompson/Grabowski 1976; Parmer/Clarke 1977; Parnicky 1977; Eibelmeier 1978; Silverstein u.a. 1982; Ellis u.a. 1982; Jeffree/Cheseldine 1984) die Ansicht durchgesetzt, daß nicht nur Kinder mit geistiger Behinderung, sondern auch geistigbehinderte Erwachsene (unabhängig vom Grad der reduzierten Lernbasis) lern- und entwicklungsfähig sind; in Übereinstimmung mit der Alternsforschung, in der ebenfalls jahrelang ein sog. Defizit-Modell handlungsbestimmende Funktion hatte (vgl. hierzu Lehr 1972, S. 48ff., 60 f.), wird Entwicklung als ein lebenslanger Prozeß verstanden, der in jedem Alter stattfindet und eine "Wandelbarkeit des Verhaltens" (Uesterreich 1975, S. 15) impliziert, die sich im Erwachsenenalter als "qualitative Umstrukturierung ... in der Weise auswirken (kann, G.T.), daß partielle Anteile aus dem intellektuellen und emotionalen Bereich verändert sind oder auch eine Reduktion erfahren, während andere erhalten bleiben oder sich sogar im Sinne einer Steigerung der Fähigkeiten bemerkbar machen" (ebenda, S. 96). Und da selbst bis ins höchste Lebensalter Möglichkeiten einer individuellen Entfaltung denkbar sind (vgl. ebenda, S. 166), tut Speck (1985, S.170) gut daran, auch für Erwachsene mit schwerer geistiger Behinderung "mehr Autonomie" und Gelegenheiten zur "Selbstaktualisierung" zu fordern.

Hierzu bedarf es neben der bisher genannten beziehungsstiftenden, kommunikationszentrierten und ganzheitlich-integrativen Vorgehensweise einer entwicklungsgemäßen Förderung, die sich an Gesetzmäßigkeiten und am Verlauf der menschlichen Entwicklung zu orientieren hat. Dies betrifft vor allem die Erkenntnis, daß der Prozeß der Entwicklung kontinuierlich in einer geregelten Reihenfolge von Stadien verläuft, wobei kein Entwicklungsabschnitt, der sich aus dem vorhergehenden stets ergibt, übersprungen werden kann (vgl. Piaget/Inhelder 1978, S. 12). "Unter diesem Aspekt" - so Piaget (1974, S. 154) - "stellt die geistige Entwicklung einen ununterbrochenen Aufbau dar, vergleichbar der Einrichtung eines großen Gebäudes, das durch jeden weiteren Stein solider wird, oder, noch besser, der Montage eines empfindlichen Apparates, dessen fortschreitende Adjustierung zu einer desto größeren Funktionstätigkeit und Beweglichkeit der Teile führt, je stabiler deren Gleichgewicht ist" (vgl. hierzu auch Doman 1980; Delacato 1970, S. 79 ff.).

Folgt man der einschlägigen Literatur, so ist anzunehmen, daß sich schwerstgeistig-und mehrfachbehinderte Erwachsene in der Regel auf einem sehr frühen kindlichen Entwicklungsniveau, in der sog. sensomotorischen Phase (Piaget), befinden (vgl. hierzu Inhelder 1969, S. 273; Robinson/Robinson 1965, S. 357). Allerdings gibt es neben Gemeinsamkeiten oder übereinstimmenden Merkmalen im Verhalten von schwerstgeistigbehinderten Personen und nicht-behinderten Kindern, die sich auf der sensomotorischen Entwicklungsstufe befinden, auch Unterschiede, die es uns nicht erlauben, Erwachsene mit schwerer geistiger Behinderung als normal entwickelte Kleinkinder zu betrachten oder zu behandeln (vgl. hierzu Gottschaldt 1954; Speck 1980, S. 69 f.). Folgende Aspekte sollten bei der Beurteilung der Entwicklung von hospitalisierten, schwerstgeistig- und mehrfachbehinderten Erwachsenen mit nicht-behinderten Kleinkindern unbedingt berücksichtigt werden:

- Bei hospitalisierten, schwerstgeistig- und mehrfachbehinderten Erwachsenen ist davon auszugehen, daß aus unterschiedlichsten Gründen (z.B. durch Dressurakte in der frühen Kindheit oder Anstaltsbetreuung, Interessenlage, Gesundheitszustand) die Entwicklung in weitaus stärkerem Maße als bei nicht-behinderten Kleinkindern nicht in jeder Verhaltensdimension parallel verläuft (vgl. hierzu Robinson/Robinson 1965, S. 358; Lehr 1972, S. 26). Das Phänomen der Entwicklungsdiskrepanzen läßt sich am Beispiel der sexuellen Entwicklung recht gut verdeutlichen (vgl. hierzu Speck 1980, S. 66); aber auch in anderen Bereichen stellen wir bei unseren Bewohnern immer wieder fest, daß sich die eine oder andere Entwicklungsdimension auf einem niedrigeren bzw. höheren Niveau bewegt (z.B. sensomotorischer Umgang mit Spielmaterialien wie ein einjähriges Kind; selbständiges Essen mit Löffel wie ein zwei- bis dreijähriges Kind). Extreme Unterschiede in einzelnen Entwicklungsbereichen werden u.a. bei hospitalisierten Behinderten mit autistischer Symptomatik sichtbar, bei denen man oftmals sog. Leistungsinseln oder partielle Lernrückstände feststellen kann (z.B. kein Sprachverhalten, präoperative Wahrnehmungstätigkeiten). Ferner gilt zu bedenken, daß sich manche hospitalisierte (schwer)geistigbehinderte Bewohner im Laufe ihres Lebens ein über das sensomotorische Entwicklungsniveau hinausgehendes Maß an Alltags- bzw. Erfahrungswissen und Begriffsverständnis angeeignet haben, welches ihre unmittelbaren Lebensumstände, immer wiederkehrende Merkmale des Tagesablaufs, die alltägliche Versorgung, Rituale etc. betreffen (vgl. Lehr 1972, S. 61). Außerdem muß bei hospitalisierten, schwerstgeistig- und mehrfachbeheinderten Erwachsenen auch mit vorhandenen Fähigkeiten gerechnet werden, die einst in der Kindheit zutage traten, im Zuge einer langen Institutionalisierung jedoch "pervertiert" wurden und verkümmerten; deshalb sollte nicht ohne zusätzlichen Informationen durch ein genaues Studium der Lebensgeschichte auf ein sensomotorisches Entwicklungsniveau geschlossen werden. Oftmals liegen spezifische Fähigkeiten oder Leistungen auf einem höheren Entwicklungsniveau, als das Verhalten des betreffenden Behinderten vermuten läßt.

- Wesentlichen Anteil am Verhalten und Erleben Erwachsener mit schwerer geistiger Behinderung haben lebensgeschichtliche Erfahrungen und Ereignisse, die mit dem normalen Alternsprozeß einhergehen und eng verknüpft sind (vgl. Lehr 1972, S. 36). Diesbezüglich ist zunächst zu bemerken, daß "nicht der objektive Tatbestand der Situation oder Situationsänderung, sondern das Erlebnis, die Wahrnehmung der Situation bzw. ihrer Veränderung" (Oesterreich 1975, S. 19), entscheidenden Einfluß auf das Verhalten institutionalisierter Menschen hat. So können beispielsweise Institutionalisierungseffekte bei Behinderten entstehen, die in einer Vollzeiteinrichtung leben, welche räumlich und personell gut ausgestattet ist, aber keine emotionale Zuwendung vermittelt (vgl. Zigler/Balla 1977, S. 271). Was in bezug auf hospitalisierte alte Menschen festgestellt wurde, dürfte gleichermaßen für institutionalisierte behinderte Erwachsene zutreffen: "Je mehr die soziale Umgebung als unfreundlich erlebt wird, umso weniger entwickelt man eigene Aktivitäten und umso mehr begibt man sich ... in die Abhängigkeit von anderen" (Lehr 1972, S. 247 f.). Der gerade bei schwerstgeistigbehinderten Erwachsenen oft konstatier-

te Mangel an Eigeninitiative oder Aktivitäten, und darin unterscheiden sich die Betroffenen von normal entwickelten Kleinkindern, ist aber nicht nur Symptom fehlender emotionaler Zuwendung (vgl. auch ebenda, S. 129), vielmehr kann er auch aus einem reizarmen, langweiligen oder restriktiven Anstaltsmilieu (Reglementierung, Gleichförmigkeit des Tagesablaufs, fehlende Aktivitäts- oder Freizeitangebote etc.) resultieren oder Folge zu hoher Lernanforderungen sein (vgl. ebenda, S. 132, 271; Oesterreich 1975, S. 147). Außerdem sollten Persönlichkeitseigenschaften bzw. motivationale Aspekte (vgl. hierzu Speck 1980, S. 67 ff; Hetzer 1967, S. 1 f.), Gesundheitszustand sowie der Prozeß des Älterwerdens mit in die Beurteilung der mangelnden Spontaneität oder augenfälligen Passivität, die von Moser (1971, S. 67) auch als "regressive Tendenz" charakterisiert wird, eingehen. (Bekanntlich werden älterwerdenden Erwachsenen Veränderungen wie Verlangsamung der psychomotorischen Geschwindigkeit, verlängerte Reaktionszeit, geringere Risikofreudigkeit und Spontaneität, Rigidität oder nachlassende Antriebsstärke nachgesagt, die nach Auffassung der Alternsforschung jedoch nicht als Ausdruck eines Leistungsabfalls, sondern "allenfalls einer sichtbaren qualitativen Umstrukturierung" (Oesterreich 1975, S. 15; Lehr 1972, S. 62, 65, 98 ff.) zu beurteilen sind; oftmals gehen mit diesen Veränderungen auch "positive Wesenszüge" wie "Verantwortungsbewußtsein, Zuverlässigkeit, Gewissenhaftigkeit oder positive Einstellung zur Arbeit einher, die mit einem 'Abbau' überhaupt nichts zu tun haben" (Oesterreich 1975, S. 166; vgl. auch Lehr 1972, S. 118, 122).)
Nicht selten finden wir - wie schon in einem vorausgegangenen Kapitel gesagt - bei hospitalisierten Erwachsenen mit schwerer geistiger Behinderung aber auch ein hohes Maß an Aktivität, die ebenfalls qualitativ vom Verhalten nicht behinderter Kleinkinder unterschieden werden muß; zumeist handelt es sich beim aktiven Verhalten hospitalisierter, schwerstgeistigbehinderter Erwachsener um Formen mechanisierter Aktivität wie Selbststimulationen, Ritualisierung, stereotypen Bewegungsmustern oder autoaggressiven Verhaltensweisen, durch die lebenswichtige, elementare Grundbedürfnisse nach Nahrung, Haut- und Körperkontakt befriedigt bzw. angenehme Gefühle erzeugt werden können (vgl. hierzu Nissen 1975; 1980). Ebenso denkbar ist es, daß vermehrte Aufmerksamkeit oder Zuwendung durch Betreuer erreicht werden soll, andererseits können die Selbststimulationen, die ebenfalls mit lebensgeschichtlichen Ereignissen oder Erfahrungen eng verknüpft sind, dazu dienen, gestellte Anforderungen zu vermeiden oder einer Teilnahme an Aktivitäten auszuweichen. Häufig ist

zu beobachten, daß sich Selbststimulationen oder autoaggressive Verhaltensweisen "automatisieren", so daß die Betroffenen "ihr Verhalten nicht mehr kontrollieren können und der Bezug zur Realität immer mehr verloren geht" (Rohmann/Facion 1985, S. 97; vgl. auch Törne v. 1974, S. 265 ff.). Aus fachlicher Sicht können wir derartige Verhaltensweisen gleichermaßen wie andere Hospitalisierungssymptome (fremdaggressives Verhalten) als "sinnvoll und situationsangemessen" (Wolff 1978, S. 150) interpretieren, d.h. "einerseits als Mittel und Werkzeuge der Aneignung von Welt unter den für diese (Betroffenen, G.T.) gegebenen Bedingungen hochgradiger Isolation verstehen wie andererseits als ein entwicklungslogisches Ergebnis (= ein für Menschen unter diesen Bedingungen sich logisch ergebendes entwicklungsgemäßes Produkt)" (Feuser 1985, S. 110; vgl. hierzu auch Jantzen 1982).

- Folgt man den Ausführungen Gaedts (1980, S. 35 ff.), so ist bei vielen schwerstgeistigbehinderten Erwachsenen, die in Anstalten leben, der Gesundheitszustand als ungünstig einzuschätzen. Schwerstgeistigbehinderte Erwachsene scheinen stärker als alle anderen (hospitalisieren) Menschen infektionsgefährdet (z.B. banale Infekte, Bronchitis, Pneumonie) zu sein, leiden häufiger an pathologischem Übergewicht, zu hohem Blutdruck (besonders bei Körperbehinderung mit relativ geringer geistiger Behinderung) latentem oder auch manifestem Eisenmangel (möglicherweise durch mangelndes Einspeicheln bei Ernährung mit Breikost).Überdies gibt es bei Schwerstgeistigbehinderten häufiger als bei anderen Bewohnern Hauterkrankungen, chronische Mittelohrentzündungen, Obstipation, Gebißschäden und Rachitis. Derartige Gesundheitsstörungen können - so Gaedt (1980, S. 41) - als entwicklungs- und lernhemmend aufgefaßt werden.

Im Gegensatz zu nichtbehinderten Kleinkindern zeigen Schwerstgeistigbehinderte häufig motorische Störungen im Sinne einer Cerebralparese (Spastik, Athetose), die die Aktivität und den Aktionsradius mitunter stark reduzieren. Viele werden bettlägerig, was oft weitere gesundheitliche Störungen wie Inaktivitätsatrophie der Muskeln, orthostatische Hypotonie (Schwindel und/oder Kollaps beim Aufstehen), Obstipation, Thrombose oder urologische Erkrankungen nach sich zieht. In diesem Zusammenhang soll besonders auf sog. Glasknochen hingewiesen werden. Ursächliche Faktoren können hier Bettlägerigkeit und Vitamin-B-Mangel sein (durch UV-Lichtmangel und durch kompetitive Hemmung in der Leber bei Epileptikern, die mit Phenytoin eingestellt sind). Die Knochenbrüche verheilen oft in Fehlstellung, was zu neuen Körperbehinderungen führt (Rosahl-Theunissen 1985). Ferner sollten normale Alterserscheinungen, beispielsweise physische Veränderungen (Beugen der Wirbelsäule, starre Gesichtszüge, langsamere Gesamtgestik, Muskelschwäche, Altersparkinsonismus, Osteoporose), nicht unerwähnt bleiben, da sie ebenfalls zu Verhaltensänderungen im Sinne einer qualitativen Umstrukturierung im (hohen) Erwachsenenalter führen. Abschließend sei noch gesagt, daß viele hospitalisierte Erwachsene mit schwerer geistiger Behinderung jahre- oder jahrzehntelang mit Neuroleptika behandelt wurden. In diesem Zusammenhang hat man zumeist nur an den sozial erwünschten Effekt (Abbau sog. Unruhezustände) gedacht und weniger auf Manifestationen von Nebenwirkungen geachtet. Die bekanntesten Begleiterscheinungen von Neuroleptika sind Extrapyramidalstörungen (z.B. Parkinson-Syndrom mit Tremor (Zittern) oder Rigor (Starre), Akinesie (Bewegungsarmut), Akathisie (Sitzunruhe), Frühdyskinesien wie Zungen-, Schlund- und Blickkrämpfe, Verkrampfungen der Kiefermuskulatur, Grimassieren, Schmatzbewegungen, Ballismus (Schleuderbewegung), Dysarthrie (verwaschene Sprache), Spätdyskinesien (unheilbare motorische Unruhe nach hoher und langdauernder Neuroleptikagabe)), vegetative Begleiteffekte (z.B. Akkommodationsstörungen (Störungen des Nahsehens), Mundtrockenheit, Obstipation, Speichelfluß, Schwindel, Herzklopfen, Kopfschmerzen, Kreislaufstörungen u.U. bis zur Bettlägerigkeit), somatische Symptome (z.B. cerebrale Krampfanfälle, Störungen der Leberfunktion, starke Gewichtszunahme) und psychische Nebenwirkungen (z.B. Konzentrationsstörungen, Verschlechterung der Merkfähigkeit, Antriebs- und Interessenverarmung, Gehemmtheit, Störungen der Vitalgefühle, depressive Verstimmungen, Ängstlichkeit, Müdigkeit wie auch Schlafstörungen (vgl. hierzu zusammenfassend Finzen 1981, S. 91 ff.; Haase 1982, S. 143 ff.; Arznei-Telegramm 6/7 1985)). Inzwischen gehört es nach Gottfries (1978, S. 37 f.) oder Gross (1978 S. 85) zum festen Wissensbestand der Medizin, daß sich eine überhöhte Neuroleptikadosierung negativ auf die pädagogisch-therapeutische Zugänglichkeit der betroffenen Personen auswirkt. Nach unseren Beobachtungen, Erfahrungen und Ergebnissen scheint nahezu jede Neuroleptikamedikation in der Arbeit mit schwerstgeistig- und mehrfachbehinderten Erwachsenen pädagogisch hinderlich zu sein.

Unsere vorausgegangen Ausführungen machen deutlich, daß ohne Aufbereitung der individuellen Lebensgeschichte unter besonderer Berücksichtigung der impliziten Dialektik von Biologischem und Sozialem kein differenziertes Bild der einzelnen Behinderten gewonnen werden kann. Folglich sollte eine Planung und Durchführung eines entwick-

lungsgemäßen Förderkonzeptes stets auf dem Hintergrund einer Analyse von Lebensläufen erfolgen, damit den o.g. Aspekten Rechnung getragen werden kann. Darüber hinaus bedarf es zweifelsohne auch der Einschätzung der individuellen Lern- und Ausdrucksbasis, der Erfassung der "Zone der aktuellen Leistung und Zone der nächsten Entwicklung" (Wygotski).
Ein Blick in die einschlägige Literatur genügt, um festzustellen, daß es auf dem Gebiete der Förderdiagnostik bis auf Gunzburgs S/P-P-A-C-Verfahren noch keine speziellen Schemata oder Skalen zur Erfassung des Entwicklungs- und Leistungsstandes schwerstgeistigbehinderter Erwachsener gibt. Vielmehr scheint es Gepflogenheit zu sein, daß Praktiker in der pädagogisch-therapeutischen Arbeit mit schwerstgeistig- und mehrfachbehinderten Erwachsenen Entwicklungsprofile anwenden, die in erster Linie für Kinder bestimmt sind bzw. zumeist nur die ersten Lebensjahre erfassen (vgl. hierzu den Denver-Entwicklungstest nach Flehmig 1973; das Doman-Delacato-Entwicklungsprofil in Doman 1980; das sensomotorische Entwicklungsgitter nach Kiphard 1976; der Entwicklungsbogen von Haupt/Fröhlich 1982).
Folgt man der Argumentation Specks (1980, S. 146 ff.), so reicht ein bloßer Rückgriff auf diese Verfahren zum Kennen- und Verstehenlernen geistigbehinderter Menschen sowie zur diagnostischen Beurteilung kaum aus. Nach Moog (1985) und Kornmann (1985), der sich in diesem Zusammenhang auf Gottschaldt (1954, S. 3 ff.) stützt, bringen solche Entwicklungsskalen vor allem zur Erfassung der "Zone der nächsten Entwicklung" hospitalisierter und schwerstgeistigbehinderter Menschen zum Teil erhebliche Nachteile mit sich, die wir hier kurz nennen möchten:

- Entwicklungsskalen erfassen nur das Verhalten der zu erziehenden Person, nicht aber damit verknüpfte Verhaltensweisen, Handlungsangebote oder Formen der Ansprache von seiten des Betreuers;
- die Entwicklungsskalen führen dazu, daß der gesamte Handlungskontext künstlich in Einzelbereiche (z.B. optische Wahrnehmung, Sprache, Sozialkontakt, Handgeschicklichkeit, Motorik ...) zerlegt wird; bei einer solchen "Datentransformation gehen eine Reihe behandlungsrelevanter Informationen verloren ... Die Fähigkeit des Schwerbehinderten, verschiedene Teilfunktionen zu einer zweckvollen psychomotorischen Handlung zu integrieren, (ist, G.T.) nicht mehr aus den transformierten Daten des Entwicklungsbogen ablesbar" (Moog 1985, S. 4, 7; vgl. auch Gottschaldt 1954, S.3).;
- durch die qantitative Messung erhält man "zu wenige Informationen über die qualitativen Merkmale des ursprünglichen Verhaltensmusters"

(Moog 1985, S. 8). Gerade solche Mitteilungen, qualitative Leistungsaspekte,sind aber wichtig und notwendig, wenn entwicklungsgemäßes Lernen stattfinden soll. Aufgrund dessen sollte - so Moog (1985, S. 3) - die Anwendung von Entwicklungskalen auf jeden Fall durch eine "qualitativ-ganzheitliche Erfassung von Verhalten unter besonderer Betonung interaktionaler Aspekte" ergänzt werden. Genaue (offene) Verhaltensbeobachtungen und Interaktionsanalysen haben hier ihren Stellenwert. Ihr grundsätzlicher Vorteil gegenüber Entwicklungsskalen besteht darin, daß Informationen in bezug auf die Lern- und Ausdrucksbasis eher aus selbstgewählten oder geplanten Handlungen der Behinderten gewonnen werden können. Eine ähnliche Auffassung finden wir auch bei Gottschaldt (1954, S.14), wenn es heißt, daß es für Untersuchungen methodisch vorbildlich sei, "das Individuum in eine konkrete, sinnhafte Lebenssituation (zu setzen, G.T.), die bewältigt werden muß ... Anstelle der Prüfung von Reaktionen auf Außenweltreize und der Registrierung des Verhaltens des Prüflings und seines Erlebens tritt jetzt das ganze situative Geschehen als 'Handlungseinheit', das nur als solches verständlich, sinnvoll ist". Überdies werden neben "ganzen" Handlungsvollzügen in einem interaktionalen Kontext komplexe Situationen erfaßt, die lernhemmend oder -fördernd sein können und "eine wesentliche Grundlage für die Planung alternativer pädagogischer Maßnahmen" (Moog 1985, S. 9) bilden.

Wie auf dem Hintergrund dieser knapp skizzierten Überlegungen in der pädagogisch-therapeutischen Arbeit mit hospitalisierten, schwerstgeistig- und mehrfachbehinderten Erwachsenen entwicklungsgemäß vorgegangen werden kann, soll zunächst an zwei kleinen Ausschnitten aus einer Alltagssituation verdeutlicht werden:

Herr W. (39 Jahre, Cerebralparese, spricht nicht, schwerstgeistigbehindert) kann seit einigen Wochen durch seine Wohngruppe robben. Bei seinen Ausflügen entdeckt er eines Tages einen roten Wachsmalstift unter einem Tisch. Er packt ihn mit der rechten Faust und kritzelt ca. 4 Minuten lang mit weitausladenden Bewegungen Fußboden und Wand voll. Während des Malens zeigt er einen zufriedenen, freudigen Gesichtsausdruck. Eine übliche Reaktion der Betreuer wäre gewesen: Stift abnehmen, ausschimpfen, in den Sessel setzen und über die verursachte Zusatzarbeit stöhnen. Die Aktivität von Herrn W. kann aber auch pädagogisch ausgenutzt werden, um ein "Lernen in der Zone der nächsten Entwicklung" (Wygotzki) zu ermöglichen: Herr W. wird gelobt, daß er einen Wachsmalstift gefunden hat, zugleich wird er darauf hingewiesen, daß er nicht Fußboden oder Wand bekritzeln darf;

statt dessen wird an der Wand ein langes Stück Tapetenrolle festgemacht, Herr W. wird von seinen Betreuern ermuntert, darauf weiterzu malen. Überdies wird in den nachfolgenden Wochen die in Orientierung an das von Herrn W. selbst gewählte Verhalten veränderte Situation beibehalten.

Dieses Beispiel, welches paradigmatisch für viele andere steht, enthält zahlreiche Momente, die für eine entwicklungsgemäße Förderung bedeutsam sind. Ausgangspunkt der pädagogischen Arbeit waren die Interessen, Bedürfnislage sowie die "Zone der aktuellen Leistung" von Herrn W., z.B. die Fähigkeit, Oberkörper aufzurichten, sich auf einen Arm abzustützen, Blickkontakt zu einem Objekt herzustellen, zielgerichtete Greifbewegungen zu vollziehen sowie sensomotorische, grobmotorisch gelagerte Aktivitäten "aus Spaß" heraus bzw. aus Freude am Handeln auszuführen, wobei die benutzte Sache, mit welcher das Malen ausgeführt wurde, "kein Problem dar (stellte, G.T.), sondern ... einfach als Gelegenheit zur Handlung diente" (Piaget 1975 b, S. 125). Das Aufgreifen der Interessenlage des Behinderten in der pädagogisch-therapeutischen Arbeit haben wir an anderer Stelle auch als "Subjektzentrierung" bezeichnet (vgl. hierzu Theunissen 1985 a). Nach Wygotzki (1974, S. 5o f.) kommt es in der Pädagogik nun aber nicht nur darauf an, die "unterste Grenze" des Unterrichts oder der Förderung zu ermitteln. "Wir müssen auch imstande sein, die oberste Grenze des Unterrichts (oder der Erziehung, G.T.) zu bestimmen. Nur innerhalb dieser Grenze kann der Unterricht fruchtbar sein ... Die Pädagogik muß sich nicht auf die ... Entwicklung von gestern, sondern auf die von morgen orientieren. ... Das Lernen ist nur dann gut, wenn es Schrittmacher der Entwicklung ist. Dann werden dadurch eine Reihe von Funktionen, die ... in der Zone der nächsten Entwicklung liegen, geweckt und ins Leben gerufen. Und eben darin besteht die wichtigste Bedeutung des Lernens für die Entwicklung". Um den Bereich der kommenden Entwicklung richtig einschätzen zu können, sollte der Pädagoge auf dem Hintergrund entwicklungspsychologischer Kenntnisse (Kap. 7.2. über die Entwicklung des Spiels bietet hierzu eine Orientierungshilfe) wissen, welche Handlungen ein Behinderter selbständig und mit Hilfe des Erwachsenen ausführen kann. "Die Differenz zwischen beiden Ergebnissen (und keineswegs das absolute Urteil) kann dann die 'Zone der nächstfolgenden Entwicklung' bestimmen" (ebenda, S. 49). In dem o.g. Beispiel wurden Rahmenbedingungen geschaffen, die den nächsten Schritt im Lernprozeß begünstigen sollen: gezieltes Malen auf Fußboden und Wand, welches im Niveau behutsam gesteigert wird (z.B. wird die Tapetenrolle an der

Wand nach und nach höher angesetzt, so daß sich Herr W. immer sicherer auf seinen linken Arm abstützen und mehr und mehr mit seinem Oberkörper strecken muß; außerdem wird er zum großflächigen Farbenschmieren angeregt, später soll er auf Knien in aufrechter Haltung beidhändig und großflächig malen). Somit wird aus dem sensomotorischen Übungsspiel, das "im wessentlichen Assimilation ist" (Piaget 1975 b,S.117), ein "ästhetisches Spiel", welches ein Malen aus Vergnügen heraus und zugleich Anpassungsleistungen bzw. Anstrengungen (akkommodatorische Züge) impliziert, um spezifische Lerneffekte zu erzielen.

Unser zweiter knapper Ausschnitt aus einer Alltagssituation zeigt auf, daß Lernen in der Zone der nächsten Entwicklung zweifelsohne nicht nur im Spiel stattfindet: Frau F. hat die Angewohnheit, nach Spaziergängen auf der Wohngruppe Hausschuhe zu tragen. Das selbständige Wechseln und Wegräumen der Schuhe wurde Frau F. von ihren Betreuern beigebracht. Beim abendlichen Zubettgehen kam Frau F. häufig auf die Mitarbeiter zu, indem sie ständig "Helfen, ja" laut vor sich hin rief. Dieser Wunsch konnte ihr erfüllt werden, indem sie ermuntert wurde, mehreren schwerstgeistigbehinderten Frauen Schuhe auszuziehen, diese an ihren Platz zu stellen und zwei schwerstkörperbehinderten Bewohnerinnen sogar selbständig die Bettschuhe anzuziehen.

Auch diese Ausführungen machen deutlich, wie wichtig eine "empathische, ganzheitliche Betrachtung von Handlungssequenzen unter Berücksichtigung des situativen Rahmens" (Moog 1985, S. 16) ist. Bei einer bloßen Anwendung einer sensomotorischen Entwicklungsskala wären wichtige Informationen bezüglich des Verhaltens von Frau F. verloren gegangen, z.B. das Bedürfnis, anderen zu helfen bzw. das Interesse, anderen Behinderten Schuhe auszuziehen, um Zuwendung und Lob von seiten der Betreuer zu erfahren, die Wahrnehmung, daß abends allen Behinderten Schuhe ausgezogen werden müssen, die jeweils ihren festen Stammplatz in den Bewohnerzimmern oder im Badezimmer haben, die damit verknüpfte Fähigkeit, zum zielgerichteten, planvollen und ergebnisorientierten Handeln. Durch das Erkennen und Aufgreifen der "positiven Botschaften" von Frau F. als aktuelle Leistung konnten zum einen sozial unerwünschte Verhaltensweisen abgebaut werden (z.B. die oft kreischend artikulierte Echolalie "Helfen, ja", die für Mitarbeiter und Mitbewohner psychisch belastend war). Zum anderen konnten die Fähigkeiten von Frau F. in Arbeitsprozesse überführt werden, die der Gemeinschaft bis heute zugute kommen. Allerdings ist es mitunter nicht einfach, die aktuelle Leistung richtig einzuschätzen. Der zweite Ausschnitt signalisiert beispielsweise ein Risiko des Scheiterns, so wußten zwar die Mitarbeiter, daß Frau F. fähig war, sich alleine Schuhe zu wechseln, und diese ordnungsgemäß wegzubringen, sie wußten aber nicht, ob Frau F. in der Lage war, ihre Fertigkeiten oder Fähigkeiten auch in anderen, ähnlich gelagerten Situationen zu zeigen. Aufgrund der bisherigen Erfahrungen mit Frau F. unterstellte man ihr, daß sie imstande war, auch anderen Behinderten Schuhe auszuziehen und diese richtig einzuräumen.

Daß die Subjektzentrierung keineswegs nur auf Bedürfnisse oder Interessen des Behinderten reduziert sein darf, sondern vielmehr den "ganzen Menschen" in seiner Körperlichkeit, Emotionalität, geistigen Struktur sowie in seinem sozialen Kontext (Petzold 1975, S. 115) umfassen muß, geht selbstverständlich auch aus unseren Entwicklungsberichten über Herrn J. und Frau F. deutlich hervor; überdies zeigen beide Beispiele auf, daß sich die Förderung an den Gesetzen und an den Verlauf der menschlichen Entwicklung zu orientieren hat und daß über kleinste Lernschritte kontinuierlich (entwicklungsgemäß) neue Verhaltensmuster aufgebaut und/oder verkümmerte Fähigkeiten wieder entfaltet werden können. In unserer pädagogisch-therapeutischen Arbeit waren wir in diesem Zusammenhang bestrebt, nicht an den Defiziten, Verhaltensauffälligkeiten oder Defekten, sondern an den "positiven Zeichen" (Milani-Comparetti) und vorhandenen, durch lange Hospitalisierung verlorenen Fähigkeiten anzuknüpfen, die zur Konstituierung von Ich-Identität (Selbstverwirklichung oder allseitige Entfaltung der Persönlichkeit) sowie zur Bewältigung von Lebenssituationen bedeutsam waren (vgl. hierzu auch Aly 1980, S. 22, 33). Besonders gewichtet wurde diesbezüglich die Frage nach der Prognose: Welchen Nutzen hat das zu erlernende bzw. das sozial erwünschte Verhalten für den betreffenden Behinderten? (z.B. bei den Ballspielen Arme strecken, um beweglicher zu werden, um Kräfte zu entwickeln...; Tische decken oder Spülen, um aktiv an der Gestaltung der eigenen Lebensumstände teilnehmen zu können, um zu mehr Autonomie zu gelangen).

Die subjektzentrierte Förderung hat zur Folge, daß in der Regel spezifische Methoden oder Entfaltungshilfen, von denen man eine therapeutische Wirkung erwartet (z.B. Frostig-Programm zur Förderung von Wahrnehmung), so verändert werden müssen, daß sie der spezifischen Situation der Behinderten, ihrer individuellen Lebensproblematik sowie ihren Möglichkeiten und Fähigkeiten gerecht werden können. Wie notwendig eine Umstrukturierung und flexible Handhabung von Arbeitsformen ist, belegt der erste Bericht, wo die Förderung auf dem Boden und nicht in Sitzhöhe stattfand. (Daß gerade die Förderarbeit am Boden für entwicklungsgemäßes Lernen hirngeschädigter, schwerstgeistigbehinderter und/oder mehrfachbehinderter Menschen einen wichtigen Stellenwert hat, wird von Doman (1980, S. 51,66) besonders herausgestellt: "Keine Maßnahme hat bis zum heutigen Tage auch nur annähernd soviel Bedeutung erlangt, wie die, das Kind (gemeint sind hier u.a. Schwerstgeistig- und Mehrfachbehinderte, G.T.) einfach auf den Boden zu legen. Nachdem wir die Kinder, mit dem Gesicht nach unten, auf den Boden gelegt hatten, erlebten wir eine Wiederholung genau derselben Stadien, die wir bei den gesunden Kindern gesehen hatten" (ebenda, S. 69). Bei Herrn J. läßt sich diesbezüglich ein Verlauf von Rückenlage auf Bauchlage, über Arm abstützen und Kopf heben in Bauchlage bis Kriechen nachzeichnen. Wegen der starken Kontrakturen in den Beinen war es ihm nicht möglich, in den Vierfüßlerstand zu kommen. Er entwickelte aber eine derartige Kraft in den Armen, daß er sich selbständig hochziehen kann zum Sitzen auf einen Stuhl bzw. ins Bett, wobei das Handlungstempo stets von ihm bestimmt wird.) Die Umstrukturierung von Lern- und Entwicklungsangeboten als ein zentrales Moment der Subjektzentrierung wird in der einschlägigen Literatur immer wieder betont (vgl. hierzu Richter 1981, S. 56; 1984). So hält es beispielsweise Merkens (1983, S. 4, 10; 1984, S. 116) für erforderlich, daß spezielle Förderprogramme (z.B. Frostig-Übungen) bei Schwerstgeistigbehinderten oder Autisten "durch erleichternde Lernhilfen modifiziert werden müssen". Bei den regulären Förderprogrammen oder Aufgabenstellungen muß also die jeweilige individuelle Ausgangslage besonders berücksichtigt werden. Dies wurde beispielsweise in unserem ersten Bericht von der Gymnastiklehrerin ignoriert; ihre therapeutischen Bemühungen scheiterten, weil sie zu methodisch und schulmäßig vorging und es versäumt hatte, den kommunikativen und emotionalen Aspekten genügend Rechnung zu tragen. Ferner machen beide Beispiele sichtbar, daß grundsätzlich die räumlichen Verhältnisse an die Situation der Bewohner angepaßt werden müssen (z.B. Spielecke und spielen auf dem Boden; Zugang zur Küche für die Behinderten; Einrichtung der Küche und Gestaltung der Hausarbeiten, so daß sich die einzelnen Behinderten zurecht finden können). Überdies bedarf es zur Unterstützung entwicklungsgemäßer Lernprozesse eines möglichst vielseitigen Angebots geeigneter, interessanter Materialien, die die Behinderten zum eigenständigen Handeln veranlassen können. Nach Ginsburg/Opper (1975, S. 279), die sich auf Piaget (1974,

S. 126 ff.; 1975 a, S. 77 f.) stützen, sollten solche Angebote "gemäßigt neu" sein, d.h. weder allzu bekannt, um den Lernenden nicht zu langweilen, noch allzu neu, um ihn nicht zu überfordern. Selbstinitiiertes und autonomes Handeln werden dann gefördert, wenn einerseits Lernobjekte in bezug auf die "Zone der aktuellen Leistung" relevant und andererseits zugleich genügend neu sind, "um sich vom Bekannten zu unterscheiden und Konfliktstoff zu enthalten" (Ginsburg/Opper 1975, S. 279) sowie neue Reaktionen, kreatives oder problemlösendes Verhalten hervorzurufen. Freilich läßt sich dieses "Prinzip der gemäßigten Neuartigkeit" nur dann wirksam realisieren, wenn sich der in der praktischen Erziehungsarbeit Tätige über Entwicklungsstand, Fähigkeiten, Interessen oder Bedürfnisse des jeweiligen Behinderten im klaren ist. In der Regel stehen bei hospitalisierten, schwerstgeistig- und mehrfachbehinderten Erwachsenen Bedürfnisse nach Körperkontakt, Wärme, Geborgenheit sowie Nahrung im Vordergrund ihrer Interessen. Deswegen ist es wichtig, sämtliche Spiel- oder Arbeitsmaterialien in einem affektiv-emotionalen Bezug auf dem Hintergrund der sog. Ich-Du-Beziehung einzusetzen, um ein "gemeinsames Erleben von Welt" (Pfeffer 1983, S. 360) stattfinden zu lassen. Die kommunikative, beziehungszentrierte Vorgehensweise ist somit als ein wichtiger Wegbereiter für das entwicklungsgemäße Lernen aufzufassen. "Und aus diesem gemeinsamen teilenden Erleben heraus, dem immer ein gestaltetes Beziehungsverhältnis zugrunde liegen muß, kann das Kind (der Behinderte, G.T.) Bedürfnisse äußern, Interessen für das Wahrnehmen der Welt und für das Zugehen auf die Welt entwickeln" (Klein 1982 a, S. 31 f.). Diese Worte signalisieren, daß für viele hospitalisierte, schwerstgeistig- und mehrfachbehinderte Menschen der subjektive Sinn des durch Spiel- oder Arbeitsmaterialien ausgelösten Handelns zunächst nur in der Befriedigung elementarer Bedürfnisse nach Kontakt, Sicherheit, Geborgenheit oder Liebe zu liegen scheint. Bei einer gewissen Stabilität der Beziehungen kommt es dann allmählich zu einer Verlagerung des Sinnbezugs auf Umweltgegebenheiten, indem Dinge oder Ereignisse aus der unmittelbaren Umgebung für die betreffenden Behinderten immer interessanter werden, Neugierde wecken und aktives Verhalten evozieren. Eine solche "sachliche Begegnung" (Speck 1980, S. 173) führt im günstigsten Falle schließlich zu mehr Autonomie und somit zur "Selbstverwirklichung in sozialer Bezogenheit" des Individuums. Um zu einem derartigen Ergebnis zu gelangen, bedarf es bei dem Aufbau eines Förderprogramms im Rahmen der stationären Betreuung zweifellos einer sorgfältigen Planung, die Momente aus dem individuellen Lebensgeschehen, die Zone der aktuellen Leistung und nächsten Entwicklung sowie situative Bedingungen zu berücksichtigen hat. Bei der Durchführung der pädagogisch-therapeutischen Arbeit sollte genügend Raum bleiben für situations- und handlungsbezogenes Lernen, zugleich darf ein subjektorientierter Ansatz aber auch nicht in eine Beliebigkeit zurückfallen und damit einem ziellosen und unreflektierten pädagogischen Tun Vorschub leisten. Es liegt an uns, diesen Überlegungen sowie dem damit verknüpften Prinzip des "Führens und Wachsenlassens" (Litt) auf handlungspraktischer Ebene Rechnung zu tragen, damit hospitalisierte, schwerstgeistig- und mehrfachbehinderte Erwachsene durch "das Erlernen von Handlungskompetenz" (Speck 1980, S. 247) zu einer allseitigen Entfaltung ihrer Persönlichkeit gelangen können.

8. Wege zur Eingliederung – Möglichkeiten einer heiminternen Arbeit für hospitalisierte geistigbehinderte Erwachsene (am Beispiel des Rhein. Heilpädagogischen Heimes Langenfeld)

Wiltrud Fürth

Geistigbehinderte unterscheiden sich voneinander im Erscheinungsbild ihrer Behinderung, im Behinderungsgrad, der Herkunft ihrer Schädigung und der Struktur ihrer Persönlichkeit. Es ist deshalb die Aufgabe des Betreuers, jedem Behinderten Hilfen anzubieten, die der Leistungsfähigkeit und den Bedürfnissen des einzelnen gerecht werden, damit er zu einer optimalen, individuellen Lebensführung gelangen kann.

Geistig Schwerst- und Mehrfachbehinderte benötigen die Pflege, den Schutz, die medizinische Versorgung und die Förderung der Persönlichkeit mit dem Ziel der Integration auf der Basis einer kleinen Wohngemeinschaft.
Geistig Leichtbehinderte benötigen ebenfalls eine Förderung mit dem Ziel der Integration, jedoch sollen sie befähigt werden, ein eigenverantwortliches und bewußtes Leben in einer Wohngemeinschaft, mit einem Partner oder auch allein zu führen. Dabei ist entscheidend, daß der Behinderte Motivation zeigt, integriert zu werden und aktiv an diesem Prozeß mitarbeitet. Die Motivation wird von den Wahl- und Erfolgsmöglichkeiten bestimmt, die die Gesellschaft dem Behinderten zur Verfügung stellt.

Die Lebensbedingungen Geistigbehinderter sollten an denen der Nichtbehinderten orientiert sein. Dies betrifft den Sozialbereich wie Wohnen, Freizeitgestaltung, Ausbildung, Sexualität, Behandlung, Anerkennung, Arbeit und die Teilnahme am gesellschaftlichen Leben (Bank-Mikkelsen/Berg 1982).
Leistungsbezogene Arbeit wie auch kreative (Freizeit)Beschäftigungen sollen den individuellen Voraussetzungen (wie z.B. Entwicklungsniveau) des Behinderten angemessen sein. Der Mensch sucht sich durch Betätigung, sinnvollerweise durch Arbeit, zu bestätigen. Aus dieser Perspektive betrachtet, ist eine angemessene Arbeit, die Freude bereitet, für Behinderte und Nichtbehinderte gleich wichtig. Dies gilt ebenso für den Urlaub und die Freizeitgestaltung, die zur allseitigen Persönlichkeitsentfaltung beitragen, die Lebensquali-

tät verbessern und zur Lebensgestaltung aller Bürger zählen.

8.1. Die Entwicklung der Arbeits- und Beschäftigungssituation der Bewohner und die Einrichtung der heimeigenen Arbeits- und Beschäftigungswerkstatt

Vor 1945 arbeiteten Patienten und Behinderte in den Versorgungs- und Handwerksbetrieben und auf den Stationen des Landeskrankenhauses Langenfeld. Das Arbeitsangebot umfaßte alle Dienstleistungen zur Versorgung des Krankenhauses (Großküche, Wäscherei, Metzgerei, Polsterei, Schlosserei, Bäckerei, Gärtnerei, Anstreicherei, Schreinerei, Schuhmacherei, Schneiderei, Fuhrpark und die Korbflechterei).
1949 kamen Aufträge aus der Industrie hinzu (Druckknöpfe, Tuben und Haarklammern).
Um 1962 wurde der individuellen schöpferischen Betätigung größere Bedeutung beigemessen - der Verwahrgedanke trat zurück - und Beschäftigungstherapien wurden eingerichtet.
1975 wurden als eines der Ergebnisse der Psychiatrie-Enquete, pädagogisch ausgebildete Mitarbeiter eingestellt und zur Beschäftigung der Patienten und Behinderten eingesetzt. Die Kapazität der Arbeitstherapie wurde in personeller und maschinentechnischer Hinsicht so erweitert, daß Industrieaufträge in höherer Stückzahl ausgeführt, mehr Patienten und Behinderte beschäftigt und zwei Jahre später die ersten Behinderten in eine externe Werkstatt für Behinderte vermittelt werden konnten.
1980 erfolgte die Herauslösung der Oligophrenie aus der Rhein. Landesklinik Langenfeld, der sich die Behindertenbereiche der Landeskliniken Bonn, Düren, Bedburg-Hau und Viersen anschlossen, mit dem Ziel, die bisherige medizinisch-pflegerische Versorgung auf die für Geistigbehinderte adäquate heilpädagogische Förderung zu verlagern. Es entstand das Rhein. Heilpädagogische Heim Langenfeld als Wohnstätte für ca. 260 geistig- und mehrfachbehinderte Erwachsene.

Die zuständigen Mitarbeiter erstellten ein arbeitstherapeutisches Konzept für die psychisch Kranken, das vorsah, alle Geistigbehinderten aus den Werkstätten mit industrieorientierter Fertigung der Klinik auszugliedern.
Das Heim verfügte zu diesem Zeitpunkt nicht über die notwendigen räumlichen und personellen Voraussetzungen, die diese Ausgliederung mit sich brachte. Die bisher in der industriellen Fertigung der

Klinik beschäftigten Behinderten waren zum größten Teil nicht in anerkannten Werkstätten unterzubringen, da meist eine der drei Mindestvoraussetzungen für die Aufnahme in eine WfB fehlten:

1. Gemeinschaftsfähigkeit;
2. Weitgehende Unabhängigkeit von Pflege;
3. Ein Mindestmaß an wirtschaftlich verwertbarer Arbeit.

Eine weitere Gruppe von arbeitsfähigen, jedoch extrem verhaltensauffälligen Behinderten erfüllte selbst die Ansprüche der klinikeigenen Werkstatt nicht. Diese Behinderten fielen dadurch auf, daß nichtige Anlässe ausreichten, tätlich aggressiv oder autoaggressiv zu werden, die Arbeit wiederholt zu verweigern, Arbeitszeiten nicht einzuhalten, Gegenstände, Material und Nahrungsmittel zu entwenden, während der Arbeit häufig zu masturbieren und die Toiletten mit Kot zu beschmieren. Im Wiederholungsfall wurden sie oft auch aus der Klinikwerkstatt ausgeschlossen.

Das Heim betreut überwiegend Schwerstgeistig- und Mehrfachbehinderte sowie Geistigbehinderte mit massiven Verhaltensauffälligkeiten. Dies verdeutlicht, daß die Beschäftigung der Heimbewohner überwiegend durch das Heim selbst geschehen mußte, wollte man den Ansprüchen, Bedürfnissen und Möglichkeiten dieser Behinderten gerecht werden, da die leistungsorientierte Fertigung in den anerkannten Werkstätten nach wie vor die Eingliederung von Verhaltensgestörten und Schwerstgeistigbehinderten erschwert. Deshalb wurde es zwingend notwendig, eine Arbeitsstätte einzurichten, die subjektzentriert (bedürfnis-, problem- und fähigkeitsorientiert) und produktorientiert arbeitet und in der folgende Behindertengruppen beschäftigt werden:

1. Schwerstgeistigbehinderte, die bisher von der Klinik in der Eingangsstufe (Arbeitstraining) beschäftigt wurden;
2. Geistigbehinderte mit Verhaltensauffälligkeiten, die aus externen WfB bzw. aus der Werkstatt der Klinik entlassen wurden;
3. Ältere Geistigbehinderte, die bereits das Rentenalter in externen WfB erreicht hatten und deshalb entlassen wurden oder aufgrund ihres Alters nicht mehr in eine WfB vermittelt werden konnten.

1981 richtete das Heim eine Arbeits- und Beschäftigungswerkstatt für seine Bewohner ein. Es wurden 2,5 Stellen durch Mitarbeiter besetzt, deren Aufgabe es war, den Bedürfnissen und Möglichkeiten der Geistigbehinderten entsprechend, Arbeitsangebote zu unterbreiten und pädagogische Inhalte zu vermitteln.

1982 wurde die Beschäftigungs- und Arbeitswerkstatt räumlich und personell getrennt und unter die Leitung einer Sozialpädagogin (Autorin) gestellt. Die Beschäftigungswerkstatt wird bis auf den heutigen Tag von einem Schreiner mit einer Ausbildung als anthroposophisch ausgerichteter Beschäftigungstherapeut geführt, der dort sechs bis zehn Schwerstbehinderte vorwiegend im Bereich der Holzbe- und Verarbeitung anleitet. Das Sammeln von Umwelterfahrung und die Einübung von positivem Sozialverhalten gehören mit zu den täglichen Übungsfeldern.

Ein ganztägig beschäftigter Graveur mit langjähriger Erfahrung in der Behindertenarbeit und eine halbtägig beschäftigte Kinderpflegerin zogen in die Räume der jetzigen Arbeits- und Beschäftigungswerkstätte um. Hier wurden zusammen mit einem Praktikanten 15 Heimbewohner im kreativen und industriellen Arbeitsbereich beschäftigt. Die ebenerdig untergebrachte Werkstatt verfügt über fünf Arbeitsräume, eine Küche, drei Toilettenanlagen, einen Aufenthaltsraum und einen Lagerraum - insgesamt eine Fläche von 238 qm^2.

1983 renovierten die Mitarbeiter der Werkstatt mit einem Teil der dort beschäftigten Behinderten die Räume. Im selben Jahr bewilligte die Bundesanstalt für Arbeit die Finanzierung von drei Stellen im Rahmen einer Arbeitsbeschaffungsmaßnahme zum "Aufbau einer Arbeits- und Beschäftigungswerkstatt für geistigbehinderte Erwachsene".

1984 erfolgte der Aufbau von drei Arbeitsgruppen, in denen insgesamt 40 Behinderte von vier ganztags- und einem halbtagsbeschäftigten Mitarbeitern betreut werden:

1. "Arbeitserprobung, Arbeitstraining"

   In dieser Arbeitsgruppe sind vormittags zwei und nachmittags ein Mitarbeiter eingesetzt, die 11 bis 12 jüngere schwerstgeistig- und mehrfachbehinderte Erwachsene betreuen. Hauptsächlich geht es hier um subjektzentriertes Arbeiten mit Spiel-, Gestaltungs- und kommunikativen Verfahren verbunden mit dem Ziel einer produktiven Tätigkeit.(Dieser Ansatz entspricht weitgehend den Konzeptionen der Tagesstätten für Schwerstbehinderte.) Die Beschäftigungsdauer richtet sich nach der persönlichen Belastungs- und Konzentrationsfähigkeit der Behinderten. Das Arbeitstraining beinhaltet das Kennenlernen und die Bearbeitung von verschiedenen Werkstoffen, Übungen mit didaktischem Spielmaterial, Küchenarbeiten, Bewegungsspiele, Einübung von positivem Sozialverhalten und Sammlung von Umwelterfahrungen durch Ausflüge, Spielplatzbesuche und Feiern.

2. "Produktorientierte Werkarbeit"

   In dieser Arbeitsgruppe sind zwei Mitarbeiter eingesetzt, die 12 bis 14 Mittelgradigbehinderte mit Verhaltensauffälligkeiten und ältere Heimbewohner beschäftigen. In diesem Bereich wird vorrangig produktionsorientiert gearbeitet. Das Angebot wird kombiniert mit subjektzentrierten Arbeitsformen, die zur allseitigen Entfaltung der Persönlichkeitsstruktur beitragen und den Bedürfnissen und Möglichkeiten der Behinderten gerecht werden. Zusätzlich beinhaltet das Angebot einen freizeitpädagogischen Charakter. Die tägliche Arbeitszeit beträgt 3 1/2 bis 6 Stunden, je nach individueller Leistungsfähigkeit des Behinderten. Das Arbeitsangebot umfaßt Be- und Verarbeitung verschiedener Werkstoffe zur Schaffung kunstgewerblicher Artikel, die durch die Behinderten verwendet oder in Boutiquen oder auf Basaren zum Verkauf angeboten werden. Durch Küchenarbeit, Spiele, Kegeln, Auflüge, Feiern, Einkäufe etc. werden positives Sozialverhalten eingeübt und Umwelterfahrungen gesammelt.

3. "Industrielle Fertigung"

In dieser Arbeitsgruppe sind zwei Mitarbeiter eingesetzt, die 12 jüngere verhaltensgestörte und einige ältere Heimbewohner beschäftigen. Hier geht es um die Fertigstellung der Industrieaufträge und um das Erzielen einer meßbaren Arbeitsleistung. Die Behinderten arbeiten in dieser Gruppe größtenteils ganztägig (6 Stunden). In diesem Bereich werden folgende Arbeiten durchgeführt: Sortier-, Verpackungs-, Steck-, Montage- und Klebearbeiten für Fremdfirmen und Teilaufträge für externe WfB. Die Behinderten dieser Gruppe trainieren den Umgang und die Handhabung verschiedener Werkzeuge, begleiten Transporte zur Beschaffung und Auslieferung des Materials, führen Glasschleifarbeiten und Ölmalereien aus , üben positives Sozialverhalten ein und sammeln Umwelterfahrungen durch Ausflüge, Feiern, Spielen, Kegeln, Filmbesuche etc..

1985 wurden zwei der durch die AB-Maßnahme zugewiesenen Arbeitnehmer in ein unbefristetes Arbeitsverhältnis übernommen. Die dritte Kraft erhält nach Ablauf des dritten Jahres der gesamten Maßnahme 1986 einen Arbeitsvertrag. Die Werkstatt war im Dezember 1985 mit vier Ganztags- und einer Halbtagskraft besetzt, von denen zwei Ganztags- und eine Halbtagskraft unbefristete Arbeitsverträge besaßen und zwei im Arbeitsverhältnis auf Zeit angestellt waren. Außerdem waren ein Vorpraktikant und eine Hilfskraft zur Unterstützung eingesetzt.

Seit der Einrichtung der hauseigenen Arbeits- und Beschäftigungswerkstatt konnten 10 Behinderte auf die Arbeitsanforderungen in einer externen WfB vorbereitet und dorthin vermittelt werden. Dies bewirkte, daß 10 bisher unbeschäftigte Behinderte in die heimeigene Werkstatt übernommen werden konnten. Eine Schwerstbehinderte war den Belastungen der WfB nicht gewachsen und mußte dort abgemeldet werden.

Die heiminterne Arbeits- und Beschäftigungswerkstatt erfüllt fünf Funktionen:

1. Die Behinderten werden auf Arbeits- und Beschäftigungsfähigkeit erprobt und trainiert (Ausdauer, Flexibilität, Gemeinschaftsfähigkeit und Konzentrationsfähigkeit);

2. die Werkstatt ist eine Vorbereitung auf eine externe WfB;
3. für nicht-vermittelbare Behinderte (stark Verhaltensauffällige, die in absehbarer Zeit nicht zu integrieren sind) ist die Werkstatt ein Dauerarbeitsplatz;
4. aus WfB entlassene Behinderte werden in der heimeigenen Werkstatt weiterbeschäftigt;
5. alte Heimbewohner finden in der Werkstatt Freizeitangebote vor.

Wünschenswert wäre, wenn es gelänge, die Werkstatt eines Tages in die Gemeinde zu verlagern, um Wege nach draußen zu öffnen und den Übergang in eine WfB für einzelne Behinderte zu erleichtern.
Die Kapazität der Werkstatt ist überdies räumlich und personell erschöpft. Schwerstbehinderte haben bisher nur vereinzelt die Möglichkeit, stundenweise beschäftigt zu werden, da entsprechende zusätzliche Mitarbeiter fehlen, die eine Einzelförderung oder Kleinstgruppenarbeit leisten können.
Jede Woche findet eine 1,5 stündige Arbeitsbesprechung zwischen den Mitarbeitern der Werkstatt und der leitenden pädagogischen Fachkraft statt. Es werden Informationen ausgetauscht, organisatorische Dinge geregelt, Vorfälle besprochen, Arbeitsinhalte festgelegt, Sanktionen diskutiert und Teamfähigkeit erprobt.
Jeder Behinderte hat die Möglichkeit, die Arbeitsgruppe zu wechseln wenn er dieses wünscht oder sich dieses als zweckmäßiger erweist. Das Gruppengefüge ist jedoch recht konstant. Ein Wechsel wird bisher nur bei einer Antipathie zu einem Behinderten derselben Arbeitsgruppe oder der Sympathie zu einem bestimmten Mitarbeiter gewünscht. Diesen Fällen wird grundsätzlich entsprochen. Die Behinderten bestimmen die Dauer ihrer Arbeitszeit größtenteils selbst und werden ihrer individuellen Leistung entsprechend entlohnt. Für die Verhaltensgestörten ist die eigene Entscheidung ein notwendiger Freiraum, der häufig die Motivation verstärkt, die Arbeit nach kurzen Pausen, verbunden mit einem Spaziergang, wieder aufzunehmen. Unerläßlich dabei ist der verbale Austausch zwischen Behinderten, Arbeitstherapeuten und Betreuern der Wohngruppe, um die Bewohner immer wieder zu einer kontinuierlichen Beschäftigung zu motivieren. Es hat sich als zweckmäßig und notwendig erwiesen, alle Behinderten dieser drei Gruppen für ihre Arbeit zu entlohnen. Je nach Tätigkeit und persönlicher Leistungsfähigkeit erhält der arbeitende Behinderte ein Entgelt zwischen 15,-- DM und 150,-- DM monatlich. Ab einem Verdienst von 113,-- DM wird vom Träger ein Wohnheimbeitrag erhoben, der intern und extern Beschäftigte gleichstellt. Behinderte, die in einer WfB beschäftigt sind, erhalten nach Ablauf der Trainingszeit

zwischen 95,-- DM und 230,-- DM monatlich, abzüglich eines Wohnheimbeitrages.
Die intern beschäftigten Behinderten erhalten ihr Arbeitsgeld einmal monatlich auf ihr Konto überwiesen. Eine Barauszahlung, wie bisher üblich und als positiver Verstärker sehr zweckmäßig angesehen, ist seit zwei Monaten aus organisatorischen Gründen nicht mehr möglich. Dies wirkt sich momentan nachteilig auf das Arbeitsverhalten aus, da die Behinderten ihre Arbeitsleistung nicht wie bisher in Bargeld entlohnt sehen.

Neben den 40 Behinderten, die in der oben beschriebenen Werkstatt tätig sind, arbeiten von den zur Zeit 190 Bewohnern des Heimes 25 in Betrieben der Rhein. Landesklinik, 12 als heiminterne Hausarbeiter, 10 in der internen Beschäftigungstherapie (stundenweise), 34 in WfB und zwei als Hilfsarbeiter in örtlichen Gutshöfen.
Neben den in der Werkstatt Beschäftigten erhalten auch die übrigen arbeitenden Bewohner ein Entgelt, das sich ebenfalls in vier Bezahlungsstufen von 75,-- DM bis 150,-- DM netto staffelt.
Behinderte, die mindestens 15 Stunden in der Woche einer Tätigkeit nachgehen und ein Fünftel der Arbeitsleistung eines "Normal-Erwerbstätigen" erbringen, müssen nach dem Gesetz zur Sozialversicherung Behinderter (SVBG) kranken- und rentenversichert werden. Dies trifft für zur Zeit 14 Behinderte zu, die als Hausarbeiter oder in den Klinikbetrieben tätig sind.

Neben den intern und extern beschäftigten 123 Bewohnern verbleiben 67, die aus Alters- und/oder gesundheitlichen Gründen oder wegen fehlender Motivation (vor allem verhaltensauffällige Behinderte) nicht mehr bzw. noch nicht für einen Arbeitsplatz geeignet sind oder die aufgrund räumlicher oder personeller Voraussetzungen (noch) nicht in den Genuß eines Arbeits- oder pädagogischen-therapeutischen Angebots in einem Beschäftigungszentrum kommen können. Dies betrifft in erster Linie schwerstgeistig- und mehrfachbehinderte Erwachsene. Zu hoffen bleibt, daß sich neben der "stationären Betreuung" (vgl. Kapitel 7; Theunissen 1985 a) auch die wohngruppenübergreifende Arbeitssituation in internen oder externen Einrichtungen (Tagesstätten, WfB) für diesen Personenkreis eines Tages verbessern wird. Für die große Mehrheit der verhaltensauffälligen, mittel- und leichtgradig geistigbehinderten Bewohner ist durch den Aufbau und die Arbeitsweise der heiminternen Arbeits- und Beschäftigungsstätte auf diesem Gebiete schon einiges erreicht worden.

9. Soziales Lernen - Zur pädagogisch-therapeutischen Arbeit mit verhaltensauffälligen, geistig- und/oder lernbehinderten Erwachsenen in Vollzeiteinrichtungen

Der folgende Beitrag bezieht sich auf verhaltensauffällige, geistig- und/oder lernbehinderte Erwachsene, die bis vor kurzem in psychiatrischen Anstalten zumeist auf sog. "Unruhe"- oder "Hauptunruhe"-Stationen betreut wurden. Im Rahmen der sog. Psychiatriereform wurden diese Stationen zunächst in den 70er Jahren als Behindertenbereich (Oligophrenie) der Kliniken zusammengefaßt. Später, im Jahre 1980, wurde der Oligophrenie-Bereich aus den Landeskrankenhäusern - vornehmlich im Rheinland - herausgelöst und als heilpädagogische Heime für geistigbehinderte Erwachsene verselbständigt.
Unter diesen sog. Geistigbehinderten befinden sich ca. 10 bis 20 % verhaltensauffällige, milieugeschädigte und/oder lernbehinderte Erwachsene (vgl. zur Terminologie Theunissen 1980a, S. 1 ff.). Hierunter verstehen wir Personen, denen nachgesagt wird, daß sie bereits in der Schule kaum "tragbar" waren und bis zur Gegenwart als rüpelhaft, frech, streitsüchtig, verwahrlost oder als von Verwahrlosung bedroht öffentlich auffallen. Ob ein Verhalten als sozial abweichend oder auffällig erlebt wird, hängt dabei vielfach von den Einstellungen und Normen desjenigen ab, der die der Verhaltensauffälligkeit zugrunde liegenden Problemlösungsmuster nicht akzeptiert. Das heißt, daß Verhaltensauffällige auf eine sozial unerwünschte Weise Situationen im Alltag zu bewältigen versuchen, denen sie aber aufgrund einer defizitären Sozialisation kaum gewachsen sind. Pädagogisch gesehen liegen den auffälligen Verhaltens- und Erlebensweisen Identitätsprobleme zugrunde, die vor allem Bereiche der Selbstdarstellung, Kommunikation und Interaktion betreffen.

9.1. Verhaltensauffällige geistigbehinderte Erwachsene - Stiefkinder der Psychiatrie

Analysiert man die Lebensgeschichte verhaltensauffälliger, geistig- oder lernbehinderter Erwachsener, so läßt sich feststellen, daß die große Mehrheit der Betroffenen einen Prozeß sozialer Abweichung - eine Karriere im Sinne des sog. labeling-approach (vgl. hierzu Theunissen 1980 a, S.67 ff.) - durchlaufen hat: zerrüttetes Elternhaus - Schule schwänzen - Schulprobleme - frühzeitiger Schulabgang - unregelmäßige Arbeit - arbeitslos - nächtliches Herumtreiben - kriminelle Delikte - sexuelle Verwahrlosung - Heimeinweisung und späteres

Abschieben in die Psychiatrie. In der psychiatrischen Anstalt war dann ein vorläufiges Ende dieser "Karriere" erreicht. Dies wird deutlich, wenn wir uns die Problematik des traditionellen psychiatrischen Modells anhand von fünf Symptomen kurz vergegenwärtigen (vgl. hierzu genauere Ausführungen in Theunissen 1985 a, S. 24 ff.):

1. Biologistisch-nihilistisches Menschenbild
   Theoretisches Kernstück des psychiatrischen Modells war die Gleichschaltung von Verhaltensauffälligkeit und Krankheit. Verhaltensauffälligkeiten wurden oftmals als Folge einer frühkindlichen Hirnschädigung diagnostiziert bzw. als Ausdruck eines im Inneren der Person sich vollziehenden krankhaften Prozesses gedeutet. Diese Diagnose einer organisch bedingten Verhaltensstörung förderte die Ansicht, daß man bei den Betroffenen "nichts mehr machen könne".

2. Individualistisch-disziplinierendes Behandlungsprinzip
   Das bilogistisch-nihilistische Bild vom Menschen förderte im psychiatrischen Modell eine therapeutische Einstellung, nach der die gesamte Versorgung psychisch kranker, behinderter oder verhaltensauffälliger Menschen rein pflegerich ausgerichtet sein mußte und medizinisch gesehen nur in der Manipulation des defekten biologischen Trägermaterials liegen konnte. Bekanntlich wurde in diesem Zusammenhang auf verschiedenste Disziplinierungsmaßnahmen zurückgegriffen, wie zum Beispiel Fixierung, Isolierzellen und vor allem sedierende Medikamente(Neuroleptika), die verhängnisvolle Nebenwirkungen haben (Zungen-, Schlund- und Blickkrämpfe, Verkrampfungen der Kiefermuskulatur, Störungen des Bewegungsablaufes, Zittern, Kreislaufbeeinträchtigungen, Müdigkeit, Konzentrationsstörungen, Depressionen, Angst u.a.m.).

3. Totale Institution und Hospitalisierung
   Folgt man unseren bisherigen Ausführungen, so dürfte deutlich geworden sein, daß die traditionelle psychiatrische Anstaltspraxis Formen einer hochgradigen Hospitalisierung behinderter oder verhaltensauffälliger Erwachsener zur Folge hatte. Diese ist nach Goffman (1972) typisch für "totale Institutionen". Darunter versteht er geschlossene, gegen die Außenwelt abgeschirmte Einrichtungen, die für die Betroffenen Beschränkungen des sozialen Verkehrs mit der Außenwelt sowie Beeinträchtigungen menschlicher Freiheiten bedeuten. Den entindividualisierenden Charakter solcher Institutionen hat Jervis (1978, S. 131) besonders deutlich herausgestellt: "Der Patient verschließt sich langsam immer mehr in sich selbst, wird energielos, abhängig gleichgültig, träge, schmutzig, oft wider-

spenstig, regrediert auf infantile Verhaltensweisen, entwickelt starre Haltungen, sonderbare stereotype Tics, paßt sich einer extrem beschränkten und armseligen Lebensroutine an, aus der er nicht einmal mehr ausbrechen möchte, und baut sich oft als eine Art Tröstung Wahnvorstellungen auf".

4. Unzureichende Arbeitsbedingungen und geistig-seelische Verarmung
Nur im seltensten Falle wurden die Betroffenen ihren Fähigkeiten, Interessen oder Voraussetzungen entsprechend aktiviert. Zum einen wurden wichtige Betätigungsfelder im unmittelbaren Lebensbereich auf den Stationen (und dies gilt leider auch noch heute vielfach für Wohngruppen) zugunsten zentraler Versorgung und bürokratischer Regelung menschlicher Bedürfnisse unnötigerweise ausgeklammert, zum anderen beschränkte sich die Aktivierung oft nur auf eine Form von Arbeitstherapie, die ein sehr starres, unpersönliches Gepräge annahm, zu einer tiefgreifenden geistig-seelischen Verarmung führte und darüber hinaus an der spezifischen Situation (Problematik) der Betroffenen vorbeizielte. Auch die sog. Beschäftigungstherapie war unter diesem Aspekt kritisch zu hinterfragen.

5. Ghettoisierung und Alibifunktion
Aus sozialwissenschaftlicher Sicht hat das psychiatrische Modell die Aufgabe, das gesellschaftliche System vor abweichenden Mitgliedern zu schützen, indem es psychisch Kranke, behinderte oder verhaltensauffällige Erwachsene ghettoisiert, sozial kontrolliert und ggfs. therapiert. Dieses Vorgehen hat eine Alibifunktion: Man tut ja etwas für die Betroffenen.

Die Kritik am traditionellen psychiatrischen Modell führte - wie bereits oben angedeutet - zumindest im Rheinland zu notwendigen Reformen, die unter dem Begriff der "Entklinifizierung" gefaßt werden können. So ging die Verselbständigung der heilpädagogischen Heime z.B. einher mit der Einstellung nichtpsychiatrisch ausgebildeter Fachkräfte (Sonderpädagogen, Erzieher, Gymnastiklehrerinnen, Sozialarbeiter, Sozialpädagogen). Darüber hinaus wurden strukturelle Maßnahmen eingeleitet wie z.B. Neu- oder Umbauten von Großstationen mit Wach- bzw. Schläfsälen zu familienähnlich konzipierten Wohngruppen mit Zwei- oder Dreibettzimmern für acht bis zehn Bewohner.
So notwendig Verbesserungen auf formaler Ebene sind, so wichtig ist es aber auch, Konsequenzen auf handlungspraktischer Ebene zu ziehen, um Fortschritte mit dem Ziel der "Autonomie" und "Selbstverwirklichung in sozialer Integration" zu erreichen. Ein Blick in die einschlä-

gige Literatur genügt, um festzustellen, daß es diesbezüglich
zahlreiche Ideen, Konzepte, Modellrudimente oder Trainingsprogramme gibt, die auf Verselbständigung, lebenspraktisches Tun,hinauslaufen (vgl. Thompson/Grabowski 1976; Lebenshilfe-Empfehlungen;
Bollinger-Hellingrath 1981; Bollinger u.a. 1984). Der Wert dieser
Vorschläge ist unbestritten – allerdings bedarf es – und dies gilt
insbesondere für verhaltensauffällige, geistig- oder lernbehinderte
Erwachsene – darüber hinaus auch spezieller pädagogisch-therapeutischer Arbeitsformen, die explizit die psychosoziale Problematik
(Kommunikations- und Interaktionsprobleme) der Betroffenen zu bewältigen oder zu kompensieren versprechen. Derartige Überlegungen kommen
in der fachlichen Diskussion mitunter zu kurz. Deswegen haben wir im
folgenden den Aspekt des "sozialen Lernens" einmal besonders herausgegriffen und für die pädagogisch-therapeutische Arbeit mit verhaltensauffälligen, geistig- oder lernbehinderten Erwachsenen mit gebotener Kürze aufbereitet.

9.2. Zum Begriff des "sozialen Lernens"

Der Begriff des "sozialen Lernens" ist seit einigen Jahren zur Kennzeichnung eines (schul-)pädagogischen Prinzips aktuell. Versucht man
über alle Differenzierungen hinweg zentrale Bestimmungsmerkmale abstrahierend zusammenzufassen, so stößt man auf drei Funktionen des
"sozialen Lernens":

Soziales Lernen als elementare Erziehung zur Gemeinschaft:
Geht man davon aus, daß die soziale Bezogenheit des Individuums eine
fundamentale Tatsache menschlicher Existenz ist, so ist es Aufgabe
der Erziehung, diese "soziale Disposition" auszuformen und zur Entfaltung zu bringen, d.h. den Menschen zu einem sozialverantwortungsbewußten Gemeinschaftsgefühl , zu einem Sozialinteresse sowie zu
einem Leben in der Gemeinschaft zu befähigen. Eine allseitige Entwicklung der Persönlichkeit (Selbstverwirklichung) ist nur auf dem
Hintergrund eines angemessenen Sozialverhaltens im Sinne einer IchDu-Beziehung (Buber) denkbar.

Soziales Lernen als kompensatorisch-therapeutische Vermittlungshilfe:
Einer großen Anzahl von Problemlösungsversuchen auf Anforderungen der
Umwelt – gemeint sind insbesondere Formen offener Aggressionen, autistische Verhaltensweisen, sozialer Rückzug – liegen tiefgreifende
Kommunikations- und Interaktionsstörungen, sozialisationsbedingte Defizite im emotionalen und sozialen Bereich sowie Störungen im IchFindungsprozeß zugrunde. Eine pädagogische Praxis, die an diesen Problemen anknüpft, muß einerseits eine Nacherziehung einleiten, d.h.

Entwicklungsdefizite ausgleichen sowie identitätskonstituierende Verhaltensmuster aufbauen, stabilisieren und differenzieren. Andererseits muß eine Umerziehung angestrebt werden, wenn es um den Abbau sozial unerwünschter Lösungsentwürfe und Fehlverhaltensweisen geht.

Soziales Lernen zur Befähigung eines gesellschaftskritischen Handelns:
Es wäre ein Mißverständnis anzunehmen, soziales Lernen liefe nur auf die Übernahme gesellschaftlicher Normen, auf Anpassung oder auf soziale Integration hinaus. Vielmehr definiert sich der Prozeß der Sozialisation als ein dialektischer Vorgang der Anpassung und Selbstdurchsetzung (vgl. hierzu Oerter 1973, S. 64 ff.; 1977, S. 37 ff.). Deshalb sollte die Befähigung zu einem gesellschaftskritischen Handeln, d.h. das Ziel, sich gegenüber gesellschaftlichen Einflüssen und Normen distanzierend und kritisch zu verhalten sowie gegebene soziale Verhältnisse (Lebensbedingungen) mitzugestalten oder zu verändern, in die dem sozialen Lernen zugeordnete Praxis eingehen.

Geht man davon aus, daß eine große Anzahl geistig- und auch lernbehinderter Erwachsener, die in Vollzeiteinrichtungen leben und vielfach seit Jahrzehnten unter einer hochgradigen Isolation zu leiden hatten, sozial auffälliges Verhalten zeigen (zum Beispiel sich mit anderen schlagen, Sachobjekte entwenden oder zerstören, Anweisungen ihrer Erzieher ignorieren, soziales Desinteresse zum Ausdruck bringen, lärmen oder außerhalb des Gruppenverbandes als rüpelhaft, frech oder aggressiv erlebt werden), so scheint es geradezu zweckmäßig zu sein, daß Prinzip des sozialen Lernens für die pädagogische Arbeit in Anstalten aufzugreifen und Möglichkeiten aufzuzeigen, wie hospitalisierte Bewohner zur sozialen Handlungskompetenz befähigt werden können. Hierzu wollen wir zunächst das theoretische Bezugssystem kurz skizzieren.

9.3. Zur Rollentheorie als Bezugssystem für soziale Lernprozesse

Bis vor wenigen Jahren wurden soziale Lernprozesse fast ausschließlich auf dem Hintergrund eines rollentheoretischen Ansatzes bestimmt, welcher von der Annahme ausgeht, daß das Gleichgewicht des sozialen Systems (Gesellschaft) nur dann gewährleistet sei, wenn zwischen institutionalisierten Rollenerwartungen und individuellem Rollenverhalten eine vollständige Entsprechung bestehe. Um eine solche Übereinstimmung zu erreichen, sei es Aufgabe der Erziehung, daß Heranwachsende im Zuge der Sozialisation frühzeitig lernen, ihre Bedürfnisse zugunsten gesellschaftlicher Anforderungen zu kanalisieren, aufzuschieben oder auch zu verdrängen, Versagungen zu ertragen und sich mit institutionalisierten Normen abzufinden.

Diesem Anpassungskonzept wurde spätestens zu Beginn der 70er Jahre durch einen interaktionistischen Ansatz deutlich widersprochen, nach welchem das Rollenhandeln von Individuen grundsätzlich an Formen symbolischer Mitteilung (z.B. Sprache) gebunden ist und sich in Interaktionen zwischen verschiedenen Individuen vollzieht (symbolischer Interaktionismus). Gemäß dieser Sichtweise sind Normen und Werte einer Gesellschaft nicht einfach vorhanden oder vorgegeben, sondern Ergebnis eines historisch-gesellschaftlichen Prozesses, in dessen Anfangsphase menschliche Bedürfnisse mit der Schaffung gesellschaftlicher Lebensbedingungen harmonisierten. Da heutzutage institutionalisierte Rollenerwartungen in einem krassen Widerspruch zu den subjektiven Interessen der Individuen stehen, seien Formen überflüssiger Herrschaft und Fremdbestimmung zu überwinden und Möglichkeiten der Realisierung individueller Lebensansprüche auf dem Hintergrund der sozialen Bezogenheit des Menschen zu schaffen. Die sich daraus ergebende Verbesserung gesellschaftlicher Verhältnisse kann aber nur von Individuen geleistet werden, die zu einem erfolgreichen Rollenhandeln (Ich-Identität) befähigt wurden. Gemeint ist in diesem Zusammenhang die Kompetenz, personale Ich-Ansprüche (Bedürfnisse, Interessen) mit sozialen Erwartungen (zugeschriebene Rolle aufgrund individueller Merkmale) auszubalancieren. Durch diese ständig zu erbringende Leistung soll einerseits der Gefahr der Entfremdung begegnet werden, wenn beispielsweise das Individuum aufgrund spezifischer Rollendiktate keine Möglichkeiten hat, seine Bedürfnisse in Interaktionen einzubringen, andererseits soll sie Prozesse sozialer Abweichung verhindern, wenn das Individuum Grenzen sozial verantwortungsbewußten Handelns überschreitet, die den Ausschluß von Interaktionen beinhalten.

Als Voraussetzung für die Ausbildung von Ich-Identität müssen sogenannte Grundqualifikationen sozialen Rollenhandelns erworben werden:
- Fähigkeiten, sich selbst wahrzunehmen und realistisch einzuschätzen,
- Fähigkeiten, seinen Körper zu erfahren und zu seinem Körperschema zu stehen,
- Fähigkeiten, eigene Lebensumstände zu erkennen und sich gegenüber Rollen und Normen reflektierend und distanzierend zu verhalten (Rollendistanz),
- Fähigkeiten, Handlungen im kooperativen Zusammenhang durchzuführen,

- Fähigkeiten, Konflikte durchzustehen und divergierende Rollenerwartungen zu tolerieren, ohne seine eigene Identität zu gefährden (Ambiguitätstoleranz),
- Fähigkeiten, sich in die Rolle des anderen hineinzuversetzen und einzufühlen (Empathie) (vgl. hierzu Habermas 1968; Krappmann 1972).

Fragt man nach dem Erlernen dieser sozialen Qualifikationen, so kommt es im Rahmen der Sozialisation zunächst darauf an, daß dem Heranwachsenden in den ersten Monaten seines Lebens Wärme, Geborgenheit, Sicherheit und Verläßlichkeit durch die Bezugsperson geboten werden. Auf der Grundlage dieses Urvertrauens (Erikson) erwirbt sich das Kleinkind über sensomotorische Handlungen erste identitätskonstituierende Verhaltens- und Erlebensmuster, wobei die von Lacan (1975, S. 63) herausgestellte Spiegelphase als zentrales Moment der Ich-Bildung aufgefaßt werden kann: "Das Menschenjunge erkennt auf einer Altersstufe von kurzer, aber merklicher Dauer (...) im Spiegel bereits sein eigenes Bild als solches. Dieses Erkennen wird signalisiert durch die illuminative Mimik des Aha-Erlebnisses, in dem - als einem wichtigen Augenblick des Intelligenzaktes - sich nach Köhler die Wahrnehmung der Situation ausdrückt". Durch diese imaginäre Ich-Erfahrung wie aber auch durch damit eng verknüpfte Prozesse der Imitation und Identifikation auf dem Hintergrund einer kontinuierlichen Entwicklung des Bewußtseins gelangt das Kleinkind zu einer immer differenzierter werdenden Auseinandersetzung mit der Außen-/Innenwelt, wobei die für die sensomotorische Periode noch charakteristische Egozentrik des Verhaltens und Erlebens allmählich in eine für die Identitätsentwicklung wichtige Aneignung sozialer Rollen (Erwartungen) mündet. Diesen Vorgang des sozialen Lernens hat Mead am kindlichen Spiel besonders verdeutlicht: "Es spielt z.B., daß es sich etwas anbietet und kauft es; es gibt sich selbst einen Brief und trägt ihn fort; es spricht sich selbst an - als Elternteil, als Lehrer; es verhaftet sich selbst - als Polizist. Es hat in sich Reize, die in ihm selbst die gleiche Reaktion auslösen wie in anderen. Es nimmt diese Reaktionen und organisiert sie zu einem Ganzen. Das ist die einfachste Art und Weise, wie man sich selbst gegenüber ein anderer sein kann" (Mead 1968, S.193).

Das Beispiel zeigt auf, wie erlebte Situationen in einem Rollenspiel, vielfach unter Einbeziehung imaginärer Personen, die als "wohlwollende Zuhörer oder als Spiegel für das Ich dienen" (Piaget 1975 [b], S.171), über ein Eindringen in die Realität wie zugleich auch über eine Umwandlung auf ein Sich-Entfernen von Wirklichkeit symbolhaft angeeignet werden. Durch die Identifizierung mit Vorbildern macht sich der Heranwachsende die Perspektive des anderen zu eigen, er versetzt sich an die Stelle des anderen und betrachtet die Situation aus dessen Sicht. (vgl. hierzu auch Kap. 7.2.).

Einen grundlegenden Unterschied zu diesem Phantasie- oder Symbolspiel beinhaltet das Regelspiel: "In einem Wettspiel mit mehreren Personen aber muß das Kind, das eine Rolle übernimmt, die Rolle aller Kinder übernehmen können. Macht es beim Baseball einen bestimmten Wurf, so muß es die Reaktionen in jeder betroffenen Position in seiner eigenen Position angelegt haben... Im Wettspiel gibt es also Reaktionen der anderen, die so organisiert sind, daß die Haltung des einen Spielers die passende Haltung des anderen auslöst" (Mead 1968, S. 193 f.).

Die Beteiligung am Wettspiel bedeutet für den Heranwachsenden, daß er sich jetzt als Spieler einer übergeordneten Spielorganisation unterwerfen sowie den normativen Erwartungen verschiedener Personen in einem System entsprechend verhalten muß. "Das Wettspiel repräsentiert im Leben des Kindes den Übergang von der spielerischen Übernahme der Rolle anderer zur organisierten Rolle, die für das Identitätsbewußtsein im vollen Wortsinn entscheidend ist" (ebenda S. 194). Nach Mead erlebt sich der Heranwachsende in einem Wettkampf als Träger einer Rolle, die die Normen und Erwartungen der anderen Mitspieler in sich haben muß. Er hat also zu lernen, sich die Handlungen der anderen ständig zu vergegenwärtigen und zugleich sich selbst in seiner Rolle mit den Augen der anderen zu sehen. Somit gewinnt er ein Bild von sich selbst, in das die Meinungen der anderen von ihm eingegangen sind.

Ein derartiger Prozeß der Selbstfindung spielt sich selbstverständlich nicht nur im Spiel, sondern "im Leben des Kindes ständig ab" (ebenda, S. 202). Diesen allmählichen Übergang von den Erwartungen der unmittelbaren Umkreispersonen hin zu den Normen und Werten der Gesellschaft haben Berger/Luckmann (1971, S. 143) auf sehr anschauliche Weise als einen Vorgang der Verallgemeinerung von Normen beschrieben. "Für die Internalisierung von Normen bedeutet zum Beispiel der Übergang von 'jetzt ist Mami böse auf mich' zu 'Mami ist immer böse auf mich, wenn ich meine Suppe verschütte' einen Fortschritt. Wenn weitere signifikante andere - Vater, Oma, große Schwester usw. - Mamis Abneigung gegen verschüttete Suppe teilen, wird die Gültigkeit der Norm subjektiv ausgeweitet. Der entscheidende Schritt wird getan, wenn das Kind erkennt, daß jedermann etwas gegen Suppeverschütten hat. Dann wird die Norm zum 'man verschüttet Suppe nicht' verallgemeinert. 'Man' ist dann selbst Glied einer Allgemeinheit, die im Prinzip das Ganze einer Gesellschaft umfaßt, soweit diese für das Kind signifikant ist".

Mit fortschreitender Verallgemeinerung gewinnt nun der Heranwachsende in zunehmendem Maße eine Unabhängigkeit von familiären Interaktionssituationen, wobei er in diesem durch zahlreiche Rollenübernahmen und Selbstdefinitionen gekennzeichneten Selbstdarstellungsprozeß zumeist verschiedene Rollen gleichzeitig oder nacheinander zu spielen hat. Um seine Identität zu wahren, ist es für den einzelnen wichtig, daß er seine Bedürfnisse (personales Ich) in den gegebenen Interaktionen geltend machen kann. Selbstdarstellung beinhaltet somit immer ein subjektives Gestaltungsmoment, welches nicht vorab festgelegt werden kann, sondern situationsabhängig ist, weswegen die personalen und sozialen Identitätsansprüche in jeder Interaktion immer wieder neu ausbalanciert werden müssen.

Gerade zu diesen identitätsstiftenden Voraussetzungen sind viele hospitalisierte Menschen mit geistiger Behinderung im Rahmen der familiären und/oder institutionellen Sozialisation kaum befähigt worden. Durch eine Kumulation defizitärer Sozialisationsbedingungen (z.B. sozioökonomische Benachteiligung, schlechte Wohnverhältnisse, Unterschätzung der Lernmöglichkeiten, Fehlen von Entwicklungsreizen, unzureichende niveaulose Spielangebote, unzureichende Identifikationsangebote, Kontaktarmut, Massenpflege in Heimen) sind geistig Behinderte vielfach vor Situationen gestellt, die eine sensorische Deprivation (Unterforderung) zur Folge haben. Dadurch wird die bereits reduzierte Lernbasis erheblich belastet, was zu einer deutlich verminderten sozialen Handlungskompetenz führen kann.

Ebenso kann ein Erziehungsmilieu, welches die Lernenden überfordert (z.B. ständiger Leistungsdruck, Reizüberflutung durch Überangebot an Spielzeug, Überbelastung des Sinnessystems durch ständiges Fernsehen, verwöhnende, ambivalente Erziehungshaltung), Prozesse einer Isolation (Handlungsunsicherheit, Formen beschränkter Kommunikation, Orientierungsstörungen, Probleme bei der Übernahme sozialer Rollen und Normen) begünstigen.

Häufig ist die Lebenswelt der Betroffenen auch durch restriktive Verhaltensvorschriften, rigide Normen und Sanktionen geprägt, so daß keine ausreichenden Möglichkeiten zur Realisierung individueller Bedürfnisse bestehen. Auf Dauer gesehen können die Betroffenen diese Frustrationen kaum verkraften, ohne psychosoziale Schäden zu erleiden. Um die Balance zwischen sozialen Erwartungen und der individuellen Selbstdarstellung aufrechtzuerhalten bzw. um sich ein Minimum an Wunscherfüllung zu sichern, reagieren sie vielfach mit kurzzeitigen Aggressionsausbrüchen, resignativen Verhaltensweisen, Regressionen, Überkompensation (als Ausgleich von Minderwertigkeitsgefühlen) oder sonstigen neurotischen Verhaltensmustern (Tics, Stottern, ständiges Putzen, Konzentrationsschwächen u.a.). Solche Problemlösungsmuster führen grundsätzlich nur zu einer scheinbaren Bewältigung psychischer und sozialer Konflikte (Scheinlösung).

Schließlich läßt sich nachweisen, daß durch ein Erziehungsklima und Lernmilieu der Brutalität, aggressiven Abfuhr, Ablehnung, Feindseligkeit, negativen Einstellung von Eltern oder Heimerziehern gegenüber Verhaltensauffälligen, Lern- oder Geistigbehinderten die Betroffenen ihre Probleme zu lösen versuchen, indem sie ihre eigenen unmittelbaren Interessen relativ unmodifiziert in aggressive, feindselige (kriminelle) Handlungen umsetzen. Vielfach zeigen sie auf dem Hintergrund einer unzureichend ausgebildeten Fähigkeit zur Rollendistanz und Ambiguitätstoleranz Lösungsentwürfe, die auf ein Vermeiden von Schuldgefühlen, auf eine Suche nach Unterstützung feindseliger Handlungen, auf eine Abwehr von Veränderung, auf Realitätsverleugnung, Fluchtverhalten oder Identifikationsabwehr hinauslaufen, welche als Resultat der Unfähigkeit des Ichs, soziale Situationen zu bewältigen, aufzufassen sind. Im Heim werden diese Personen zumeist als unberechenbar, distanzlos, gemeinschaftsfeindlich, lernunwillig, hinterhältig, faul, arbeitsunlustig, unzuverlässig oder rüpelhaft erlebt. Bei einem fehlenden emotionalen Vertrauensverhältnis in der frühkindlichen Sozialisation kann es bei Mädchen zu einer sexuellen "Verwahrlosung" kommen. Die durch die Verlassenheitsgefühle entstandenen Selbstunsicherheiten führen vielfach zu einer verstärkten Suche nach personalem Kontakt. Emotional verarmte sowie durch Enttäuschung gekennzeichnete Erfahrungen mit Bezugspersonen können aber auch zu einer überzogenen Selbstdarstellung (mit Gefühlen von Omnipotenz, Stärke, Vollkommenheit, Unbesiegbarkeit) führen, welche sich als Ausdruck massiver Ängste in Konkurrenz- bzw. Leistungssituationen, Zeichen von Beziehungs- und Arbeitsschwierigkeiten, Resignation oder fehlender Motivation beschreiben läßt.

Neben den bisher genannten möglichen Ursachen für Interaktions- und Kommunikationsprobleme können Schwierigkeiten im Sozialverhalten ebenso durch die reduzierte Lernbasis geistig behinderter Menschen bedingt sein. (Das schließt nicht aus, daß auslösende Momente ineinander übergehen und kumulieren.) Diese drückt sich vor allem aus in einer "extremen Verlangsamung, Verflachung und zeitlichen Begrenzung der Lernprozesse" (Bach 1974, S. 50), in einer mangelnden Motivation und Zielgerichtetheit des Verhaltens, in einer mangelnden Kontrolle der eigenen Körperfunktion, in einem unzureichenden Durchhaltevermögen, in Störungen der Sprache, in Beeinträchtigungen der Wahrnehmungen, des Ausdrucksverhaltens und grob- und feinmotorischer Bewegungen sowie in einer generellen Verlangsamung der Bewegungsabläufe. Aufgrund der besonderen Reizanfälligkeit

ihres Nervensystems können geistig Behinderte eher als andere in
soziale Konflikte geraten, unangenehme Interaktionssituationen als
stärker belastend erleben sowie psychisch empfindlicher (störungs-
anfälliger) sein (vgl.hierzu auch Speck 1980, S. 61 ff., 88 ff.;
1977, S. 91 ff.).

9.4. Folgerungen für die pädagogische Arbeit

Will man nun bei verhaltensauffälligen, geistig- oder lernbehinderten Erwachsenen soziale Lernprozesse auf dem Hintergrund der Gewinnung von Ich-Identität initiieren und fördern, so muß man sich bei
der Bestimmung der Ziele und der Auswahl der pädagogischen Verfahren und Inhalte nach dieser Reduktion der Lernbasis richten.

Die wohl bekannteste Methode des sozialen Lernens ist das <u>Rollen-
spiel</u> (vgl. auch Kap. 7.2), das von Imitationsspielen über systematisch angelegte didaktische Übungen mit Reflexionsprozessen bis
hin zu Theaterspielen reicht. Rollenspiele bieten die Möglichkeit,
daß Spieler aktiv in eine Handlung einsteigen, individuelle Probleme angstfrei darstellen und neue soziale Erfahrungen gewinnen
können. Ferner reproduziert "ein sehr beträchtlicher Teil des Rollenspiels... affektgeladene Situationen und dient damit unmittelbar
der emotionalen Anpassung und der Verminderung seelischer Spannungen, indem es Kompensationen für unlustbetonte Erlebnisse ... schafft,
Aggressionen zur Entladung kommen läßt, unerfüllte Wünsche in spielerischer Form realisiert und durch Wiederholung von angstbesetzten
Situationen als Katharsis wirkt" (Schenk-Danzinger 1970, S. 85). In
der pädagogischen Arbeit mit Behinderten werden diese therapeutisch-
kompensatorischen Qualitäten vielfach in den Mittelpunkt gerückt,
wenn es um den systematischen Aufbau kommunikativer und sozialer
Handlungskompetenz sowie um einen Abbau psychosozialer Probleme
geht. Diese therapeutische Orientierung von Rollenspielen verdeutlicht zugleich die rehabilitative Zielsetzung unserer Arbeit. (Um
Mißverständnissen vorzubeugen, sei an dieser Stelle jedoch gesagt,
daß Rollenspiele, die wir unter therapeutischen Gesichtspunkten
sehen, von psychotherapeutischen Verfahren - Psychodrama, Szeno-
Spiele - deutlich unterschieden werden müssen.) Grundsätzlich gilt
das auch für eine emanzipatorische Funktion von Rollenspielen, wenn
im Rahmen der Vermittlung von Grundqualifikationen sozialen Handelns
das Individuum in die Lage versetzt wird, sich von gesellschaftlichen
Zwängen zu befreien, sich mit sozialen Systemen kritisch auseinander-
zusetzen und die eigenen Lebensumstände den subjektiven Bedürfnissen
entsprechend zu verändern, ohne dabei die Ebene eines sozial veran-
wortungsbewußten Handelns zu verlassen (vgl. Shaftel/Shaftel 1973).

Ebenso bewährte Verfahren zum Aufbau identitätskonstituierender Verhaltensmuster findet man im Bereich der ästhetischen Erziehung. Vor allem läßt sich durch Arbeitsformen mit basalpädagogischem Charakter ein Ausgleich von Entwicklungsdefiziten (Kommunikation, Sensomotorik, Symbolverständnis) erzielen, wodurch grundlegende Voraussetzungen für soziales Lernen überhaupt geschaffen werden. In der pädagogischen Arbeit wird dabei zumeist auf einen sehr frühen Entwicklungsabschnitt zurückgegangen, weil nur über einen entwicklungsgemäßen, subjektzentrierten Ansatz Aufbauprozesse sowie eine Verbesserung der Lernbasis erzielt werden können (vgl. hierzu Richter 1977, 1981, 1985; Theunissen 1985).

Im folgenden haben wir für die Initiierung und Förderung sozialer Lernprozesse ein Verknüpfungsmodell skizziert, in welchem zwischen sogenannten beziehungsstiftenden, projektorientierten und problemzentrierten Arbeitsformen sowie alltagsorientierten Vermittlungshilfen unterschieden wird. Diese Einteilung ist ein methodisches Hilfsmittel. Sie dient der Verdeutlichung einzelner Schwerpunkte für die pädagogische Praxis.

<u>Beziehungsstiftende Arbeitsformen</u> (s. Liste an Beispielen, Kap. 9.5.) haben in erster Linie eine grundlegende Aufbau- und Stabilisierungsfunktion für kommunikative Prozesse; ferner dienen sie der Selbst- und Fremdwahrnehmung, der Lockerung des physischen Gefüges, der Kompensation psychosozialer Probleme sowie der Motivation für weitere Aktivitäten im (spiel-) pädagogischen Bereich. Darüber hinaus bringen sie auch spielerisch-kreative Fähigkeiten zur Entfaltung, wodurch Schwächen im Ausdruck, im Erleben und in der Phantasie ausgeglichen werden können. Zur Herstellung und Entfaltung einer "echten" Beziehung (Buber), die sämtliche weiterführenden erzieherischen Maßnahmen fühlbar durchdringen muß, bietet sich ein sog. Patensystem an, indem Mitarbeiter die "personale Verantwortung" (Buber) für ein oder zwei Bewohner übernehmen.

Den beziehungsstiftenden Arbeitsformen folgen Bemühungen um eine Stabilisierung kommunikativer und sozialer Verhaltensprozesse sowie um einen systematischen Abbau psychosozialer Probleme. Hierzu werden sog. <u>problemzentrierte Arbeitsformen</u> favorisiert, die therapeutisch gelagert sind und auf Verhaltensänderung durch Umerziehung zielen. Bewährt hat sich in diesem Zusammenhang das Spielen von Konfliktsituationen mit Rollenwechsel und feed-back-Phasen (z.B. bei Themen wie: Streit ums Essen, am Arbeitsplatz, Streit mit Mitarbeitern, Krach in der Heimgruppe, Angst, Hänseleien an der Bushaltestelle). Dadurch, daß ein Spieler in eine andere Rolle schlüpfen muß, ist die Möglichkeit gegeben, Interaktionsprobleme bewußt er-

Verknüpfungsformen von didaktischen Einheiten zur Förderung und Entfaltung kommunikativer und sozialer Handlungskompetenz

---

Beziehungsstiftende Arbeitsformen

Ziele: Selbst-/Fremdwahrnehmung, psychische Entlastung, Spaß und Freude, Sozialinteresse, physische Lockerung, Abbau von Hemmungen, Selbstvertrauen, Sensibilität, Zutrauen, Abbau von Ausdrucksstereotypien, Erkennen nichtsprachlicher Mitteilungsformen...

Spielmethoden: Spiele zum Kennenlernen, Selbstdokumentationen (Steckbrief, Paß), Verkleidungsaktionen, Schminken, pantomimische Spiele, Vertrauensspiele, Spiele zur Selbst-/Fremdwahrnehmung (Spiegelbilder, Schattenspiele), freie Spielaktionen (Fernsehen spielen, Reporterspiel)

Projektorientierte Arbeitsformen

Ziele: Kooperation, Selbstvertrauen, planvolles Handeln, Ausdauer, normorientiertes Verhalten, kooperative Phantasie, Rollenflexibilität

Spielmethoden: Theaterspiele Modenschau, Musikfestival, Grenzspiel, Stadtspiel), Photoroman, Filmdrehen (Videokrimi), Puppenspiele

---

Problemzentrierte Arbeitsformen

Ziele: Empathie, Rollendistanz, Abbau psychosozialer Probleme, sozialverantwortungsbewußtes Handeln, selbständiges Finden von Konfliktlösungsmöglichkeiten

Spielmethoden: Spielen von Konfliktsituationen mit Rollenwechsel (Angst, Streit ums Essen, am Arbeitsplatz, Streit mit Mitarbeitern, Heimgruppe), Rollenumkehrung mit therapeutischem Gespräch

---

Alltagsorientierte Vermittlungshilfen

Ziele: selbständiges Handeln, Befähigung zur Selbsthilfe, zur eigenständigen Bewältigung von Alltagssituationen, Förderung lebenspraktischer Fähigkeiten, Selbstsicherheit im Alltag

Spielmethoden: Spielen von Alltagssituationen mit Rollenwechsel (Einkauf, Busfahren, Arbeitsamt, Post, Sparkasse, Essen zubereiten, waschen, Straßenverkehr)

fahrbar zu machen, Einfühlungsvermögen zu fördern sowie Verständnis für das Verhalten und Erleben anderer zu gewinnen. Zur Reflexion und Bearbeitung problematischer Situationen bietet es sich an, die Spielszenen auf Videobändern festzuhalten und vorzuführen, so daß sich die Betroffenen selbst wahrnehmen, selber beobachten und ihr Verhalten evtl. korrigieren können. Das alternative Verhalten sollte ebenfalls im Spiel erprobt werden. Neben den Rollenspielen können auch therapeutische Gestaltungsprozesse zum Abbau aktueller Kommunikationsschwierigkeiten beitragen. Denn vielfach hat die "spannungsregulierende" Wirkung des Malens oder Gestaltens zur Folge, daß die Betroffenen in einer emotional fundierten Atmosphäre des Angenommenwerdens eher für konfliktklärende Gespräche bereit sind, die sich u.U. mit einer Rollenumkehrung (d.h. Betreuer und Bewohner wechseln ihre Rollen beim Spielen einer Konfliktsituation) verknüpfen lassen.

Ebenso kann die Wohngruppe soziales Lernfeld sein, wenn beispielsweise verhaltensauffälligen Bewohnern die Möglichkeit gegeben wird, sich für die Gemeinschaft bedeutsam und nützlich zu machen (z.B. Blumengießen, Tischdecken, einer Gehbehinderten beim Laufen helfen). Um Selbstkontrolle, Selbststeuerung, Ordnungssinn, soziale Verantwortung, Verläßlichkeit und normorientiertes Verhalten zu fördern, wird vielfach im Rahmen der stationären Betreuung auch auf verhaltenstherapeutische Methoden zurückgegriffen, so beispielsweise auf gemeinsam vereinbarte Einzel- oder Gruppenverträge im Zusammenhang mit einem Verstärkerplan. Allerdings sollte man diesbezüglich wissen, daß solche Verfahren in der Gefahr stehen, als bloße technische (unpersönliche) Methode Heimbewohner zu "verobjektivieren".

Schließlich sollen Erfahrungen mit Puppenspielen oder szenarischen Spielen in der Arbeit mit geistig Behinderten nicht unerwähnt bleiben. Diese Spiele bieten viele Möglichkeiten, jenen Ausschnitt aus der Umwelt zu repräsentieren, mit dem sich die Bewohner ständig auseinandersetzen. Manches, was viele der Behinderten in Worten nicht auszudrücken vermögen oder dessen sie sich kaum bewußt sind, wird in die Spiele oder Spielmittel (Puppe) hineinverlegt, wodurch Gefühle, Wünsche oder Konflikte auf einer nonverbalen Ebene aktualisiert werden können. Der in der praktischen Erziehungsarbeit Tätige sollte sich bei derartigen Symbolspielen bemühen, mit den betreffenden Behinderten über die Ebene der symbolischen Äußerungsformen in Beziehung zu treten, indem er z.B. versucht, die Prozesse des Sich-Äußerns, vor allem die vermuteten Erlebnisinhalte, als ein den symbolischen Gehalt der Handlungen erfassender Zuschauer spielbegleitend zu verbalisieren.

Neben den problemzentrierten Arbeitsformen kommt im Rahmen der Stabilisierung des Verhaltens den projektartigen Maßnahmen besondere Bedeutung zu. Sie bieten ein sehr vielschichtiges (mehrperspektivisches) Lern- und Erfahrungsfeld zur Aneignung und Verarbeitung von Realität im sozialen Kontext.

Hierzu das Beispiel eines Fotoromanes im Rahmen einer Freizeitmaßnahme mit geistig behinderten Erwachsenen:

Mitarbeiter einer Behinderteneinrichtung der Arbeiterwohlfahrt in Offenbach hatten im Rahmen der Freizeitgestaltung versucht, mit geistigbehinderten Erwachsenen verschiedene kleine Theaterstücke zu entwickeln, aufzuführen sowie diese durch Fotos und Filmaufnahmen zu dokumentieren. Ausgangspunkt dieses Projekts war die Feststellung, daß viele dieser geistig Behinderten Schwierigkeiten im sprachlichen Ausdruck hatten, wohl aber überdurchschnittliche Fähigkeiten in der Gestik und Mimik sowie im Imitieren von Verhaltensweisen zeigten.

Deswegen arrangierte man zunächst zusammen mit den Behinderten sprachfreie Schattenspiele. Danach versuchte man, die einzelnen Geschichten und dargestellten Szenen auch zu fotografieren sowie zu filmen, um langfristig zu einem Fotoroman zu gelangen. Der im folgenden beschriebene Fotoroman wurde im Sommer 1979 erarbeitet. Den Behinderten wurde zunächst als Motivation folgende (verkürzt wiedergegebene) Geschichte vorgegeben:

Bei einer Familie wird eingebrochen und die Diebe stehlen das ganze Geld, es soll eine Suche nach den Tätern erfolgen, die man schließlich findet.

Danach fanden im Kreis der beteiligten Behinderten Überlegungen statt, ob in der Geschichte auch ein Mord vorkommen, ob ein Diebstahl heimlich oder als gewaltsamer Raubüberfall stattfinden sollte; außerdem wurde besprochen, wer die einzelnen Rollen für die betreffenden Personen in der Geschichte übernehmen sollte. "Mit wachsender Stimmung kamen viele lustige - und manchmal auch alberne - Vorschläge. Die meisten wollten schließlich, statt eines einfachen Krimis, lieber einen Western-Krimi machen" (Astmann 1981, S. 7). Aus den Gesprächen kristallisierte sich allmählich eine Struktur der Geschichte heraus, so daß auch inhaltliche Schwerpunkte gesetzt werden konnten. So sollte die Familie auf einer Farm leben, zwei Diebe sollten hier zunächst von niemandem bemerkt eindringen und das Geld stehlen. Der Sheriff sollte ziemlich trottelig und tapsig sein, weswegen er auch nicht imstande war, die Diebe zu fangen. Deswegen mußte Winnetou zu Hilfe eilen, er sollte die Diebe verfolgen und sie schließlich einfangen.

"Die Details zu den Fotoaufnahmen, die den Inhalt, die Personencharakterisierung, die Szenerie betreffen, kamen erst während der eigentlichen Foto-Arbeiten auf. Auch hier wurde nicht lange diskutiert. Einer hatte eine Idee, agierte entsprechend und ließ sich ohne Widerspruch der anderen so fotografieren" (ebenda). Was die Umsetzung der einzelnen Inhalte in darstellerische Tätigkeiten betraf, so waren hier klare und unmißverständliche Anweisungen durch die Betreuer notwendig, die vielfach Szenen mehrfach vorspielen mußten. "Denn die Behinderten erkannten in den Gesten zwar sofort den Sinn wieder, konnten oft aber eine verbalisierte Anweisung, wie 'heimlich eindringen', 'heranschleichen', nicht so leicht umsetzen" (ebenda).

Nachdem eine ganze Menge an Fotos erstellt waren, sollten die Behinderten diejenigen Fotos heraussuchen, die ihnen am besten gefielen. "Dabei wurde allerdings nicht immer auf den Gang der Handlung grossen Wert gelegt, sondern darauf, ob ein Bild besonders schön oder lustig war. Das hatte zur Folge, daß sich die Geschichte im Detail wieder ein wenig veränderte" (ebenda). So rückte z.B. anstatt der Fotos über die Verfolgungsjagd eine Darstellung der betreffenden Personen in den Vordergrund. Darüber hinaus hatten die Betreuer Schwierigkeiten, die Behinderten dafür zu motivieren bzw. zu interessieren, "die Fotos in eine bestimmte Reihenfolge zu bringen und mit kurzen Texten zu versehen, um auch die Geschichte für andere nachvollziehbar zu machen" (ebenda). Dies lag z.T. daran, daß viele der Behinderten nur kurzzeitig belastet werden konnten, massive Konzentrationsmängel zeigten und für kognitiv orientierte Tätigkeiten wenig zu motivieren waren. Insgesamt aber schien den Behinderten das gesamte Projekt viel Freude bereitet zu haben, vor allem waren viele von ihnen sehr stolz auf ihre Fotos, wobei es ihnen besonderen Spaß machte, die Aufnahmen auch anderen Personen zu zeigen.

Um Defizite im lebenspraktischen Bereich abzubauen sowie Prozesse der Verselbständigung auf kooperativer Basis zu fördern, sollten auch <u>alltagsorientierte Vermittlungshilfen</u> in die pädagogische Arbeit mit eingehen. Es handelt sich hierbei - und dies im Unterschied zu den vorausgegangenen Arbeitsformen - um eher systematisch aufgebaute, lehrprogrammartig entwickelte Verfahren, die Übungssequenzen beinhalten und auf eine eigenständige Lebensführung, Daseinsgestaltung und gemeinsame Lebensbewältigung vorbereiten. Die Auswahl der Inhalte und Rollenspiele (z.B. Einkaufen spielen, Busfahren üben, kleine Mahlzeiten zubereiten, Vorstellung bei einem Arbeitgeber, Verhalten auf dem Postamt üben) sollte sich hierbei grundsätzlich an den Interessen, Problemen und Lebensumständen der Behinderten orientieren. Neben der Aufbereitung von Alltagsthemen und Lebenszusammenhängen im Spiel sollte zweifellos auch eine verstärkte und gezielte pädagogische Unterstützung und Teilhabe an gemeinsamer Verfügung über die eigenen Lebensumstände in realen Lebenssituationen erfolgen. Gerade die Beteiligung an Hausarbeiten oder Einkäufen trägt beispielsweise dazu bei, daß einzelne Bewohner ihre Lebensbedingungen und kooperative Handlungszusammenhänge begreifen lernen, daß sie auf ihre Umgebung aktiv mitgestaltend einwirken können und daß sie auf Dauer dazu befähigt werden, ihre Lebenssituationen eigenverantwortlich, selbstbewußt und sozial zu bewältigen. In diesem Zusammenhang haben wir es mit einer Verknüpfung lebenspraktisch orientierter und sozialer Lernprozesse unter dem Leitziel der "Autonomie" zu tun.

Dieser subjektzentrierte Zugang macht eine ständige Reflexion und Überprüfung der Zielgerichtetheit einer pädagogischen Arbeit notwendig. Denn schließlich geht es gerade bei der Initiierung und Förderung sozialer Lernprozesse auf dem Hintergrund der Gewinnung von Ich-Identität um Wiedereingliederung, um ein zukünftiges Leben in der Gemeinde, daß das Ziel aller rehabilitativen Bemühungen ist. Deswegen sollten die genannten pädagogischen Arbeitsformen nach Möglichkeit nicht nur stationär, sondern auch außerhalb der Heimgruppe (z.B. in Gemeindezentren) erfolgen, um eine Öffnung nach außen sowie Wege der Integration behutsam vorbereiten zu können. Diese Öffnung nach außen sollte zugleich einhergehen bei einer breitangelegten Gemeinwesensarbeit, um Möglichkeiten einer Begegnung mit der Bevölkerung zu erkunden, um evtl. aus der Gemeinde Freunde, Paten und zugleich Fürsprecher für unsere Bewohner zu gewinnen. Diesbezüglich werden seit geraumer Zeit in Italien interessante Erfahrungen gewonnen, wenn in einzelnen Stadtteilen Feste, Theateraufführungen, Clubabende oder Feiern von Behinderten und Nicht-Behinderten gemeinsam vorbereitet und durchgeführt werden. Dadurch lassen sich Vorurteile in der Bevölkerung gegenüber ehemaligen Insassen der Psychiatrie abbauen; zugleich ist die Möglichkeit zu einem verbesserten Verständnis füreinander gegeben, und einzelne Heimbewohner können sogar ein Stück Verantwortung als Mitglied der Gemeinde übernehmen.

Schlußbemerkung

Im vorausgegangenen Beitrag wurde aufgezeigt, in welche Richtung sich eine Sozialerziehung hospitalisierter Erwachsener mit einer geistigen Behinderung zu bewegen hat. Daß dabei Unschärfen und Verkürzungen in die Darstellung eingingen, war nicht zu vermeiden. So fehlen beispielsweise Aussagen über Formen der erzieherischen Einflußnahme unter dem Aspekt des "Lernens am Modell" (Bandura). Nach diesem lerntheoretischen Konzept - und das soll als Schlußbemerkung genügen - werden viele soziale Verhaltensweisen auch durch Beobachtung und Nachahmung des Verhaltens unterschiedlicher Umkreispersonen (Erzieher, Mitbewohner) sowie durch Identifikation mit positiven wie auch negativen Leitbildern erworben - ein Lernvorgang, der die gesamte pädagogische Praxis fühlbar durchdringt und deswegen einer Reflexion bedarf.

9.5. Beispiele für beziehungsstiftende Arbeitsformen und gesellige Spiele (eine Auswahl)

- Körpergeräusche machen:

    Die Bewohner sollen versuchen, mit ihrem eigenen Körper Geräusche zu erzeugen. Hierzu können sie z.B. mit den Händen klatschen, die Hände gegeneinander reiben, verschiedenste Töne oder Laute von sich geben, quaken, summen, pfeifen, miauen u.a., mit Fingern schnipsen, klopfen, u.a. Das Erzeugen von Körpergeräuschen sollte ohne Musikinstrumente erfolgen, wichtig sind die Erfahrungen mit dem eigenen Körper, die Sensibilisierung der Wahrnehmungen. Es sollte nach Möglichkeit ein lustiges Spiel stattfinden, welches zur Erfindung neuer Geräusche führen sollte und auch als Körpergeräusch-Konzert mit unterschiedlichsten Show-Elementen durchgeführt werden kann.
    Variationsmöglichkeit: Hinter einer Trennwand Geräusche machen und raten, wie die Geräusche entstanden sein könnten.

- Fernsehspiel:

    Ein großer Pappkarton sollte so ausgeschnitten und bemalt werden, daß er einem Fernseher möglichst ähnlich sieht. Die einzelnen Bewohner sollten dann animiert werden, hinter dieser Kulisse Fernsehen zu spielen, z.B. als Reporter, als Pop-Star, aus einer Hitparade, als Clown u.a.
    Variationsmöglichkeit: Darzustellende Themen vorgeben, Wettspiele veranstalten: Wer ist der lustigste Clown? Wer ist der beste Fußballreporter?..., Wer hält die längste Rede?

- Reporterspiel:

    Die Behinderten sitzen zusammen mit dem Erzieher im Kreis; mit Hilfe eines Tonbandgerätes oder Cassettenrekorders soll ein Bewohner die Rolle eines Reporters übernehmen und einen Mitspieler nach einem besonders für ihn bedeutsamen Erlebnis befragen. Die Fragen sollten relativ einfach sein, sie können sich z.B. auf Dinge, die am Tag zuvor gemacht wurden, beziehen, auf Geburtstage, Zirkusbesuche, Ausflüge, Interessen u.ä. Konfliktbehaftete Themen, z.B. Schwierigkeiten in der Gruppe, sollten nur durch den Erzieher behutsam angesprochen werden. Jede Reportage sollte immer gleich vorgespielt werden, was erfahrungsgemäß viel Spaß macht und Anreiz für weitere Reportagen bietet.

- Ähnlichkeiten herausfinden:

    Die Behinderten sitzen alle gemeinsam an einem Tisch, der Erzieher hat einige Fotos von Personen aus Zeitungen mitgebracht. Die Behinderten sollen raten, was das für Personen sein können, sie sollen z.B. Alter und Geschlecht benennen, das Aussehen beschreiben und erraten, welche der Bewohner den Personen auf den Fotos am ähnlichsten sind. Im wesentlichen geht es bei diesem Spiel um das Herausfinden von Unterscheidungsmerkmalen.
    Variatinsmöglichkeit: Mimik, Gestik und Motorik möglichst genau beschreiben und versuchen, nachzumachen.

- Plätze vertauschen:

  Es wird ein Stuhlkreis gebildet, der Erzieher stellt sich in die Kreismitte und sagt: "Wie ihr seht, haben wir heute im Kreis einen Stuhl zu wenig; das ist richtig so, denn wir wollen heute ein Spiel spielen, das "Plätze vertauschen" heißt und dabei muß immer einer von uns übrig bleiben, der keinen leeren Stuhl mehr gefunden hat. Das Spiel geht so: Wenn ich jetzt z.B. sage, alle (von euch), die heute lange Hosen haben, wechseln den Platz, dann müssen alle, die lange Hosen anhaben, aufspringen und sich einen neuen Stuhl suchen und der, der in der Mitte steht, versucht auch schnell, einen leeren Stuhl zu erwischen. Derjenige, der keinen Stuhl abbekommen hat, geht dann in die Mitte und denkt sich etwas Neues aus " (Croissier u.a. 1979, S. 44). Es können bei diesem Spiel unterschiedlichste Merkmale genannt werden: z.B. alle, die braune Augen haben, blonde Haare haben, blaue Pullover... eine Schwester oder einen Bruder... arbeiten gehen... auf der Gruppe laut sind... gerne Schokoladenpudding essen... Fußballspielen... sich mit anderen streiten... sich oft langweilen... sich ärgern lassen... einen Freund haben u.ä.

- <u>Gefühle mimisch und gestisch darstellen:</u>

  Die Bewohner sitzen zusammen in einem Kreis, es sollen unterschiedliche Gesichtsausdrücke dargestellt werden, z.B. lachen, ängstlich hereinschauen, vorsichtig gucken, finster gucken, freundlich schauen, Schmerzen ausdrücken... außerdem sollen Gefühle durch Mimik, Gestik und Motorik ausgedrückt werden, z.B. Ärger oder Freude durch den ganzen Körper ausdrücken;
  Variationsmöglichkeit: Die einzelnen Mitspieler sollen raten, welche Gefühle ausgedrückt werden.

- <u>"Ritualisierte" Gebärden oder Körperhaltungen ausdrücken:</u>

  Formen einer Zärtlichkeit oder Zuneigung ausdrücken, Grußgebärden, aggressive Drohhaltungen, Verteidigungshaltungen, Formen einer Unterwerfung, Chefgebärden, kumpelhafte Haltung, Partnerwerbung, Vereinsamung u.a. ausdrücken;
  Variationsmöglichkeit: raten, was vorgespielt wurde.

- <u>Pantomimische Ausdrucksspiele:</u>

  Es sollen einfache Handlungsabläufe pantomimisch ausgedrückt werden, z.B.: Aufstehen, sich anziehen, essen, ins Auto einsteigen, in ein Geschäft einkaufen gehen, sich waschen, jemanden begrüßen, Spiegeleier braten, sich duschen, Tisch decken, spülen, einen Freund treffen, Auto fahren, dem Chef begegnen u.a.

- <u>Ausdrucksspiele vor dem Spiegel:</u>

  Sich vor einem großen Standspiegel betrachten, Mimik, Gestik und Bewegungen bewußt verändern;
  Variationsmöglichkeit: Spiegelfolie verwenden, um Zerreffekte zu erzielen.

- <u>Schattenspiele:</u>

  Zwei Bettlaken im Raum aufhängen, dahinter einen Dia-Projektor aufbauen und die Bettlaken anstrahlen, eine Sitzordnung wie im Kino herstellen, Raum verdunkeln; hinter den Bettlaken (Leinwand) lassen sich dann lustige, frei improvisierte oder aber auch themenbezogene, pantomimische Schattenspiele veranstalten.

- Verkleidungs- und Schminkaktionen:

    Gesicht gegenseitig bemalen, alte Stoffe, Kleider usw. sammeln, verändern, bemalen, sich damit verkleiden, in eine andere Rolle schlüpfen; Variationsmöglichkeit: Unter bestimmten Themen, wie Gespenster-, Indianer- oder Negerparty, Clown etc. Aktionen durchführen.

- Riesen bauen:

    Mit Draht, Latten, Stoffen und anderen Schrottmaterialien ein Menschengerüst herstellen, festes Packpapier auf den Boden ausbreiten und einen Riesen aufzeichnen; jeder Behinderte soll nach Möglichkeit irgendein Körperteil davon malen, die einzelnen Stücke sollen dann ausgeschnitten und an dem Gerüst befestigt werden; der Riese kann im Flur oder vor dem Wohnhaus aufgestellt werden.

- Spontane Spiele und experimentieren mit Videokamera:

    Da die Handhabung einer Videokamera unkomplizierter ist als bei der Super-8-Technik, bietet es sich an, mit der Videoarbeit schon frühzeitig zu beginnen; die Behinderten sollten Möglichkeiten erhalten, mit der Kamera frei zu experimentieren, spontane Spiele vor der Kamera zu inszenieren, sich vor der Kamera auszutoben; dadurch, daß solche Spiele zugleich aufgezeichnet werden, unmittelbar mitverfolgt und im Nachhinein nochmals im Fernsehen (Monitor) gesehen werden können, ist es möglich, einen Bezug zu unmittelbar erlebten Situationen (Konflikten) herzustellen; der Einzelne kann sich mit Video selbst "entdecken", über sich selbst bewußt werden, selbst initiativ werden; er kann eigene Interessen artikulieren, er kann sich auch als Gruppenmitglied erkennen, andere erfahren und sein Verhalten in der Gruppe regulieren.

- Schminken:

    Dies macht man am besten vor einem Standspiegel, so daß die Einzelnen sich beim Schminken betrachten können; jeweils zwei Behinderte sollen sich nacheinander gegenseitig schminken; Variationsmöglichkeit: Das Schminken themenbezogen durchführen, z.B. psychische Zustände wie Freude, Ärger, Wut, Trauer, plakativ sichtbar machen.

- Spielaktionen:

    Zum Beispiel einen Kreis bilden und gemeinsam ein ausgespanntes Bettlaken halten; dieses Bettlaken zu großen, rhythmischen Formen schwingen, auf dem Laken Bälle, Luftballons o.ä. jonglieren, Wellen herstellen, unter dem Laken herlaufen, gemeinsam in die Knie gehen, sich gemeinsam mit dem Laken verpacken, versuchen, plastische Figuren herzustellen oder andere lustige Spiele veranstalten.

- Freie Interaktionsspiele:

    Zum Beispiel sich auf der Bühne (Raum) beliebig verteilen und "Motorradfahren" spielen, mit geschlossenen Augen in Kontakt treten, mit geschlossenen Augen sich nach schneller und langsamer Musik bewegen, Handlungstypisierungen von Mitspielern nachmachen, Schein-, Ring- oder Boxkämpfe veranstalten...,bei denen sich die einzelnen Mitspieler auf ihre Bewegungen sowie auf Verhaltensweisen anderer konzentrieren und dabei nicht-sprachliche Kommunikationsformen unmittelbar erfahren. Wie ein freies Interaktions-

spiel aussehen kann, soll folgendes Beispiel aus der Praxis des
Verfassers deutlich machen: "Wir befinden uns auf einer 'Theater-
bühne'; alle Mitspieler, aufgeteilt in zwei Gruppen, stehen sich
auf den Längsseiten im Raum gegenüber; ein Teilnehmer bewegt sich
auf möglichst einfallsreiche Art zur Gegenseite und bestimmt dort
jemanden, der seine vorgeführten Bewegungen (Gangart) nachahmen
soll. Ist dieser zweite Spieler in der Mitte der Bühne angelangt,
darf er sich eine neue Gangart ausdenken und vorführen, die von
einem nächsten Spieler wiederum imitiert werden soll. Entscheidend
bei diesem Spiel ist es, daß möglichst interessante, ausfallende
und äußerst einfallsreiche Gangarten immer wieder neu entdeckt werden. Das Spiel findet bei allen Teilnehmern großen Anklang und jeder amüsiert sich voll Freude und Begeisterung. Den Behinderten
fallen immer wieder neue Ideen ein, ihre Gangart auszuformen und
weiter zu entwickeln (z.B. durch Kriechen, Rennen, Wackeln, Sprin-
gen, Tanzen, Arme schlenkern, Kopf nicken, auf einem Bein hüpfen
und dabei Töne von sich geben u.v.a."

- Ballspiele:

Durch den Raum laufen, sich einen Ball zuwerfen, den Namen rufen,
dann den Ball zuwerfen, im Kreis stehen, Namen rufen, Ball zuwerfen...
Variationsmöglichkeit: Den Flug des Balles mit einem Ton begleiten, mit dem Flug des Balles gemeinsam eine Spannung aufbauen.

- Kontaktspiele:

Alle stehen auf Stühlen, so daß sie sich gegenseitig anfassen können, allmählich werden immer mehr Stühle aus dem Spiel genommen,
so daß die Behinderten mit immer weniger Stühlen auskommen müssen,
während des Spieles darf keiner den Boden berühren . Ein anderes
Beispiel: Alle Behinderten stehen im Kreis und fassen sich an den
Händen, sie schließen die Augen, versuchen gemeinsam in die Mitte
zu gehen und sich ineinander zu verknoten; danach versuchen, den
Knoten, ohne loszulassen, zu öffnen.

- Vertrauensspiele:

Jemanden blind durch den Raum führen, zuerst mit der Handfläche,
dann mit den Fingerspitzen, ohne Körperkontakt mit einem Ton...
durch den Raum führen, über Hindernisse steigen lassen, mit geschlossenen Augen auf jemand zulaufen; anderes Beispiel: Einen
Kreis bilden, ein Behinderter steht mit geschlossenen Augen mitten
im Kreis, er soll eine möglichst starre Körperhaltung einnehmen,
dann soll er sich fallen lassen, wobei er von den anderen aufgefangen und im Kreis hin- und hergereicht und geschaukelt wird.

- Ratet, wer ich bin:

Zwei Spieler stehen einander gegenüber, jeder stellt sich vor, er
sei eine berühmte Persönlichkeit, dies soll er seinen Mitspielern
und den Zuschauern jedoch nicht mitteilen. Die beiden Spieler sollen nun durch abwechselndes Fragen herausbekommen, um welche Person es sich hierbei handeln könnte.
Variationsmöglichkeit: Jeder der beiden Spieler erhält vom Spielleiter den "Namen" des Gegenübers, aber nicht den eigenen.

- Ballonreise:

    Vier berühmte Persönlichkeiten sitzen gemeinsam in einem Fesselballon; weil der Ballon mit vier Personen jedoch überladen ist, muß einer zuvor abspringen, damit der Ballon überhaupt heil landen kann; jeder der Spieler soll versuchen, den anderen davon zu überzeugen, daß gerade er nicht das "Opfer" sein darf.

- Wer hat das geschrieben?:

    Jeder Bewohner erhält durch ein Los einen Zettel mit dem Namen eines anderen und soll drei Eindrücke, die er von diesem hat, auf den Zettel notieren oder malen. Die Zettel sollen als "Briefe" eingesammelt werden, gemischt und nacheinander vorgelesen werden. Die jeweiligen Empfänger sollen den Schreiber (Zeichner) erraten.

- Kleiderstaffel (Zit. n. Kath. Jugendzentrale):

    Mindestens zwei Mannschaften mit mindestens je sechs Mitspielern sind wie bei einem normalen Staffellauf aufgestellt: die gleiche Anzahl von Spielern steht sich jeweils gegenüber. Der erste Läufer jeder Mannschaft ist seltsam und spaßig angezogen: eine riesengroße Hose, darüber zum Beispiel ein Kleid, hat einen Hut auf und alte Stiefel an den Füßen (oder ähnliches). So laufen die Startläufer los. Beim nächsten Läufer angekommen, müssen die Kleider gewechselt werden: Schnell alles ausziehen, schnell alles wieder anziehen. So geht es durch die ganze Manschaft durch - sie kann viele Mitspieler haben, und mehrere Manschaften können parallel um die Wette laufen. Ein köstliches Schauspiel auch für die Zuschauer! Variationen: Es können noch zusätzliche Komplikationen eingebaut werden: ein Autoreifen, 3 Bälle oder irgend etwas anderes soll transportiert werden. In der Mitte muß ein Glas Wasser getrunken werden, auf einer Tafel eine Unterschrift geleistet werden. - Die verkleideten Läufer müssen über einen Balken balancieren, einen Purzelbaum machen, durch einen Autoreifen kriechen und so weiter.

- Balancierspiel:

    Ein etwa 10 bis 20 m langes Seil wird in Windungen über das Spielfeld gelegt. Die Mitspieler müssen mit einem Tablett und Bechern voll Wasser darauf "balancieren", ohne einen Tropfen zu verschütten.

- Autoreifenrallye:

    Zwei Kinder mit je einem Reifen stehen sich in einiger Entfernung gegenüber. Auf Kommando rollen sie die Reifen so aufeinander los, daß sie sich treffen. Wessen Reifen als erster umfällt, hat verloren.

- Hänschen piep einmal (Zit. n. Kath. Jugendzentrale):

    Dieses Spiel wird meistens im Zimmer gespielt, es kann aber auch im Freien gespielt werden. Alle Spieler sitzen im Kreis - bis auf ein Kind, das mit verbundenen Augen und mit einem Kochlöffel in der Hand sich in der Mitte des Kreises aufhält. Es wird ein paarmal um die eigene Achse gedreht, die anderen Spieler können noch ihre Plätze tauschen. Und dann tastet sich der "blinde" Spieler vorsichtig an den Kreis der Teilnehmer heran. Sobald er mit dem Kochlöffel jemanden berührt hat, läßt er sich vor diesem Spieler oder auf sen Knien nieder und fordert auf: "Hänschen piep einmal!" Hänschen muß mit verstellter Stimme piepen. Wenn die "blinde Kuh" nicht gleich rät, bei wem sie sich niedergelassen hat, darf sie noch zweimal zum Piepsen auffordern. Wird auch dann nicht geraten, welches Hänschen gepiepst hat, muß die blinde Kuh noch einmal mit einem anderen Spieler anfangen. Wird das Hänschen aber erraten, dann muß es sich die Augen verbinden lassen.

- Katz und Maus: (Zit. n. Kath. Jugendzentrale):

Wieder gibt es zwei Spieler mit verbundenen Augen: das eine ist die Katze, die die Maus - den anderen Spieler - suchen muß. Dabei sagt aber keiner ein Wort. Sie stehen vielmehr an den Schmalseiten eines Tisches und laufen um den Tisch herum, um zu fangen, bzw. davonzulaufen. Katze und Maus müssen dabei aber immer mit einer Hand den Tisch berühren. Die Katze muß es in spätestens drei Minuten geschafft haben, die Maus zu fangen.

- Armer schwarzer Kater (Zit. n. Kath. Jugendzentrale):

Die Teilnehmer sitzen im Kreis. Ein Freiwilliger ist zu Beginn der Kater. Er muß nun vor einen Mitspieler hinknien und so erbärmlich Miauen und Grimassen schneiden, bis dieser lacht. Dann werden die Rollen getauscht.

- Die Reise nach Jerusalem (Zit. n. Kath. Jugendzentrale):

Die Mitspieler gehen im Gänsemarsch, die Hände auf dem Rücken verschränkt, um die Stuhlreihe (ein Stuhl weniger, als Spieler da sind, Sitzflächen abwechselnd nach rechts und links). Sie singen dabei irgend ein Lied und lauern darauf, daß der Spielleiter "Rast" ruft. Sobald das geschieht, versucht jeder, einen Sitzplatz zu ergattern. Der übrigbleibende Spieler scheidet aus. Bei der nächsten Runde wird ein weiterer Stuhl weggenommen, bei der übernächsten ebenfalls und so fort, bis schließlich nur noch zwei Spieler den einzigen übriggebliebenen Stuhl umkreisen.

- Kleider anziehen (Zit. n. Kath. Jugendzentrale):

Wir schließen die Augen, ein Spieler zieht auf Geheiß des Spielleiters ein Kleidungsstück aus oder ein zusätzliches an. Wir öffnen die Augen und raten, was aus- oder angezogen wurde.

- Kleider tauschen (Zit. n. Kath. Jugendzentrale):

Wir schließen die Augen. Zwei Spieler tauschen auf Geheiß des Spielleiters ein Kleidungsstück aus. Nun muß geraten werden, welche Spieler getauscht haben und welches Kleidungsstück seinen Besitzer gewechselt hat.
Es ist auch lustig, wenn immer nur ein Behinderter raten muß, was getauscht wurde. Er hat sich umgedreht oder den Raum für kurze Zeit verlassen. In dieser Zeit hat die Spielgruppe ausgemacht, was vertauscht werden sollte. Man sollte das Spiel so lange spielen, bis jeder einmal an der Reihe war.

- **Ich sehe etwas, was du nicht siehst** (Zit.n.Kath.Jugendzentrale):

  Der Spielleiter sucht sich einen Gegenstand im Zimmer (beispielsweise einen roten Ball, die braune Tür, ein rosa Kleid) aus und sagt: "Ich sehe etwas, was du nicht siehst. Es ist rot!"
  Nun dürfen alle reihum (oder durcheinander) raten, was der Spielleiter sieht. Wer es erraten hat, darf als nächster einen Gegenstand erraten lassen.
  Das Spiel eignet sich besonders für das erste Benennen einzelner Farben. Allerdings ist darauf zu achten, daß zunächst nur reine Farben und diese in einer kleinen Auswahl geraten werden sollen. Beim geistig Behinderten reicht zunächst nur die Aufforderung: "Ich sehe etwas, das ist rot!". Wer den ersten roten Gegenstand benennt, darf als nächster Spielleiter sein.
  Man kann auch ganz von Farben absehen und folgende Eigenschaften raten lassen: Ich sehe etwas, das ist aus Holz. Ich sehe etwas, das ist aus Glas. Ich sehe etwas, das ist weich. Ich sehe etwas, das ist hart. Ich sehe einen, der hat Hosen an. Ich sehe einen, der hat einen Scheitel. Ich sehe einen Ring. Ich sehe eine Fliege. Damit werden kleine Wortübungen gleichzeitig im Spiel durchgeführt.

- **Hören und Raten** (Zit. n. Kath. Jugendzentrale):

  Der Spielleiter hat einzelne Geräusche auf einem Tonband festgehalten und läßt sie nun abspielen. Jedes Geräusch wird zweimal angeboten. Alle dürfen raten. Anschließend fabrizieren wir selbst Geräusche, die auf dem Tonband festgehalten werden. Nun sollen andere raten.
  Als typische Geräusche, die relativ einfach zu erkennen sind, bieten sich an:
  Schreiben auf der Schreibmaschine, eine Nummer auf dem Telefon wählen, das Telefon läutet, es schellt an der Haustür, die Kaffeemühle läuft, der Staubsauger wird ein- und ausgestellt, jemand hustet, die Nase wird geputzt, die Zähne werden geputzt, ein Wasserhahn wird auf- und abgedreht, Flüssigkeit wird in eine Tasse oder ein Glas geschüttet, jemand trinkt, jemand ißt und schmatzt dabei, ein Auto hupt, eine Melodie auf einer Spieluhr, jemand schnarcht, jemand schnalzt mit den Fingern, es wird gehämmert, es wird geklatscht, der Spielleiter zündet ein Streichholz an usw.

- **Blindenführen** (Zit. n. Kath. Jugendzentrale):

  Ein Spieler bekommt die Augen verbunden. Ein zweiter Spieler führt ihn langsam und vorsichtig durch den Raum. Er muß so führen, daß der "blinde" Spieler nicht anstößt. Das bedeutet, daß die Partner aufeinander genau achten, daß sie sich gegenseitig vertrauen, daß einer dem anderen hilft.
  Nach einer Weile werden die Rollen getauscht. Jetzt bekommt der andere Spieler die Augen verbunden.

- **Mach mir alles nach** (Zit. n. Kath. Jugendzentrale):

  Alle, die wollen, können mitspielen. Einer wird Vormacher. Was er tut, machen alle anderen nach. Das Spiel beginnt damit, daß sich alle hinter dem Vormacher aufstellen. Er geht in eine Richtung. Was er jetzt auch tut, machen alle nach: laufen, rutschen, bücken usw.

10. Literatur

Adamo, G. u.a.: Frankreich - Herangehensweisen und Lösungsversuche zum "harten Kern", in: Sozialpsychiatrische Informationen, a.a.O.
Adamy, W. u.a.: Werkstätten für Behinderte, in: Aus Politik und Zeitgeschichte - Beilage zur Zeitschrift "Das Parlament", 4/6/1983, S. 13 - 21
Adler, A.: Menschenkenntnis, Frankfurt 1971
Aly, M.: Verdrängung, Normalität und Therapieglaube, Berlin 1980
Ansbacher, H.; Ansbacher, R.: Alfred Adlers Individualpsychologie, München 1975
Arznei-Telegramm: Nutzen und Risiken der Neuroleptika-Therapie I u. II, 6/7/1985
Astmann, E.: Geistig Behinderte spielen vor der Kamera, in: Die Neue, 31.1.81,S.7
Bach, H.: Geistige Behinderung unter pädagogischem Aspekt, in: Deutscher Bildungsrat (Hrsg.): Gutachten und Studien der Bildungskommission 34, Sonderpädagogik 3, Stuttgart 1974
Bank-Mikkelsen, N.E.; Berg, E.: Das dänische Verständnis von Normalisierung und seine Umsetzung in ein System von Hilfs- und Pflegediensten zur Integration, in: VIF (Hrsg.), 1982, a.a.O.; auch als hekt. Manuskript, Kopenhagen 1982
Barnouw, I.: "Der Trieb, bestimmt zu werden" Hölderlin, Schiller und Schelling als Antwort auf Fichte (Auszug), in: Bolten, J. (Hrsg.), a.a.O.
Basaglia, F. (Hrsg.): Die negierte Institution oder die Gemeinschaft der Ausgeschlossenen, Frankfurt 1981
ders.: Was ist Psychiatrie? Frankfurt 1974
Beck, W.: Es gibt keine Kostenexplosion. Die Arbeitsgemeinschaft demokratischer Ärzte zur Situation im Gesundheitswesen, in: DVZ, die tat, 1/1986, S. 6
Becker, H.: "Förderung durch Arbeit" in der Bremer Tagesstätte für Schwerst- und Mehrfachbehinderte, in: Das Band 1/1983, S. 16-17
Begemann, E.; Fröhlich, A.; Penner, H.: Förderung von schwerstkörperbehinderten Kindern in der Primarstufe, Mainz 1979
Berg, E.: Die Fürsorge für Geistigbehinderte in Dänemark, Das Normalisierungsprinzip - Ethische Aspekte, hekt. Manuskript, Kopenhagen 1981
dies.: Die Situation behinderter Menschen in Dänemark, hekt. Manuskript, Kopenhagen 1983 (a)
dies.: Humanisierung der Lebensbedingungen in Einrichtungen für Geistigbehinderte in Dänemark, hekt. Manuskript, Kopenhagen 1983 (b)
Berger, M.u.a.: Bericht über einen Besuch im "Centre Hospitalier St. Anne", in Paris Exkursionsbericht, September 1983, unveröffentl. Manuskript, Universität Köln, Seminar für Geistigbehindertenpädagogik
Berger, P.; Luckmann, T.: Die gesellschaftliche Konstruktion von Wirklichkeit, Frankfurt 1971
Bericht der Bundesregierung über die Lage der Behinderten und die Entwicklung der Rehabilitation (vom 4.4.1984), Bundestag-Drucksache 10/1233
Berna, J.: Erziehungsschwierigkeiten und ihre Überwindung, Bern 1959
Besems, T.; Vugt, v.G.: Integrative Körpertherapie bei behinderten Kindern und Jugendlichen, hekt. Manuskript 1983
Blatt, B.: Fegfeuer, in: Kugel, B.; Wolfensberger, W. (Hrsg.): Geistigbehinderte oder Bewahrung? Stuttgart 1974
Böge, I.: Ambulanter Betreuungsdienst für schwer geistig und mehrfachbehinderte Menschen der Lebenshilfe Leonberg, in: Lebenshilfe (Hrsg.): Familienentlastende Dienste, Marburg 1983
Brachaus, G.; Otto, W.: Pädagogische Studientexte zur Vorschulerziehung, Berlin (DDR) 1972
Bradl, Ch.:Der Mythos vom harten Kern, in:Sozialpsychiatrische Informationen,a.a.O.
Brandes, E.; Nickel, H.-W. (Hrsg.): Beiträge zu einer Interaktions- und Theaterpädagogik, Berlin 1971
Brattgard, S.O.: Fokus - Brennpunkt der Integration Behinderter in Schweden, in: VIF (Hrsg.), 1982, a.a.O.
Breitinger, M.; Fischer, D.: Intensivbehinderte lernen leben, Würzburg 1981
Bollinger-Hellingrath, C .: Diagnose- und Beobachtungsbögen für das Selbständigkeitstraining in Wohnstätten für geistig Behinderte, in: Geistige Behinderung 3/1981, S. 171 - 187

Breitsprecher, W.: Persönliche Mitteilung über Wohnschulen-Konzepte
Bollinger-Hellingrath, C.: Selbständigkeits- und Wohntraining für geistig Behinderte, in: Lebenshilfe e.V. (Hrsg.), a.a.O. 1982
Bollinger, C. u.a.: Ein Weg zu einem selbständigen Leben, in Geistige Behinderung 3/1984
Bolten, J. (Hrsg.): Schillers Briefe über die ästhetische Erziehung, Frankf.1984
Buber, M.: Ich und Du, in: Werke Bd.1, Schriften zur Philosophie, München 1962 a
ders.: Zwiesprache in: Werke Bd. 1, a.a.O. 1962 b
ders.: Das Problem der Menschen, in: Werke Bd. 1, a.a.O. 1962 c
ders.: Urdistanz und Beziehung, in: Werke Bd. 1, a.a.O. 1962 d
ders.: Reden über Erziehung, Heidelberg 1969
Bühler, Ch.: Psychologie im Leben unserer Zeit, München, Zürich 1962
Bundesverband für spastisch Gelähmte und andere Körperbehinderte: Empfehlungen zur Konzeption einer Tagesförderstätte für schwerstgeistigbehinderte Jugendliche und Erwachsene, in: Das Band 5/1982, S. 9 - 11
Bundesverband Hilfe für das autistische Kind: Die Schritte des autistischen Jugendlichen in das Arbeitsleben, Empfehlungen des Bundesverbandes, Hamburg 1984
Callies, E.: Spielendes Lernen, in: Deutscher Bildungsrat - Gutachten und Studien der Bildungskommission, Bd. 48/1: Die Eingangsstufe des Primarbereichs 2/1, Stuttgart 1975 a
ders.: Spielen in der Schule, motivationale Aspekte, in: Daublebsky, B.: Spielen in der Schule, Stuttgart 1975 b
Caselmann, Ch.: Martin Buber als Erzieher, in: Gerner, B. (Hrsg.), a.a.O.
Chateau, I.: Das Spiel des Kindes, Paderborn 1969
Clarke, A.D.B.; Clarke, A.M.: Cognitive changes in the feebleminded, in: Brit. Journal of Psychology 1954, 45, S. 507 - 509
Clarke, A.D.B.; Clarke, A.M.; Reiman, S.: Cognitive und sozial changes in the feebleminded-three further studies, in: Brit. Journal of Psychology, 1958, 49, S. 144 - 157
Colori dal Buio, Katalog über künstlerische Arbeiten,hrsg.v. Comune di Firenze 1981
Communaute de L'Arche, Broschüre über die Arche St. Remy Les Chevreuse, o.J.
dbk-Nachrichten: Muß die Werkstatt Schwerstbehinderte, die wegen außergewöhnlicher Pflegebedürftigkeit Hilfe zur Pflege nach § 69, Abs. 4, BSHG erhalten, aufnehmen?, in: Das behinderte Kind 1/1983, S. 69
De Jong, G.: Independent Living: Eine soziale Bewegung verändert das Bewußtsein, in: VIF (Hrsg.), 1982 (a), a.a.O.
ders.: Die Rolle des Akademikers bei der Fortentwicklung der Independent-Living-Bewegung, in: VIF (Hrsg.), 1982 (b), a.a.O.
Delacato, C.H.:Diagnose und Behandlung der Sprach- und Lesestörungen, Freiburg 1970
Dimitrijewa, N.: Der Mensch - seiner Natur nach ein Künstler, in: Kunsterziehung 9/10, 1958
Dittmann,W.; Klöpfer, S.; Ruoff, E. (Hrsg.): Zum Problem der pädagogischen Förderung schwerstbehinderter Kinder und Jugendlicher, Rheinstetten 1979
Doman, G.: Was können Sie für Ihr hirnverletztes Kind tun?, Freiburg 1980
Dührssen, A.: Psychotherapie bei Kindernund Jugendlichen, Göttingen 1960
Düsing, W.: Ästhetische Form als Darstellung der Subjektivität. Zur Rezeption kantischer Begriffe in Schillers Ästhetik, in: Bolten, J. (Hrsg.), a.a.O.
Dybwad, G.: Realitäten und Tendenzen der Betreuung geistig behinderter Menschen aus internatinaler Sicht, in: Wacker, E.u.a. (Hrsg.) ,a.a.O.
Eder, K.R.: Integration und Regionalisierung, in: Wacker, E.u.a. (Hrsg.), a.a.O.
Eggert, D.; Kiphard, E.J. (Hrsg.): Die Bedeutung der Motorik für die Entwicklung normaler und behinderter Kinder, Schondorf 1973
Eiblmeier, A.: Möglichkeit der Erwachsenenbildung bei schwer geistig Behinderten, unveröffentl. Magisterarbeit Uni München 1978
Ellis, N.R. u.a.: Learning, Memory, and Transfer in Profoundly, Severely. and Moderately Mentally Retarded Persons, in: American Journal of Mental Deficiency 2/1982, S. 186 - 196
Erikson, E.H.: Kindheit und Gesellschaft, Zürich, Stuttgart 1968[2]
ders.: Indentität und Lebenszyklus, Frankfurt 1974[2]
Faber, W.: Martin Buber über Erziehung, in: Gerner, B. (Hrsg.) a.a.O.
Ferber, v. Ch.: Staatliche Sozialpolitik und die Familien Behinderter, in Geistige Behinderung 1/1983 (a), S. 2 - 12

ders.: Soziale Netzwerke - ein neuer Name für eine alte Sache?, in: Geistige Behinderung 4/1983 (b), S. 250 - 259
Feuser, G.; Oskamp, U.; Rumpler, F.(Hrsg.): Förderung und schulische Erziehung schwerstbehinderter Kinder und Jugendlicher, Symposium 1982 in Würzburg, (VDS) Stuttgart 1983
Feuser, G.: Zum Verständnis selbstverletzender Verhaltensweisen autistischer Kinder und Möglichkeiten ihrer Beeinflussung, in: Hilfe für das autistische Kind e.V., 6. Tagungsbericht, a.a.O.
Flehmig,J. (Hrsg.): Der Denver Suchtest, Deutsche Standardisierung, Harburg 1973
Finzen, A.: Medikamentenbehandlung bei psychischen Störungen, Rehburg-Loccum 4/1981
Fischer,D.: Die Förderung Intensiv-Geistigbehinderter - eine schulpäd. Aufgabe, in: Baier, H. (Hrsg.): Beiträge zur Behindertenpädagogik in Forschung und Lehre, Rheinstetten 1977
Frostig, M.: Bewegungserziehung, München 1975
Frostig-Programm hrsg. v. Reinartz, A. u.E.: Visuelle Wahrnehmungsförderung, Dortmund 1977
Freitag, E.; Niermann, G.: Die Wohnschule für erwachsene geistig Behinderte, in: Nachrichtendienst des Deutschen Vereins für öffentliche und private Fürsorge 1978, S. 239 - 244
Fussek, C.: Familienentlastende Hilfen und ambulante gemeindenahe Dienste - Bericht eines Mitarbeiters, in: Lebenshilfe (Hrsg.): Familienentlastende Dienste, Marburg 1983
Gaedt, Ch.: Die gegenwärtige Situation, besondere Probleme und Entwicklungen in der stationären Versorgung geistig Behinderter außerhalb der psychiatrischen Krankenversorgung, aus der Sicht des Arztes, in: Kulenkampff, C. (Hrsg.): Probleme der Versorgung erwachsener geistig Behinderter, Tagungsbericht, Köln 1980
ders.: Einrichtungen für Ausgeschlossene oder 'Ein Ort zum Leben'. Überlegungen zur Betreuung geistig Behinderter, in: Jahrbuch für kritische Medizin, Bd. 7, Berlin 1981
ders.: Normalisierung und Integration als orientierende Begriffe bei der Reform von Einrichtungen für Geistigbehinderte, hrsg. v. L. Boltzmann-Institut für Medizinsoziologie, Wien 1982
ders.: Grenzen der Normalisierung, in: Wacker, E.; Neumann, J. (Hrsg.) a.a.O.
Gaertner, I.: Die Heilpädagogischen Heime des Landschaftsverbandes Rheinland, in: Geistige Behinderung 2/1983, S. 130 - 135 oder in: Im Blickpunkt 1/1985 hrsg. v. Landschaftsverband Rheinland, Köln 1985
dies.: Kommunen fordern BSHG-Einsparungen, in: Theorie und Praxis der sozialen Arbeit, 1984, S. 84 - 88
Gerner, B. (Hrsg.): Martin Buber. Pädagogische Interpretationen zu seinem Werk, München 1974
Ginott, H.G.: Gruppenpsychotherapie mit Kindern, Frankfurt 1979
Ginsburg, H.; Opper, S.: Piagets Theorie der geistigen Entwicklung, Stuttgart 1975
Goethe, J.W.: Über den sogenannten Dilettantismus oder die praktische Liebhaberei in den Künsten (1799), in: Goethe's sämmtliche Werke in 45 Bänden, Band 37, Schriften über die Kunst II, Leipzig o.J.
Gottfries, C.G.: Flupenthixoldecanoat - Pharmakokinetik und klinische Anwendung, in: Heinrich , K.; Tegeler   J. (Hrsg.): a.a.O.
Gottschaldt, K.: Der Aufbau des kindlichen Handelns, Leipzig 1954
Gralle, J.; Wiborg, A.: Kopenhagen, Anders reisen, Reinbek 1981
Grimminger, R.: Die ästhetische Versöhnung. Ideologiekritische Aspekte zum Autonomiebegriff am Beispiel Schiller, in: Bolten, J. (Hrsg.) a.a.O.
Gross, H.: Indikationsbereiche der Depotneuroleptika, in: Heinrich, K.; Tegeler, J. (Hrsg.), a.a.O.
Grünewald, G.: Mehr Arbeitsplätze durch Abrüstung, in: Solidarität, 33. Jg., 7/1982, S. 9 - 12
Grunewald, K.: Wohngemeinschaften für Geistig Behinderte Erwachsene in Schweden, hektogr. Manuskript, Kopenhagen 1977
Gudman, S.: Integration Behinderter in Dänemark, in: Behindertenpädagogik 1/1981, S. 23 - 30

Gunsburg, H.C.: P-A-C, Primäre Pädagogische Analyse und Curriculum der Sozialentwicklung für geistig schwerbehinderte Menschen, Form S/P=P-A-C, hekt. Manuskript, o.J.
ders.: Further Education for the Mentally Handicapped, in: Clarke, A.M.; Clarke,A. (Hrsg.): Mental Deficiency The Changing Outlook, London 1974[3]
Haase, H.J. (Hrsg.): Therapie mit Psychopharmaka, Stuttgart, New York 1982
Habermas,J.:Thesen zur Theorie der Sozialisation,Frankfurt 1968,Vorlesungsmanuskript
Häusler, I.: Familienentlastende Hilfen aus der Sicht der Eltern, in: Lebenshilfe (Hrsg.): Familienentlastende Dienste, Marburg 1983
Harbauer, H.; Lempp, R.; Nissen, G.; Strunk, P.: Lehrbuch der speziellen Kinder- und Jugendpsychiatrie, Berlin, Heidelberg, New York 1980
Hahn, M.: Überlegungen zu Organisationsvorschlägen für die Förderung schwer geistigbehinderter Kinder in der Schule für Geistigbehinderte, in: Hofmann,Th. (Hrsg.): Beiträge zur Geistigbehindertenpädagogik, Rheinstetten 1979
Hahn, M.: Behinderung als soziale Abhängigkeit. Zur Situation schwerbehinderter Menschen, München 1981
Hartmann,N.(Hrsg.):Beiträge zur Pädagogik der Schwerstbehinderten, Heidelberg 1983
Haupt, U.; Fröhlich, A.: Entwicklungsförderung schwerstbehinderter Kinder, Bericht über einen Schulversuch, Teil I, Mainz 1982
Heinrich, K.; Tegeler, J. (Hrsg.): Die Praxis der Depotneurolepsie Symposium der Troponwerke am 21. Mai 1976 in Lahnstein,Das ärztl. Gespräch 25, Köln 1978
Heller,A.: Das Ideal der Arbeit vom Blickwinkel des Alltagslebens, in: Bloch, E. (Hrsg.):Marxismus und Anthropologie, Festschrift für Leo Kofler, Bochum 1980
Herriger, N.: Behindertenverbände und Behindertenbewegung, in: Zeitschrift für Heilpädagogik 6/1984, S. 439 - 443
Hetzer, H.: Das Spiel geistig behinderter Kinder, in: Lebenshilfe 1967, S.1-8
dies.: Spielen lernen - Spielen lehren, München 1973
Hilfe für das autistische Kind e.V. (Hrsg.): Therapeutische Ansätze in Theorie und Praxis, 6. Bundestagung des Bundesverbandes, 1984 Düsseldorf, Hamburg 1985
Hogrebe, W.: Fichte und Schiller, Eine Skizze, in: Bolten, J. (Hrsg.),a.a.O.
Holzkamp, K.: Was heißt "normale" Entwicklung der kindlichen Persönlichkeit, in: Das Argument 123, 1980, S. 650 - 657
Holzkamp-Osterkamp, U.: Grundlagen der psychologischen Motivationsforschung, Bd. II, Frankfurt 1976
Hülsmeier, H.: Geistig behinderte Bremer Bürger am Übergang von Psychiatrischen Institutionen zu normalisierten Lebensformen in der Gemeinde, unveröffentlichtes Manuskript, Bremen 1985 (Zentralkrankenhaus Bremen-Ost, Klinik Blankenberg)
Huffschmid, J. (Hrsg.): Rüstungs- oder Sozialstaat? Köln 1981
ders.: Sparen, Umverteilen, Rüsten, in: Blätter für die deutsche und internationale Politik, 12/1982
ders.: Soziale Folgen und wirtschaftspolitische Hintergründe der Aufrüstung und Atomkriegsvorbereitung in der Bundesrepublik, Schriftenreihe des Komitees Frieden/Abrüstung und Zusammenarbeit, Köln 1985
Im Blickpunkt: Hilfe auf dem Weg nach draußen, Rheinische Heilpädagogische Heime, hrsg. v. Landschaftsverband Rheinland, Nr. 1, Köln 1985
Inhelder, B.: Le diagnostic du raisonnement chez les débiles mentraux,Neuchatel 1969
Janke, W.: Die Zeit in der Zeit aufheben. Der transzendentale Weg in Schillers Philosophie der Schönheit, in: Bolten, J. (Hrsg.),a.a.O.
Jantzen, W.: Behindertenpädagogik Persönlichkeitstheorie Therapie, Köln 1978
ders.: Grundriß einer allgemeinen Psychopathologie und Psychotherapie, Köln 1979
ders.: Abbildtheorie und Stereotypentwicklung: Einige Aspekte der Entwicklung eines erweiterten diagnostischen Zugangs zur Problematik der Lern- und Lebensprozesse schwerstbehinderter Menschen, in: Feuser, G. u.a. (Hrsg.), a.a.O.
Jeffree, D.M.; Cheseldine, S.E.: Programmed Leisure Intervention and the Interaktion Patterns of Severely Mentally Retarded Adolescents: A Pilot Study, in: American Journal of Mental Deficiency 6/1984, S. 619 - 624
Kaminski, H. u.a.: Das Leben geistig Behinderter im Heim, Stuttgart 1978
Kanner, L.: The Specificty of Early Infatile Autisem, in: Acta Paedopsychiatrica 1958, S. 108 - 113

ders. (1943): Autistic disturbances of affectice contact, in: Acta Paedopsychiatrica 1968, S. 98 - 136
Kath. Jugendzentrale (Hrsg.): Programmittel für die Freizeitarbeit mit geistig behinderten Kindern und Jugendlichen, unveröffentl. Manuskript, Wittlich o.J.
Klafki, W.: Dialogik und Dialektik in der gegenwärtigen Erziehungswissenschaft, in: Gerner, B. (Hrsg.),a.a.O.
Klein, G.: Früherziehung schwerstbehinderter Kinder, in: Feuser, G.; Oskamp, U.; Rumpler, F. (Hrsg.), a.a.O. 1982 (a)
ders.: Frühförderung wie bisher? in: Feuser, G.; Oskamp, U.; Rumpler, F. (Hrsg.), a.a.O. 1982 (b)
Klein, M.: Die Psychoanalyse des Kindes, Wien 1932
Klewitz, M.; Nickel, H.-W.: Kindertheater und Interaktionspädagogik, Stuttgart 1972
Kluge, K.-J.: Spiel- und Lernmittel-Index 1972 zur Rehabilitation und Sozialisation Behinderter, Neuburgweier 1972
Kiphard, E.J.: Sensomotorische Frühdiagnostik und Frühtherapie, in: Eggert, D.; Kiphard, E.J. a.a.O.
ders.: Wie weit ist ein Kind entwickelt? Dortmund 1976
Kirchmann, E.: Moderne Verfahren der Bewegungstherapie, in: Integrative Therapie, Beiheft 2, Paderborn 1979
Kofler, L.: Perspektiven eines revolutionären Humanismus, Reinbek 1968
Kofler, L.: Abstrakte Kunst und absurde Literatur, Wien, Frankfurt, Zürich 1970
ders.: Aggression und Gewissen, München 1973
ders.: Haut den Lukácz - Realismus und Subjektivismus, Lollar 1977
ders.: Der Alltag zwischen Eros und Entfremdung, Bochum 1982
ders.: Eros Ästhetik Politik, Hamburg 1985
Konrath, A.: Anregungen zum sozialen Lernen in der ästhetischen Erziehung, in: Richter, H.G. (Hrsg.) a.a.O. 1977
Kooij v.d. R.: Die psychologischen Theorien des Spiels, in: Kreuzer, K.J. (Hrsg.): Handbuch der Spielpädagogik, Bd. I, Düsseldorf 1983
Kornmann, R.: Der nächste Schritt im Lernprozeß, wie kann ich ihn erkennen und unterstützen? Vortrag am 9.9.1985 in Langenfeld (Schule f. Geistigbehinderte)
Krenzer, R.: Spiele mit behinderten Kindern, Staufen 1975
ders.: Deine Hände klatschen auch - Pädagogische und therapeutische Möglichkeiten des Spielliedes, Staufen/Brsg. 1978
Krenzer, R. u.a.: Handbuch der Unterrichtspraxis mit Geistigbehinderten,Frankf.1979
Krappmann, L. Soziologische Dimensionen der Identität, Stuttgart 1972 (a)
ders.: Lernen durch Rollenspiel, in: Klewitz, M.; Nickel, H.-W. (Hrsg.)a.a.O.,1972 b
Kwant, R.C.: Der Mensch und die Arbeit, München 1968
Lacan, J.: Schriften 1, Frankfurt 1975
Laurie, G.: Independent Living, in: VIF (Hrsg.), 1982, a.a.O.
Lebenshilfe e.V. (Hrsg.): Humanes Wohnen - seine Bedeutung für das Leben geistig behinderter Erwachsener,Marburg 1982
Lebenshilfe (Podiumsdiskussion): Betreuung unserer Schwerstbehinderten: Grenzen der Werkstatt? Stadthalle Langenfeld 11. Sept. 1984
Lehr, U.: Psychologie des Alters, Heidelberg 1972
Lenzen, H.: Heilpädagogische Ratschläge zur Betreuung trisomal-retardierter Kinder und ihrer Eltern, in: Schmid, F.: Das Mongoloismus-Syndrom, Münsterdorf 1976
Leontjew, A.N.: Probleme der Entwicklung des Psychischen, Frankfurt 1973
Les Communautes des L'Arche, in: Ombres et Lumiere, Nr. 51/52, 1980
Levy, J.: Play Behavior, New York 1978
Litt, Th.: Führen oder Wachsenlassen, Stuttgart 1965[12]
Lutz, J.: Kinderpsychiatrie, Zürich, Stuttgart 1961
Mall, W.: Festhalte-Therapie bei Personen mit autistischem Verhalten im Heim für geistig Behinderte, in: Zur Orientierung 1/1983, S. 38 - 46
ders.: Basale Kommunikation - ein Weg zum anderen. Zugang finden zu schwer geistig behinderten Menschen, in: Geistige Behinderung 1 1984, S. 1 - 16
Mannoni, M.: Ein Ort zum Leben, Frankfurt 1978
Marx, K.: Grundrisse der Kritik der politischen Ökonomie, Berlin 1953
ders.: Das Kapital, Bd. I, Marx Engels Werke Bd. 23, Berlin 1962

ders.: Ökonomisch-philosophische Manuskripte (1844), in: Marx Engels Werke Ergänzungsband
Mead, G.H.: Geist, Identität und Gesellschaft aus der Sicht des Sozialbehaviorismus, Frankfurt 1968
Mensi, M.u.a.: Un'esperinza di arte comunitaria, in: Colori dal Buio, a.a.O.
Merkens, L.: Basale Lernprozesse zur Förderung der visuellen Wahrnehmungsfähigkeit bei Autismus, hirnorganischen Schädigungen und sensomotorischen Deprivationen, in: Praxis d. Kinderpsychologie 32, 1983, S. 4 - 11
dies.: Modifikation des "Frostig-Entwicklungstests der visuellen Wahrnehmung (FEW)" zur Anwendung bei Schwerbehinderten, in: Praxis d. Kinderpsychologie 33, 1984, S. 114 - 122
Milani-Comparetti, A.; Roser, L.: Förderung der Normalität und der Gesundheit in der Rehabilitation - Voraussetzung für die reale Anpassung Behinderter, unveröffentlichtes Manuskript, Florenz 1981
Mittler, P. (Hrsg.): Research to practise in mental retardation, Vol. I - III, Baltimore, London, Tokyo 1977
Mit Geistigbehinderten leben - aus der Anstalt in die Gemeinde, Tagungsberichte des "Fachausschuß Geistigbehinderte", in der DGSP, Köln 1982
Moog, W.: Interaktionsanalyse bei Schwerstbehinderten - Ein Lehrziel in der sonderpädagogischen Lehrerausbildung, unveröff. Manuskript, Dortmund 1985
Mühl, H.: Spielförderung in: Bach, H. (Hrsg.): Handbuch der Sonderpädagogik, Bd. 5 Pädagogik der Geistigbehinderten, Berlin 1979
ders.: Handlungsbezogener Unterricht in der Schule für Geistig Behinderte, Bonn-Bad Godesberg 1983[5]
ders.: Einführung in die Geistigbehindertenpädagogik, Stuttgart u.a. 1984
Nihira, K.: Dimensions of Adaptive Behavior in Institutionalized Mentally Retardes Children and Adults: Developmental Perspective, in: American Journal of Mental Deficiency 3/1976, S. 215 - 226
Nirje, B.: Das Normalisierungsprinzip und seine Auswirkungen in der fürsorgerischen Betreuung, in: Kugel, B.; Wolfensberger, W. (Hrsg.): Geistig Behinderte oder Bewahrung, Stuttgart 1974
Nissen, G.: Zur Genese und Therapie der Autoaggressivität, in: Zeitschrift Kinder- und Jugendpsychiatrie, 1/1975, S. 29 - 40
ders.: Autistische Syndrome, in: Harbauer, H. u.a. (Hrsg.): Lehrbuch der speziellen Kinder- und Jugendpsychiatrie, Berlin, Heidelberg, New York 1980
Oerter, R.: Moderne Entwicklungspsychologie, Donauwörth 1973
ders.: Psychologie des Denkens, Donauwörth 1974
ders.: Entwicklung und Sozialisation, Donauwörth 1977
ders. (Hrsg.): Entwicklung als ein lebenslanger Prozeß, Hamburg 1978
Oestereich, K.: Psychiatrie des Alterns, Heidelberg 1975
Oliva, B.A.: Le tensioni del l'immagenario, in: Colori dal Buio, a.a.O.
Parmer, V.; Clarke, D.B.: Flexibility Training with Moderately and Severely Retarded Children and Young Adults, in: Mittler, P.(Hrsg.) a.a.O., Vol. II
Parnicky, J.J.: Pathways toward Independence for Institutionalized Moderately Retarded Adults, in: Mittler, P. (Hrsg.). a.a.O., Vol.I
Petzold, H.: Thymopraktik als körperbezogene Arbeit in der Integrativen therapie, in: Integrative Therapie 2/3, 1975
ders. (Hrsg.): Die neuen Körpertherapien, Paderborn 1977
ders.: Thymopraktik als Verfahren Integrativer Therapie, in: Petzold, H. (Hrsg.), a.a.O. (1977)
Petzold, H.; Berger, A.: Integrative Bewegungstherapie und Bewegungspädagogik als Behandlungsverfahren für psychiatrische Patienten, in: Petzold,H. (Hrsg.) a.a.O. (1977 c)
Petzold, H. (Hrsg.): Psychotherapie und Körperdynamik, Paderborn [3]1979
Pfeffer, W.: Die pädagogische Dimension des Begriffs "schwerste geistige Behinderung", in: Behindertenpädagogik 1982, S. 122-135
ders.: Die Förderung schwerst geistig Behinderter auf der Grundlage der Entwicklung der sensomotorischen Intelligenz, in: Zeitschrift für Heilpädagogik, 6/1983, S. 357 - 363
ders.: Handlungstheoretisch orientierte Beschreibung geistiger Behinderung, in: Geistige Behinderung 2/1984, S. 101 - 111

Physiotherapeutische Abteilung in der Zentralinstitution Lillemosegard: Kurzbe-
    schreibung der Einrichtung, hekt. Manuskript, Kopenhagen o.J.
Piaget, J.: Theorien und Methoden der modernen Erziehung, Frankfurt 1974
ders.: Das Erwachen der Intelligenz beim Kinde, Stuttgart 1975 (a)
ders.: Nachahmung, Spiel und Traum, Stuttgart 1975 (b)
ders.: Der Aufbau der Wirklichkeit beim Kinde, Stuttgart 1975 (c)
Piaget, J.; Inhelder, B.: Die Psychologie des Kindes, Frankfurt 1978
Piepenkötter, M.: Das Ich hinter dem Spiegel, in: Richter, H.G.(Hrsg.), a.a.O. 1981
Pott, H.G.: Schiller und Hölderlin. Die Neuen Briefe über die ästhetische Erziehung
    des Menschen, in: Bolten, J. (Hrsg.) a.a.O.
Pruzan, V.; Spohr, J.: Familier med psykisk handicappede born - aflasting og behov,
    Kopenhagen 1981
Rascher, Ch.: Die gegenwärtige Situation, besondere Probleme und Entwicklungen in
    der stationären Versorgung geistig Behinderter außerhalb der psychiatrischem
    Krankenhausversorgung - aus der Sicht einer anthroposophischen Einrichtung,
    in: Kulenkampff, Ch. (Hrsg.): Probleme der Versorgung erwachsener geistig
    Behinderter, Köln 1980
Ratzke, A.D.: Schweden - Wunderland der Integration?, in:VIF (Hrsg.), 1982 a.a.O.
Repp, A.C.; Barton, C.E.; Gottlieb, J.: Naturalistic Studies of Institutionalized
    Profoundly or Severely Mentally Retarded Persons: The Relationship of
    Density and Behavior, in: American Journal of Mental Deficiency 4/1983,
    S. 441 - 447
Richter, H.G.: Ästhetische Erziehung und moderne Kunst, Ratingen 1975
ders. (Hrsg.): Therapeutischer Kunstunterricht, Düsseldorf 1977
ders.: (Hrsg.): Kunst als Lernhilfe, Frankfurt 1981 (a)
ders.: Zur Didaktik eines pädagogisch-therapeutischen Kunstunterrichts, in:
    Richter, H.G. (Hrsg.) a.a.O. (1981) b
ders.: Kunstunterricht in der Schule für Lernbehinderte - Eine Einführung, in:
    Sonderpädagogik. Fernuniversität Hagen Lernbehindertendidaktik: Kunst.
    Kurseinheit 1, Hagen 1981
ders.: Pädagogische Kunsttherapie, Düsseldorf 1984
Robinson, N.; Robinson, H.: The Mentally Retarded Child, New York 1965
Röhrig, P.: Martin Buber wiedergelesen, Ideologiekritische Betrachtungen zu seiner
    Pädagogik, in: Neue Sammlung 1978, S. 506 - 518
Rogers, C.R.: Entwicklung der Persönlichkeit, Stuttgart 1973
Rohmann, U.; Facion, J.: Behandlung von Autoaggressionen unter besonderer Berück-
    sichtigung verschiedener Methoden der Basisinteraktion, in: Hilfe für das
    autistische Kind e.V., 6. Tagungsbericht, a.a.O.
Rohrmoser, G.: Zum Problem der ästhetischen Versöhnung, Schiller und Hegel, in:
    Bolten, J. (Hrsg.) a.a.O.
Rosahl-Theunissen, H.: Aufgaben des Arztes bei hospitalisierten, schwerstgeistig-
    und mehrfachbehinderten Erwachsenen in Vollzeiteinrichtungen, Vortrag im
    August 1984 auf einer abteilungsbezogenen Fortbildung im Rh. Heilpäd. Heim
    Langenfeld
dies.: Psychopharmaka bei hospitalisierten, schwerstgeistig- und mehrfachbehinder-
    ten Erwachsenen in Vollzeiteinrichtungen? Vortrag im Mai 1985 auf einer
    abteilungsbezogenen Fortbildung im Rhein. Heilpäd. Heim Langenfeld
Roser, L.: Persönliche Mitteilung, Florenz 1981
ders.: Integration Behinderter in Italien, unveröffentl. Manuskript, Florenz 1981
ders.: Förderung Behinderter durch eine aufgeschlossene Umwelt im natürlichen
    Lebensbereich, in: Behinderte 1/1983, S. 45 - 50
Rothermund, P.: Möglichkeiten und Grenzen einer gemeinsamen Beschäftigung ver-
    schiedener Behindertengruppen (z.B. geistig Behinderte, Körperbehinderte
    und psychisch Behinderte) in einer WfB, in: Das behinderte Kind, 1/1983,
    S. 70 - 75
Rubinstein, S.L.: Grundlagen der allgemeinen Psychologie, Berlin 1977
Rüggeberg, A.: Ambulante Hilflosigkeit in der Bundesrepublik, in: VIF (Hrsg.),
    1982, a.a.O.
Sarason, S.B. u.a.: Anxiety in elementary school children, New York 1960

Scarbath, H.: Karl Marx, in: Scheuerl, H. (Hrsg.): Klassiker der Pädagogik,
    Bd. I, München 1979
Schenk-Danzinger, L.: Entwicklungspsychologie, Wien 1970
dies.: Zur entwicklungspsychologischen Bedeutung des Spiels, in: Kreuzer, K.J.
    (Hrsg.): Handbuch der Spielpädagogik, Bd. I, Düsseldorf 1983
Scheuerl, H.: Pädagogische Anthropologie, Stuttgart, Berlin, Köln, Mainz 1982
ders.: Die pädagogisch-anthropologische Dimension des Spiels, in: Kreuzer, K.J.
    (Hrsg.): Handbuch der Spielpädagogik, Bd. I, Düsseldorf 1983
Schiller, F.: Über die ästhetische Erziehung des Menschen in einer Reihe von
    Briefen (1795), in: Schillers sämtliche Werke in zehn Bänden, Bd. X (a),
    Leipzig o.J. (Knaur)
ders.: Über Bürgers Gedichte, in: Schillers sämtliche Werke, a.a.O. Bd. X (b)
ders.: Gedanken über den Gebrauch des Gemeinen und Niedrigen in der Kunst (1802),
    in: Schillers sämtliche Werke a.a.O. Bd. X (c)
ders.: Über den Zusammenhang der tierischen Natur des Menschen mit seiner geistigen,
    in: Schillers sämtliche Werke, a.a.O. Bd. VIII (a)
ders.: Die Schaubühne als eine moralische Anstalt betrachtet (1784), in: Schillers
    sämtliche Werke, a.a.O. Bd. VIII (b)
ders.: Briefe an den Prinzen Friedrich Christian von Schleswig-Holstein-Sonder-
    burg-Augustenburg (Augustenburger Briefe), (1793), in: Bolten, J. (Hrsg.),
    a.a.O. 1984 (a)
ders.: Ankündigungen der "Horen" (1794), in: Bolten, J. (Hrsg.), a.a.O. 1984 (b)
ders.: Briefe von, an und über Schiller, in: Bolten, J. (Hrsg.), a.a.O. 1984 (c)
Schlaich, P.; Scheuber, W.: Die Anstalt als Heim geistig behinderter Menschen. An-
    stalten als emotionale Schutzräume und behindertengerechte Lebenswelt, in:
    Wacker, E. u.a. (Hrsg.), a.a.O.
Schmelzer, A.: Die Arche, Experiment einer Gesellschaft ohne Gewalt, Waldkirch 1977
Schmid, S.: Freiheit heilt. Bericht über die demokratische Psychiatrie in Italien,
    Berlin 1981
Schmidtchen, S.: Theorie und Praxis der Spielförderung, in: Dollase, R. (Hrsg.):
    Handbuch der Früh- und Vorschulpädagogik, Düsseldorf 1978
Schmock, S.: Wohnformen für erwachsene geistig Behinderte - Erfahrungen und Überle-
    gungen in Dorfgemeinschaften und sonstigen Wohneinrichtungen auf anthropo-
    sophischer Grundlage, in: Lebenshilfe (Hrsg.): Humanes Wohnen, a.a.O.
ders.: Leben und Arbeiten in sozial-therapeutischen Gemeinschaften auf anthro-
    posophischer Grundlage, in: Hilfe für das autistische Kind e.V. (Hrsg.):
    Die Zukunft des jugendlichen und erwachsenen Autisten, Tagungsbericht,
    Hamburg 1982 (b)
Schroeter, L.: Bauen im Kindergarten, Berlin (DDR) 1964
Schulz, W.: Zur Bedeutung des Rollenspiels in Kindergarten und Grundschule, in:
    Klewitz, M.; Nickel, H.-W. (Hrsg.), a.a.O.
Schumacher, J.: Schwerstbehinderte Menschen verstehen lernen, in: Geistige Behin-
    derung, 1/1985, S. 1 - 20
Schwediauer, K.: Integration in Italien, Eindrücke eines Florenz-Besuches, in: Be-
    hinderte 1/1983, S. 51 f.
Shaftel, F.; Shaftel, G.: Rollenspiel als soziales Entscheidungstraining, München,
    Basel 1973
Silverstein, A.B. u.a.: Cognitive Development of Severely and Profoundly Mentally
    Retarded Individuals, in: American Journal of Mental Deficiency, 3/1982,
    S. 347 - 350
Simon, E.: Martin Buber, der Erzieher, in: Simon, E.: Brücken, gesammelte Aufsätze
    Heidelberg 1965
Slavich, A.: Italien - Mythos und Realität des harten Kerns, in: Sozialpsychia-
    trische Informationen, a.a.O.
Sletved, H.: Die Institutionalisierung in Dänemark - Erziehung oder Sozialhilfe?
    hekt. Manuskript, Kopenhagen 1981
Sozialpsychiatrische Informationen, Tagungsbericht des "Fachausschuß Geistigbe-
    hinderte" in der DGSP, Mythos vom harten Kern, Heft 1, 1983
Speck, O.; Thalhammer, M.: Die Rehabilitation der Geistigbehinderten, München,
    Basel 1977 ^{2}
Speck, O.: Geistige Behinderung und Erziehung, München ^{4}1980

ders.: Geleitwort zum Forschungsprojekt: "Offene Integrationsförderung Behinderter" der Universität München, in: VIF (1981) a.a.O.
ders. (Hrsg.): Erwachsenenbildung bei geistiger Behinderung, München 1982(a)
ders.: Leben, Lernen, Arbeiten in der Gemeinschaft, in: VIF (Hrsg.), 1982(b),a.a.O.
ders.: Die Bedeutung des Wohnens für den geistigbehinderten Menschen aus philosophisch-anthropologischer Sicht, in: Lebenshilfe (Hrsg.) ,a.a.O. 1982 (b)
ders.: Mehr Autonomie für Erwachsene mit schwerer geistiger Behinderung, in: Geistige Behinderung 3/1985 (a), S. 162 - 170
ders.: Aufgaben und Richtziele für die Erziehung geistig behinderter Menschen, in: Wacker, E.; Neumann, J. (Hrsg.), a.a.O. 1985 (b)
Spiel, O.: Gemeinschaft als Idee und Realität, in: Internationale Zeitschrift für Individualpsychologie, 4/1948
Spitz, R.: Vom Säugling zum Kleinkind, Stuttgart 1968
ders.: Die Entstehung der ersten Objektbeziehungen, Stuttgart 1973
ders.: Vom Dialog, Stuttgart 1976
Stöber, I.-C.: Alle kommen gern wieder: Freude am gemeinsamen Tun, Hamburger Tagesförderstätten für Jugendliche und Erwachsene, in: Das Band 5/1982, S. 12 - 15
Strümpfel, R.: Zur strukturellen und architektonischen Gestaltung der Lebensräume für schwerstgeistigbehinderte Menschen, unveröffentlichte Dissertation, Berlin (DDR) 1985 (zit. n. "Zusammenfassung und Thesen")
Stuckenhoff, W.: Das Verhältnis von Spielarten und Spielformen, in: Kreuzer, K.J. (Hrsg.): Handbuch der Spielpädagogik, Bd. I, Düsseldorf 1983
Stürmer, K.: Die Situation geistig behinderter Menschen in Frankreich, in: Geistige Behinderung 2/1985, S. 126 - 133
Theunissen, G.: Ästhetische Erziehung bei Verhaltensauffälligen, - Grundlagen curricularer und extracurricularer Arbeitsformen in der ästhetischen Erziehung Verhaltensauffälliger, Europäische Hochschulschriften, Bd. 83, Frankfurt, Bern, Cirencester 1980 (a)
ders. (Hrsg.): Ästhetische Erziehung bei Behinderten, Ravensburg 1980 (b)
ders.: Lernhilfe durch ästhetische Erziehung, in: Richter, H.G. (Hrsg.), a.a.O. 1981
Theunissen, G.; Seebauer, E.; Domma, W.: Projekt "Künstler-Behinderte" im Heilpädagogischen Heim Langenfeld, in: BMBW-Werkstattbeichte Nr. 39: Künstler und Behinderte, hrsg. v. Bundesministerium für Bildung und Wissenschaft, Bonn 1982
Theunissen, G.: Möglichkeiten des Theaterspielens mit geistig behinderten Erwachsenen, in: Lernen Konkret 1/2 1983, S. 42 - 44
ders. (Hrsg.): Schüler machen Theater - Unterricht mit schwierigen Schülern, Frankfurt 1984 (a)
ders.: Friedenspädagogik als ästhetische Praxis, Frankfurt 1984 (b)
ders.: Abgeschoben, isoliert, vergessen - schwerstgeistig- und mehrfachbehinderte Erwachsene in Anstalten, Beiträge zur Sozialpsychiatrie, Behindertenpädagogik, ästhetischen Praxis und sozialen Integration, Frankfurt 1985²(a)
ders.: Zum Personenkreis schwerstgeistigbehinderter Erwachsener und deren Sozialisation, unveröffentl. Manuskript, 1985 (b)
ders.: Pädagogisch-therapeutische Einzelarbeit - Fallbeispiele; Anregungen zur Förderung schwerstgeistig- und mehrfachbehinderter Erwachsener in Heimen, unveröffentl. Manuskript, Langenfeld 1985 (c)
ders.: Theaterprojekt "Die Bremer Stadtmusikanten" - Geistigbehinderte Erwachsene machen Theater, in: Beschäftigungstherapie und Rehabilitation 1986
Thimm, W.: Das Normalisierungsprinzip - Eine Einführung, Marburg 1984
Thompson, T.; Grabowski, J. (Hrsg.): Verhaltensmodifikation bei Geistigbehinderten, München, Basel 1976
Tinbergen, N.; Tinbergen, E.A.: Autismus bei Kindern, Berlin und Hamburg 1984
Törne, J.v.: Zur Ätiologie der Antomutilation im Kindes- und Jugendalter, in: Z.f. Kinder- und Jugendpsychiatrie 3/1974, S. 261 - 278
Toresini, L.: Italien - der Mythos vom harten Kern, in: Sozialpsychiatrische Informationen, a.a.O.

Ulmann, G.: Hau ab und spiel, Arbeit und Erziehungskrise, in: Die gesellschaftliche Wirklichkeit der Kinder in der bildenden Kunst, hrsg. v. Neue Gesellschaft für bildende Kunst e.V., Berlin 1980
Vanier, J.: La Communauté-lieu de Pardon et de la Féte, Paris 1979
VIF (Vereinigung Integrationsförderung) (Hrsg.): Behindert ist, wer Hilfe braucht, München 1981
VIF (Vereinigung Integrationsförderung) (Hrsg.): Behindernde Hilfe oder Selbstbestimmung der Behinderten, Kongreßbericht, München 24. - 26. März 1982, München 1982
Wacker, E.; Neumann, J. (Hrsg.): Geistige Behinderung und soziales Leben, Frankfurt, New York 1985
Wallner, T.: Persönliche Mitteilung
ders.: Geschützte Wohnformen für geistig Behinderte - Erfahrungen aus Schweden, hektogr. Manuskript, Kopenhagen 1981, (Vortrag auf REHA Kongreß, Düsseldorf 1981)
ders.: Die Wohnversorgung geistig Behinderter in Schweden, in: Lebenshilfe (Hrsg.), a.a.O.,1982
ders.: Realitäten und Tendenzen der Betreuung geistig behinderter Menschen in den skandinavischen Ländern am Beispiel Schwedens, in: Wacker, E.u.a. (Hrsg.), a.a.O.
Wetlugina, N.A.: Die ästhetische Erziehung außerhalb der Beschäftigungen, Morgengymnastik und Singspiele, in: Wetlugina, N.A. u.a. (Hrsg.): Ästhetische Erziehung im Kindergarten, Berlin (DDR) 1975
Wilhelmsen, F.: Persönliche Mitteilung, Kopenhagen 1984
Wing, L.: Das autistische Kind, Ravensburg ³1980
Wohlhüter, H.; Horstmann, H.: Zwei Jahre Kurzzeitheim für schwerstbehinderte Kinder und Jugendliche, in: Geistige Behinderung 4/1985, S. 234 - 244
Wolff, G.: Kindliche Verhaltensstörungen als sinnvolles Signalverhalten, in: Zeitschrift für Heilpädagogik 1978, S. 145 - 155
Würpel, R.: Bildnerisches Schaffen und darstellendes Spiel, Weinheim, Berlin 1968
Wunderlich, Ch.: Das mongoloide Kind, Stuttgart 1970
Wurst, F.: Varianten des Spielverhaltens aus klinischer Sicht, in: Kreuzer, K.J. (Hrsg.): Handbuch der Spielpädagogik, Bd. 4, Düsseldorf 1984
Wygotski, L.S.: Denken und Sprechen, Frankfurt 1972
ders.: Zur Orientierung auf die Zone der nächsten Entwicklung, in: Psychologische Studientexte, Vorchulerziehung, Berlin 1974
Zielniok, W.: Die Notwendigkeit freiwilliger Mitarbeiter, in: Lebenshilfe (Hrsg.): Familienentlastende Dienste, Marburg 1983
Zigler, E.; Williams, J.: Institutionalization and the effectiveness of social reinforcement: a three-year follow-up study, in: Journal of abnorm. soc. Psychology 1963, 66, S. 197 - 205
Zigler, E.: Development Versus Difference Theories of Mental Retardation and the Problem of Motivation, in: Amer. Journal of Mental Defficiency 1969, S. 539 - 556 oder in Zigler, E.; Balla, D. (Hrsg.), a.a.O.
ders.: Cognitiv-Developmental and Personality Factors in Behavior, in: Kauffman, J.M.; Payne, J.E. (Hrsg.): Mental Retardation. Introduktion and Personal Perspectives, Ohio 1975
Zigler, E.; Balla, D.: The Social Policy Implications of a Research Program on the Effects of Institutionalization on Retarded Persons, in: Mittler, P. (Hrsg.), a.a.O. (Vol. I)
dies.: Impact of institutional experience on the behavior and development of retarded persons, in: Amer. Journ. of. ment. Defic., 1977, S. 1-11
Zigler, E.; Balla, D.(Hrsg.): Mental retardation, the developmental-difference controversy, Hillsdale, New Jersey 1982
Zulliger, H.: Heilende Kräfte im kindlichen Spiel, Stuttgart 1963

Vom selben Autor weiterhin lieferbar:

Georg Theunissen: Abgeschoben, isoliert, vergessen – Schwerstgeistigbehinderte und mehrfachbehinderte Erwachsene in Anstalten. Beiträge zur Sozialpsychiatrie, Behindertenpädagogik, ästhetischen Praxis und sozialen Integration.
1985. 2., stark überarbeitete Auflage. 196 Seiten. Paperback DM 28,00. ISBN 3-88323-562-8

Das Buch basiert auf einem pädagogischen Optimismus, der die realistische Sicht nicht ausklammert. Das Buch provoziert, unsere traditionellen Vorstellungen über die Grenzen pädagogischer Aktivitäten und sozialer Eingliederung zu revidieren und mehr und gezielter als bisher die "verlorene Generation" in unsere sonderpädagogischen Bemühungen einzubeziehen.
(Ursula Hagemeister in "Zeitschrift für Heilpädagogik" 34. Jg., Heft 7, 1983)

It is a pity that this book is not available in an English translation because it would fill a noticeable gap in our professional literature. The examples of German institutional management are familiar enough to link up with our own practices and the handicapped person in Germany requires the same degree of assistance as here. The difference is that Dr. Theunissen presents not merely a critical evaluation of institutional shortcomings, of which we have all become only too aware, but gives us, at the same time, a very detailed prescription for improving the situation by utilising the institutional framework to further developmental growth.

Readers, not used to the German approach of fusing philosophy and psychology may find Dr. Theunissens views difficult to follow and they will be startled to discover in a work on mental handicap references to Marx and Engels, Goethe and Schiller – and statements that the "psychiatric model" represents a decisive contribution to the continuation of the present society structure. But once one has passed these areas of "Weltanschauung", one should be well content with the detailed exposition of a pedagogical framework, which does not ask for more money, staff, etc. but for better application of existing resources. The whole thesis is based on practical experience and well worth reading and perhaps, even adopting it for execution.

(H. C. Gunzburg in "The Brit. J. Mental Subnormality", Dez. 1983, Vol. XXIX, Nr. 57)

R. G. Fischer Verlag, Alt Fechenheim 73, 6000 Frankfurt 61

DISSERTATIONEN
DIPLOMARBEITEN
FACHVERÖFFENTLICHUNGEN
sollten unbedingt im Verlag veröffentlicht werden!

Im Rahmen unserer Dissertations-Reihen bieten wir Doktoranden die Möglichkeit, ihre Arbeit zu günstigen Bedingungen zu veröffentlichen.

Die wichtigsten Vorteile:
— niedrige Herstellungskosten
— schnelle Veröffentlichung
— Autorenhonorar
— Einführung als Autor

Normalerweise muß der Doktorand eine hohe Zahl an Pflichtexemplaren an der Hochschule abgeben, die er auf seine Kosten drucken läßt. Erscheint die Dissertation dagegen im Verlag, reduziert sich die Zahl der abzugebenden Pflichtexemplare — es werden Exemplare zum Verkauf frei. Am Verkaufserlös wird der Doktorand angemessen beteiligt. Er spart also nicht nur durch unsere günstigen Druckkostenzuschüsse, sondern bekommt durch das Honorar noch Geld dazu.

Fordern Sie kostenlos und unverbindlich unser Informationsmaterial an:

**Rita G. Fischer Verlag, Abt. Dissertationen,
Alt Fechenheim 73, D-6000 Frankfurt 61**

Im Rahmen unserer „edition fischer" veröffentlichen wir auch ausgewählte belletristische Werke. Nähere Auskunft erhalten Sie über die „edition fischer" im Rita G. Fischer Verlag.